Marianne Wintersteiner
Meine Schwester in Bayreuth

Marianne Wintersteiner

Meine Schwester in Bayreuth

Markgräfin Wilhelmine und ihr Bruder Friedrich der Große

Ein biographischer Roman

STIEGLITZ VERLAG, E. HÄNDLE
D-7130 Mühlacker
A-8952 Irdning/Steiermark

Schutzumschlag: HF Ottmann, Leonberg
Titelfoto: Staatliche Landesbildstelle Nordbayern, Bayreuth,
Markgräfin Wilhelmine, Öl auf Leinen, Kopie nach A. Pesne,
Neues Schloß Bayreuth, 1761

*Alle im Roman kursiv gesetzten Stellen sind Originalzitate,
meist aus den Memoiren der Markgräfin*

ISBN 3-7987-0254-3

Alle Rechte, auch die des auszugsweisen Nachdrucks, der fotomechanischen Wiedergabe und der Übersetzung, vorbehalten.

© Stieglitz Verlag, E. Händle
D-7130 Mühlacker
A-8952 Irdning/Steiermark,
1987

Gesamtherstellung: Wiener Verlag, Himberg bei Wien

Inhaltsverzeichnis

Erstes Kapitel.	Die Königskinder	7
Zweites Kapitel.	Schloß Wusterhausen	21
Drittes Kapitel.	Der englische König und Enkelin Wilhelmine	31
Viertes Kapitel.	Seidelbast	39
Fünftes Kapitel.	Das Glück in der Mägdekammer	67
Sechstes Kapitel.	„Der König hat den Kronprinzen auf barbarische Weise behandelt"	87
Siebtes Kapitel.	Die Süddeutschlandreise	95
Achtes Kapitel.	Kattes Hinrichtung	107
Neuntes Kapitel.	Wilhelmines Verlobung	119
Zehntes Kapitel.	Versöhnung zwischen Vater und Sohn	137
Elftes Kapitel.	„Wichtig ist, daß wir beisammen sind."	153
Zwölftes Kapitel.	Die Kronprinzessin	171
Dreizehntes Kapitel.	Die kleine Tochter	185
Kurzbiographie		241

Erstes Kapitel

Die Königskinder

Man schreibt den 13. April 1722.
Es ist einer dieser schwülen, heißen Frühlingstage, die einen Sommer vortäuschen, der noch fern ist. Die Tulpen welken auf dem Rondell des Charlottenburger Parkes und lassen die Köpfe hängen. Sie werden sich erst in der kühlen Frühlingsnacht wieder erholen.

„Sieh nur, Fritz", sagt die zwölfjährige Prinzessin Wilhelmine zu ihrem kindlichen Begleiter, „die Tulpen verneigen sich alle vor dir, sieht das nicht drollig aus?" Das Beet ist der Stolz der Königin, die weder Geld noch Mühe scheute, die kostbaren Zwiebeln aus Amsterdam zu beschaffen — illegal, denn die Ausfuhr ist verboten.

„Es ist den Tulpen heiß", sagt der Knabe an Wilhelmines Seite. „Mir auch! Laß uns in unserm Nest verschwinden, dort ist es kühl."

Vor einem großen, kugelig breit geschnittenen Taxusbaum, dessen Zweige bis zum Rasen reichen, bleiben sie stehen.

„Ich krieche zuerst hinein", sagt Wilhelmine, „komm nach!" Sie zwängt sich durch eine kleine Lücke an der rückwärtigen Seite des Gehölzes ins Innere. Ein Gärtnerbursche hat den Kindern im dichten Zweigwerk eine kleine grüne Höhle ausgeschnitten, in der sie sich gern nach Kinderart verstecken. Der neunjährige Friedrich spaziert inzwischen allein noch einmal um das Tulpenbeet herum, die Hände in den Spitzenmanschetten auf dem Rücken verschränkt, wie er es bei seinem königlichen Vater gesehen hat, dann schlüpft er — sich schnell nach allen Richtungen umsehend — flink zur älteren

Schwester „in die Höhle", wie die Kinder ihr Versteck nennen.

Es ist für beide nicht einfach, zusammenzukommen. Der kleine Kronprinz wird in den Gemächern des Königs, isoliert von den Geschwistern, von seinen Lehrern betreut und erzogen — die Prinzessinnen leben, wie es die Etikette fordert, bei ihrer Mutter, der Königin Sophie Dorothea. Aber Friedrich und Wilhelmine wissen sich zu helfen — sie schreiben sich täglich lange Briefe, die eine Vertraute, Lisette, das Kammermädchen, zustellt oder abholt. Es sind drollige Briefe — sie überbieten sich gegenseitig mit übermütigen Formulierungen, machen sich lustig über die Hofschranzen, denen sie andere Namen geben, klagen einander auch die Kümmernisse ihres kindlichen Daseins. Den König nennen sie „Stock", die Königin „Hütchen".

„Hütchen und Stock haben sich am Freitag wieder sehr gestritten...", hat Wilhelmine gestern geschrieben.

Jetzt seufzt sie: „Fritz, warum muß ich denn immer der Zankapfel zwischen den Eltern sein? Warum darf ich denn nicht beide gern haben, den König und die Königin? Aber Mama will nicht, daß ich zu Papa freundlich bin und sagt dann, ich wäre falsch. Und wenn Papa schlechter Laune ist, dann beschimpft er mich auch und sagt, ich wäre so hinterhältig wie Mama."

Friedrich runzelt die Kinderstirn. Er ist drei Jahre jünger als Wilhelmine, ihr jedoch, davon ist er überzeugt, im Verstand ebenbürtig, wenn nicht sogar, wie er hofft, überlegen. Er erwidert altklug: „Aber du weißt doch, worum es geht, Wilhelmine. Mama will, daß du den englischen Prinzen Georg heiratest, und Papa will das eben nicht. Papa will, daß du nein sagst, Mama will, daß du ja sagst. Ja, du armes Kaninchen, du steckst leider ganz schön in der Zwickmühle."

„Du aber auch, Fritz. Denn du sollst ja auch die englische Prinzessin Amalie heiraten, jedenfalls will das die Mama."

„Bis es soweit ist — weiß der Himmel, was da sein wird. Bei dir ist das etwas anderes — drei, vier Jahre sind schnell vorbei. Willst du ihn denn nun nehmen, den Prinzen Georg?"

„Aber ja, warum nicht? Bin ich erst Königin von England, dann, Fritz — ach, dann kannst du alles tun, was du nur willst. Ich nehme dich unter meinen Schutz, das ist jetzt versprochen."

„Ach, Mine, bis du Königin von England bist, bin ich vielleicht schon König von Preußen und bin mir selber Schutz genug. Psst, es kommt jemand."

Beide spähen durch den dichten Taxus auf den Parkweg. Zwei Paar spitze elegante Schuhe werden sichtbar, darüber weiße seidene Kniestrümpfe — mehr nicht.

„Es ist Grumbkow", flüstert Friedrich, „Grumbkow und der Dessauer. Das wird interessant."

Doch die beiden sprechen nur von der Jagd in Wusterhausen und von der unangenehmen Möglichkeit, daß die Damen des Hofes mitkommen könnten.

„Dann ist mit dem König nichts anzufangen. Seine gereizte Laune haben wir zu ertragen", sagt Grumbkow verdrossen.

Wilhelmine ist von der Aussicht, nach Wusterhausen fahren zu müssen, wenig begeistert. Erst als Friedrich sagt: „Aber dann wären wir ja dort öfter beisammen!" sieht sie diese Reise mit anderen Augen.

Vom Schloß her tönte eine schrille Stimme:

„Königliche Hoheit Wilhelmine!" Und ein zweites und drittes Mal „Königliche Hoheit!"

„Die Leti!" flüstert Wilhelmine. „Aber ich gehe noch nicht. Wir werden uns die ganze nächste Woche nicht sprechen können. Es ist mir eine Backpfeife wert, wenn wir noch eine Weile beisammen sein können."

Der Nachmittag warf schon lange Schatten, als Wilhelmine dem Schloß zustrebte. Sie versuchte flink in ihr Zimmer zu huschen, doch das mißlang. Die Leti, ihre Erzieherin, erwartete sie bereits wutschnaubend:

„Wo waren Sie? Wir haben Sie im ganzen Schloß gesucht. Waren Sie wieder heimlich beim König? Reden Sie!"

Wilhelmine schwieg. Da holte die Leti aus und schlug ihr mit aller Wucht ins Gesicht. Sofort begann Wilhelmine zu schreien, laut und schrill, mit aller Kraft. Sie wußte, das war das einzige Mittel, die Tortur abzukürzen. Die Leti hielt sie mit der linken Hand an den Haaren fest, mit der rechten schlug sie immer wieder zu.

Da stürzte Frau Meermann, die Amme Wilhelmines, ins Zimmer, warf sich der Rasenden entgegen, riß die bebende Prinzessin in ihre Arme und an ihre breite Brust und rief:

„Sind Sie wahnsinnig geworden? Ich werde den Vorfall der Königin melden."

Von einer Minute zur anderen hatte sich die Leti gefaßt. „Tun Sie das nur, Meermann. Wir werden sehen, wem die Königin mehr glaubt, mir oder Ihnen. Es steht mir zu, die Prinzessin zu züchtigen. Sie hat..."

„Sie hat Ihnen nicht den geringsten Anlaß zu dieser Tortur gegeben. Sehen Sie, was Sie angerichtet haben, Sie Megäre!" Die Meermann hob Wilhelmines Gesicht — das Blut strömte aus ihrer Nase, hatte ihr Kleid und das der Meermann befleckt. Die Leti wurde unsicher.

„Kommen Sie, Hoheit, ich werde Sie reinigen." Und gehorsam überließ sich die kleine Prinzessin den Händen der Erzieherin. Sehr sanft tupfte die Leti das Blut von Nase und Wangen, sagte leise:

„Warum sind Sie so verstockt und böse, Hoheit? Was habe ich Ihnen getan? Ich liebe Sie, und Sie machen mir nur Kummer und Ungelegenheiten. Warum gehen Sie

zum König, wenn es die Königin nicht will?"
Wilhelmine gab keine Antwort. Sie schluchzte vor sich hin, und die Leti wurde ungeduldig: „Der Lügenteufel hat Sie in den Krallen. Und ich sehe voraus, was aus Ihnen einmal wird: Eine Person, die alle verfluchen werden und hassen. Ich aber wasche meine Hände in Unschuld, ich tat, was ich konnte, Sie auf den rechten Weg zu bringen."

Wilhelmine hatte das Privileg, als älteste Prinzessin ein Zimmer für sich allein zu bewohnen. So saß sie in dieser Nacht und schrieb — wie so oft — heimlich dem Bruder:

„. . . *sobald ich gestern in mein Zimmer zurückkam, fragte mich die L. aus. Sie stellte mir viele Fragen und ich gab keine Antwort. So geriet sie in gräßlichen Zorn und schlug mich. Mein Gesicht war ganz blutig und mein Geschrei lockte die gute Meermann herbei, welche mich der Megäre entriß . . ."*

Wilhelmine versiegelte den Brief. Morgen würde ihn das Kammermädchen Lisette dem Bruder überbringen. Erleichtert schlief sie schließlich ein.

Zur gleichen Zeit aber lag Madame Meermann wach und grübelte. Sie war überzeugt, daß die Leti nicht normal sei. Wie aber konnte man so einer Person eine Prinzessin anvertrauen? Was sollte sie nur tun? Ging sie zur Königin, bestand tatsächlich die Gefahr, daß die Königin in ihr nur eine eifersüchtige Intrigantin sah, darauf bedacht, die Erzieherin aus dem Haus zu bringen. Ging sie nicht zu Königin Sophie, verstieß sie gegen das eigene Gewissen, die eigene Menschlichkeit einem Wesen gegenüber, das sie an der eigenen Brust genährt, es von seinem ersten Lebenstag an aufgezogen und behütet hatte.

Amalie Meermann, die Witwe eines bei Hofe sehr angesehenen Geheimen Kammerherrn, starrte in die Finsternis. Seit vier Jahren war sie Zeugin des Martyriums ihrer kleinen Schutzbefohlenen.

Madame Meermann war es gelungen, Einzelheiten über die plötzlich in Berlin aufgetauchte Leti zu erfahren. Sie war die Tochter eines italienischen Mönches, der seinem Kloster entflohen war, und einer Holländerin. Bevor die Leti als Gesellschaftsdame von Lady Arlington an den hannoversch-englischen Hof kam, hatte sie sich mit Zeitungskorrekturen ihren Lebensunterhalt verdient. Diese Person, dieses Fräulein Niemand also, wagte es, eine preußische Prinzessin bis aufs Blut zu quälen und zu peinigen!

Amalie Meermann stöhnte auf. Es blieb ihr nichts anderes übrig — wollte sie jemals wieder ruhig schlafen — als der Königin Bericht zu erstatten...

Immer noch brannte die Aprilsonne ungewöhnlich heiß vom Himmel. Die Leti hatte Wilhelmine Hausarrest zudiktiert, und Wilhelmine nützte ihn, Bruder Fritz einen weiteren jammervollen Brief zu schreiben. Seine Antwort auf den ersten hielt sie schon in Händen. Fritz bedauerte sie und tröstete sie damit, daß ja auch er schon oft den Stock des königlichen Vaters zu spüren bekommen hätte. Und er riet ihr, sich gegen die Angriffe der Leti besser zu wehren. Und schon um Hilfe zu schreien, bevor die Megäre überhaupt zuschlug. Es waren brüderlich kindliche Ratschläge, aber Wilhelmine sah sich daraufhin tatsächlich nach einer geeigneten „Waffe" um, einem plumpen hölzernen Fächer, und steckte ihn in ihre Gürteltasche.

Inzwischen hatte es Madame Meermann geschafft, eine Audienz bei Königin Sophie Dorothea zu erhalten. Die Meermann saß jetzt im Vorzimmer — vor sich einen Tisch, auf dem eine Glaskaraffe mit leuchtenden Tulpen stand. Sie nahm eine besonders schöne, in roten Flammen gestreifte Blüte aus der Karaffe und betrachtete sie entzückt: „Wunderwerke der Natur" hatte sie vor kurzem Königin Sophie Dorothea genannt.

„Nun, meine liebe Meermann, hat es Ihnen die Tulpe angetan?" sagte hinter ihr eine bekannte Stimme. Die Königin hob die Amme ihrer Tochter aus dem tiefen Hofknicks, in den sie augenblicklich gesunken war, huldvoll auf. „Was haben Sie denn auf dem Herzen? Ich hoffe, Sie bringen mir nicht auch noch Beschwerden über Prinzessin Wilhelmine. Was ist nur in dieses Kind gefahren? Sie besteht ja nur noch aus Widerspruchsgeist und Ungehorsam. Mademoiselle Leti war gerade bei mir und hat sich von mir Instruktionen und Vollmachten geholt."

Die Meermann war der Königin in den Erker gefolgt. Dort stand Gräfin Roucoulles, eine Hofdame, von der die Meermann viel hielt. Sie atmete auf und hoffte, daß die Hofdame Zeugin ihres Berichtes an die Königin bleibe.

„Rede Sie, liebe Meermann, was hat Sie also auf dem Herzen."

„Es handelt sich um Mademoiselle Leti", sagte Amalie Meermann entschlossen. Der verwunderte Blick der Königin irritierte sie nicht, tapfer begann sie Wilhelmines Mutter das Martyrium ihrer Tochter zu schildern.

„...Erinnern sich Majestät an die Ostertage, da die Prinzessin sieben Tage das Bett hüten mußte? Wegen einer Influenza, hieß es. In Wahrheit hat die Leti die arme Prinzessin mit Faustschlägen ins Gesicht so traktiert, daß sie sich niemandem zeigen konnte. Und ich beschwöre es — ich konnte der Leti im letzten Augenblick eine Tinktur aus der Hand schlagen, die sie der Prinzessin ins Gesicht schütten wollte — es war eine ätzende Säure. Wenn dieser Person nicht endlich Einhalt geboten wird, dann, Majestät, kann es passieren, daß die Prinzessin einen bleibenden Schaden davonträgt — einen verwüsteten Teint oder gebrochene Gliedmaßen. Ich bin bereit, Majestät, vor jedermann auf die Bibel zu schwören, daß ich die volle Wahrheit sage."

Sophie Dorothea starrte der Anklägerin fassungslos ins erregte Gesicht. „Die Wahrheit?" brachte sie mühsam hervor. „Und warum hat Sie mir nicht schon längst die Wahrheit gesagt? Warum rückt Sie erst jetzt mit diesen — diesen Ungeheuerlichkeiten heraus?"

Die Meermann hatte sich gefaßt. Sie erwiderte ruhig: „Ich habe alles versucht, die Leti zur Vernunft zu bringen. Ich habe ihr immer wieder gedroht, ich würde ihre grausamen Erziehungsmethoden Eurer Majestät berichten. Doch sie hat erklärt, daß Eure Majestät mir nie und nimmer glauben würden und sie Vollmachten hätte."

„Aber die Prinzessin! Großer Gott, warum hat sie sich nicht selbst bei mir beklagt?"

„Weil Mademoiselle Leti sie mit allen Mitteln einzuschüchtern verstand. Ich hörte mit eigenen Ohren, wie sie ihr drohte, sie würde die Prinzessin beim englischen Hof so schlecht machen, daß man dort auch nicht einmal im Traum mehr daran dächte, sie als Heiratskandidatin ins Auge zu fassen."

Der Königin dämmerten nun die Zusammenhänge. Sie selbst hatte Wilhelmine mehr als einmal ermahnt, fügsam und brav zu sein, damit die Erzieherin kein ungünstiges Bild an den englischen Hof weitergebe. Schließlich war sie, die Leti, der Günstling von Lady Arlington und diese wiederum habe als Vertraute des Königs großen Einfluß am englischen Hof.

Was für ein schreckliches Dilemma! Aber wenn zutraf, was die Amme hier aussagte, mußte die Leti so schnell als möglich verschwinden.

König Friedrich Wilhelm saß in seiner geliebten Tabagie, einem nicht allzu großen Raum, in dem er mit seinen Getreuen und Günstlingen dem Tabakrauchen frönte, als ihm die Königin gemeldet wurde.

Erschrocken und zugleich erfreut — nicht allzu oft lenkte Sophie Dorothea ihre Schritte in Richtung der Tabagie — befahl er einem Lakaien, rasch frische Kleidung zu holen. Er wußte, daß die Königin den Tabakgeruch haßte.

Er empfing sie im blauen Salon, in sauber gelüftetem und sorgfältig parfümiertem Rock, geleitete sie galant zu einem Armsessel und wartete. Er verstand im Mienenspiel seiner Frau zu lesen und erkannte ihre Erregung. Mit schlechtem Gewissen fragte er sich, ob er selbst der Gegenstand ihrer schlechten Laune sei und war erleichtert, als er erfuhr, daß es nicht um ihn, sondern um die Leti, die Erzieherin seiner ältesten Tochter, ging.

Sehr schnell aber wandelte sich seine Erleichterung in Unbehagen, in großes Unbehagen. Was die Königin vorbrachte, war ja ungeheuerlich. Da hatte ein Fräulein Niemand, eine Person, die außer einer verführerischen Larve nichts, nicht einmal einen guten bürgerlichen Namen besaß, eine Prinzessin, seine älteste und damit ranghöchste Tochter, zu schlagen gewagt, grob und brutal wie ein Fuhrknecht! Er wurde dunkelrot vor Zorn, sprang auf und schrie:

„Nach der Plassenburg mit dieser Kanaille! Heute noch, sofort!" Sophie Dorothea war erleichtert. Sie hatte gefürchtet — sie kannte das gute Verhältnis des Königs zur Leti — er werde ihre Beschwerde nicht ernst nehmen, die Leti zu halten versuchen. Aber das waren offensichtlich unnütze Befürchtungen gewesen. Geriet der König erst in Rage, dann gab es kein Halten mehr.

Natürlich konnte man die Leti nicht als Gefangene auf die Plassenburg bringen — das gäbe dann sicher ernsthafte Schwierigkeiten mit Lady Arlington und mit dem Hof in Hannover, der ja in Personalunion mit dem englischen geführt wurde.

Und Sophie Dorothea kannte auch ihren Vater, den englischen König. Er würde es sich nicht bieten lassen — entsprechend aufgehetzt von Lady Arlington —, einen Schützling dieser Dame als Gefangene auf der preußischen Plassenburg zu wissen.

Die Königin versuchte also, ihren Gemahl zu beschwichtigen, was ihr, wenn sie es darauf anlegte, auch stets gelang.

„Die Leti hat schreckliche Fehler, Sir, aber sie hat auch einige gute Seiten, Sie wissen es selbst, Sir. Man darf nicht allzu hart gegen sie vorgehen —"

Der König setzte sich wieder, warf einen raschen Blick auf seine Frau — sie war wieder die Ruhe in Person. Ob sie ahnte, wie oft er die Leti diskret nach den Vorgängen in den Gemächern der Königin ausgefragt hatte? Ob sie wußte, daß die Leti seine Spionin war? Die er vor allem dazu benützte, herauszufinden, wie weit die Pläne Sophie Dorotheas in punkto Heirat zwischen Wilhelmine und dem jetzigen Prinzen von Gloucester, dem künftigen Kronprinzen von England, gediehen waren?

Er war unsicher, wie oft in Gegenwart seiner selbstsicheren Frau. Meist flüchtete er sich dann ins Poltern, doch diesmal war schon genug gepoltert worden.

„Was werden Sie also tun, Sir?" fragte die Königin ruhig.

„Wir werden die Person entlassen, auf schnellstmögliche Art, noch vor unserer Abreise nach Wusterhausen. Werden Sie ihr das bitte mitteilen, oder soll ich Minister Grumbkow..."

„Den brauchen Sie nicht zu bemühen", erklärte Sophie Dorothea schroff. „Sie gehört zu meinem Hofstaat, und ich selbst werde das in Ordnung bringen."

Sie erhob sich, reichte dem König die Hand zum Kuß — strich ihm bei dieser Gelegenheit kurz über das schon graue, schlecht gepuderte Haar und rauschte hinaus.

Der König sah ihr vom Fenster aus nach. Ihm war die Lust vergangen, zu seinem geliebten blauen Rauch in die Tabagie zurückzukehren. Sophie Dorothea durchschritt mit ihren beiden Hofdamen den Vorgarten. Sie war eine immer noch schöne Frau, trotz der vielen Geburten und Fehlgeburten, und er liebte sie noch wie am ersten Tag ihres Beisammenseins. Und dies nicht nur im Hinblick auf seine Männlichkeit, deren Beweis ihre vielen Schwangerschaften waren. Er hatte richtig gewählt, als er sich zwischen drei Prinzessinnen für Sophie Dorothea aus dem englisch-hannoverschen Königshaus entschloß. Wenn nur ihre Ehrsucht nicht wäre!

Insgeheim bewegte ihn, Friedrich Wilhelm, den großen Soldatenkönig, die Sorge, daß ihr sein preußisches Königreich einfach zu klein sei. Und während sie ständig bemüht war, mit ihrem Vater auf dem englischen Thron engere Kontakte zu pflegen, versuchten er und seine Minister das zu verhindern. Grumbkow hatte natürlich recht — er, König Wilhelm, brauchte nicht den Abglanz des englischen Hofes — er war selbst Herrscher und König genug und fähig, es mit den edelsten Fürsten aufzunehmen. Ja — er gestand sich ein — ihn kränkten die Schachzüge seiner Frau, er hatte keine Lust und keinen Ehrgeiz, noch mehr mit den Hannoveranern verschwägert zu werden, als er es sowieso schon war...

Die Entlassung der Leti entwickelt sich zu einer Tragikomödie großen Stils. Es gehört zu den Eigenschaften der Königin, Unangenehmes möglichst rasch hinter sich zu bringen, also befiehlt sie die Leti sofort nach ihrer Rückkehr vom König zu sich.

Die Erzieherin tritt mit selbstbewußter Miene ein. Offensichtlich hat ihr sonst so gut funktionierender

Spitzeldienst — sie hat ein Liebesverhältnis mit einem Höfling des Königs — diesmal nicht funktioniert. Sie fällt aus allen Wolken, als ihr die Königin sehr kalt und hoheitsvoll ihre Entlassung mitteilt.

„Aber warum? Was habe ich verbrochen?" schreit die Leti wütend.

Angewidert zählt ihr die Königin die Verfehlungen auf. Die Leti unterbricht sie:

„Lügen, nichts als Verleumdungen! Niemals habe ich die Prinzessin geschlagen, ich liebe sie, liebe sie mehr als mein Leben."

Wilhelmine nebenan beginnt zu zittern. Sie hört das hysterische Schluchzen und fürchtet sich entsetzlich, der Leti gegenübergestellt zu werden. Genau das aber erfleht die Leti. Die Königin jedoch lehnt kategorisch ab: „Sie werden meine Tochter nie mehr zu Gesicht bekommen. Danken Sie dem Herrgott, daß es mir gelang, Ihnen die Plassenburg zu ersparen!"

Jetzt kreischt die Erzieherin auf. Mit sich überschlagender Stimme stößt sie Verwünschungen aus — gegen das Königshaus, insbesondere aber gegen ihren Schützling Wilhelmine. Die sei ein Ausbund von Lügen, Intrigen, Frechheiten und Undankbarkeit. Mit ihr werde es ein übles, ein sehr übles Ende nehmen. Die Leti zittert vor Wut, und plötzlich fällt sie in Ohnmacht.

Die Königin, erfahren auf diesem Gebiet wie die meisten ihrer weiblichen Zeitgenossen, erkennt erschreckt, daß es eine echte Ohnmacht ist, und schickt nach dem Medikus. Dann verläßt sie das Zimmer.

Später berichtet man ihr, daß die Leti, als sie aus der Ohnmacht zu sich kam, mit Selbstmord gedroht hätte, weil es ihr unmöglich sei, ohne die Prinzessin zu leben...

Wilhelmine läßt den Wirbel benommen über sich ergehen. Die Leti hat sich nun mit ihrem Liebhaber,

Monsieur Fourneret, in ihrem Zimmer eingesperrt, und die kleine Lisette erscheint alle Augenblicke, um Bericht zu erstatten. Sie hat Ohren wie ein Luchs, und die Schlüssellöcher sind groß genug, das meiste Gesprochene zu hören:

„Mademoiselle Leti wird gar nicht nach England zurückkehren — sie wird mit ihrem Kavalier auf ein Schloß reisen, den Namen habe ich nicht verstanden."

„Ist sie noch sehr wütend auf mich?" fragt Wilhelmine beklommen. Lisette zögert. Die Leti hatte mit heftigem Getuschel Herrn Fourneret alle Schuld in die Schuhe geschoben und die Sache so dargestellt, daß ihr in erster Linie wegen dieser Liaison gekündigt worden sei. Nein, sie hat Wilhelmine nicht mehr beschimpft, es sei denn wegen ihrer großen Undankbarkeit. Doch über diese Auslassungen schweigt Lisette. Und Wilhelmine fühlt sich erleichtert — sehr erleichtert, vielleicht geht die Leti gar nicht mehr zurück an den englischen Hof? Vielleicht wird sie offiziell die Mätresse von Monsieur Fourneret, oder wenn sie schon zurückgeht, vielleicht wird sie sich beruhigt haben und sie, Wilhelmine, nicht weiter verleumden?

(Wilhelmine hat die frühen Erlebnisse ihrer Mädchenjahre mit der Erzieherin ein Leben lang nicht verwunden und sie auf vielen Seiten ihrer Memoiren für die Nachwelt festgehalten.)

Prinzessin Wilhelmine als 16jähriges Mädchen

Zweites Kapitel

Schloß Wusterhausen

Die Leti ist abgereist, vielleicht hatte sie doch Angst vor der Plassenburg. Sofort nach ihrer Abreise fährt auch die königliche Familie mit einem Teil ihres Hofstaates nach Schloß Wusterhausen, dem Lieblingssitz des Königs. Was allerdings nicht bedeutet, daß auch seine Familie gleichermaßen von dem Schloß mit seinem kargen Mobiliar, den düsteren kalten Räumen begeistert ist. Die Königin vermißt im Jagdschloß den gewohnten Komfort und behauptet stets, dies sei ein männliches Schloß und man spüre auf Schritt und Tritt den Charakter des rauhbeinigen Besitzers. Sie wäre weit lieber in Charlottenburg geblieben — doch des Königs Familiensinn hat sich diesmal, wie so oft, durchgesetzt.

Der König gedenkt auf Balzhuhnjagd zu gehen. — Für die Rotwildjagd stehen ihm nur noch die Hirsche zur Verfügung, für alles andere ist bereits Schonzeit. Sie zu übertreten, wie es mancher andere Jagdherr getan hätte, dazu ist Friedrich Wilhelm zu sehr Heger und Pfleger seiner Reviere.

Wilhelmine ist begeistert, als sie der König zur Balzjagd einlädt. Die Einwände der Königin fegt er mit einer lachenden Handbewegung aus der Diskussion:

„Warum soll sie das Liebesspiel der Auerhähne nicht sehen? Wenn sie alt genug ist, Mittelpunkt Ihrer Heiratspläne zu sein, kann sie mich auch auf die Jagd begleiten."

Es ist ein klarer, kühler, dämmriger Frühlingsmorgen, vor Sonnenaufgang — die unnatürliche Hitze ist seit vier Tagen gebrochen. Der König sitzt schon zu Pferde, als Wilhelmine vom Markgrafen von Schwedt in den Sattel gehoben wird. Sie ist noch verschlafen — Lisette hatte sie zu spät geweckt — und gähnt ungeniert. Der Markgraf von Schwedt an ihrer Seite lacht leise: „Ich wollte, ich dürfte Sie vor mir im Sattel haben, dann könnten Sie Ihr Schläfchen fortsetzen."

Wilhelmine funkelt ihn an. Sie weiß, daß sich der Markgraf, ein Vetter ihres Vaters und in gewisser Weise sogar Thronanwärter (nach Kronprinz Friedrich und seinen Brüdern natürlich), Hoffnungen auf ihre Hand macht. Er ist in dieser Beziehung der Favorit des Königs, aber ihr selbst ist der Markgraf zuwider — seine selbstsichere Überheblichkeit, sein arrogantes Wesen imponieren ihr nicht. Selbstverständlich spielt da auch der Einfluß ihrer Mutter eine Rolle. Für die Königin ist der Markgraf eine Bedrohung ihrer englischen Heiratspläne — sie läßt keine Gelegenheit aus, den Prinzen in den Augen Wilhelmines herabzusetzen, ihn lächerlich zu machen.

Jetzt hält er sich dicht an Wilhelmines Seite. Sie sitzt natürlich im Damensitz und fühlt sich durch seine zudringliche Nähe unbehaglich. Die Müdigkeit ist ihr vergangen. Sie denkt an die Mama und was sie dazu sagen würde, wüßte sie von diesem Ritt an der Seite Schwedts.

Jetzt sitzt der König mit seinem Gefolge ab. Die kleine Jagdgesellschaft bleibt zurück, der König begibt sich mit Wilhelmine und dem Markgrafen allein zum Balzplatz des Auerhahns. Sie schleichen zu dritt an die kleine Waldwiese heran. Der Wind steht günstig. Die ersten kollernden Schreie des Hahns. Nur wenn der Hahn in seiner sonderbaren Haltung schreit, können sich ihm die Jäger mit einem schnellen Satz nähern. Wilhelmine befolgt die Weisungen des Königs und hätte gern gelacht, wenn ihr beleibter Papa seine

Sprünge macht. Der verliebte, sonst so scheue Hahn scheint, während er die Henne anschmachtet, völlig taub zu sein. Er plustert sich vor ihr auf und vollführt in der Morgendämmerung einen grotesken Tanz.

Die beiden Männer sind vom Jagdfieber erregt, und plötzlich tut Wilhelmine das schöne, dumme Tier leid. Sie niest kräftig — doch auch das stört den Liebestollen nicht, wohl aber den König. Er wirft ihr einen empörten Blick zu, doch sie lacht ihn an und sagt:

„Bitte lassen Sie ihn leben, Papa. Er ist doch so schön."

Jetzt endlich hat der Auerhahn etwas gemerkt. Mit wütendem Kollern schwingt er sich in eine Baumgabel. Friedrich Wilhelm aber knurrt:

„Ich hätte mir denken können, daß du Dummheiten machen wirst, Mine. Den Hahn hatte ich für den Markgrafen vorgesehen. Jetzt sieh zu, wie du den Herrn von Schwedt besänftigst." Und er lacht halb mürrisch, halb schadenfroh.

Auf dem Weg zur nächsten Schenke bleibt der Markgraf an Wilhelmines Seite und versucht sie zu unterhalten. Doch sie gibt ihm einsilbige und schnippische Antworten. Der Zorn faßt ihn, schneidend sagt er:

„Sie sind ungezogen, Prinzessin. Ich kann mir gut vorstellen, daß Sie Ihrer Erzieherin manches aufzulösen gaben. Ich glaube, daß auch mir an ihrer Stelle die Hand ausgerutscht wäre."

Wilhelmine sieht ihn verdutzt und erschreckt an — was will er damit sagen? Er beruhigt sich wieder, lächelt spöttisch mit schiefen Mundwinkeln: „Aber haben Sie keine Sorge, ich vergreife mich nicht an Ihnen. Und zugleich versichere ich Ihnen hiermit: Um nichts in der Welt würde ich mir eine Braut wie Sie auf den Hals laden — nein, um nichts in der Welt!"

Das nun ist ein Umgangston, den die kleine Prinzessin nicht gewöhnt ist. Es hat ihr die kecke Rede verschlagen. Stumm reitet sie weiter neben ihm her, bis er dem Pferd die Sporen gibt und davonprescht. Erst vor der Schenke wartet er auf sie und hebt sie schweigend aus dem Sattel.

Drin ist lebhafter Tumult. Der König liebt das derbe Landleben und sitzt mit seinem Gefolge und den bäuerlichen Holzknechten gern trinkend und lachend an einem Tisch. Ein großer junger Holzfäller hat sein Interesse erregt. Er weiß nicht, daß man diesen Burschen schon längst für ihn als Gardisten ausersehen hat und jetzt belustigt beobachtet, wie der König dem Langen schmeichelt und ihn umwirbt.

„Hat Er eigentlich das Gardemaß?" fragt er ihn schließlich direkt, nachdem er den Burschen schon reichlich mit dem Besten, was Küche und Keller der Schenke zu bieten hat, bewirtete. Der Bursche — er hat ein glattes, hübsches Gesicht und intelligente, wasserhelle Augen — grinst bejahend: „Noch einen halben Zoll darüber, Herr König."

„Na und? Möchtest du nicht in königliche Dienste? Burschen wie dich brauchen wir. Es soll dein Schaden nicht sein. Wie heißt du?"

„Jakob Kniebusch. Aber ich kann nicht ins Regiment — meine Mutter ist Witwe und braucht mich auf dem Hof. Ich bin der einzige Sohn."

„Dann soll sie doch noch einmal heiraten, die Witwe, dann hat sie ja ihren Knecht. Und braucht sich keinen mit Gardemaß zu halten. Sag ihr das. Ich schaff ihr auch einen kleinen tüchtigen Bräutigam her, ich, der König."

Jakob Kniebusch erschrickt. Er hat sich auf dieses Spiel auf Anraten und Drängen des Wirtes, seines Oheims, eingelassen, weil dadurch vielleicht ein doppeltes Handgeld für ihn herausschaut: eines, das er von einem Werber schon in seinem Hosensack trägt, und eines, das ihm der Herr König vielleicht persönlich auch noch in die Hand drückt. Aber das Spiel beginnt jetzt Ernst zu werden. Der König schickt womöglich tatsächlich einen Freier ins Elternhaus. Und der würde sich nicht wenig wundern, denn sein Herr Vater, der Adam Kniebusch, ist noch durchaus mobil und bei guten Kräften. Viel zu stark bei Kräften, alles muß nach seinem dikken Kopf gehen, und das ist ja der Hauptgrund, weshalb der Jakob nach Potsdam will in des Königs Dienste. Bis nach Potsdam reicht des Vaters Arm nicht, auch wenn er sich noch so anstrengt. Hilfesuchend schaut der Jakob in das grinsende Gesicht des Wirtes. Schnell sagt der:

„Die Witwe Kniebusch hat an mir, wenn es nötig ist, jede Stütze, Majestät. Der Jakob ist ein freilediger Mensch und mag nur sein Glück bei den Soldaten versuchen. Es ist ja schon lange sein Wunsch, dem König zu dienen."

„Setz dich zu mir", brummt Friedrich Wilhelm, und der Dessauer muß aufstehen und dem Holzfäller Platz machen. Der König trinkt ihm zu und hebt das Glas auch gegen Wilhelmine:

„Siehst du, mein Kind, so einen wünscht' ich mir als Schwiegersohn, einen wie den Jakob Kniebusch."

Wilhelmine lächelt honigsüß zurück. „Gewiß, Majestät, mir gefiele er auch! Wann sollen wir Hochzeit machen, der Jakob und ich?"

Der König geht gutgelaunt auf den Scherz ein.

„Sofort, Prinzessin, sofort. Ja, schau sie dir an, Jakob, das ist eine echte Prinzessin. Noch etwas grün, meinst du? Aber das wächst sich aus. Willst du sie haben? Das gäbe einmal Enkel, Enkel nach Gardemaß, denn sie ist groß für ihr Alter."

Dem Dessauer wird immer unbehaglicher. Der König ist betrunken und weiß in solchem Zustand nicht mehr, was er redet. Schnell lenkt er ab:

„Noch ist der Jakob ja gar kein Gardist. Er sollte ein Handgeld bekommen und seine Unterschrift auf den Werbezettel setzen."

Damit geht die Komödie jetzt in eine andere Richtung, die aber dem König nicht minder gut gefällt. Er holt mit großer Geste einen Beutel aus seiner Tasche und schüttet den Inhalt auf den Schanktisch — es ist nicht wenig.

„Da, wenn dich der König persönlich anwirbt, so läßt er sich auch nicht lumpen." Der Wirt schaut begierig, streicht das Geld flink in seine Wirtsmütze und wirft dem Jakob, der nicht weiß, soll er lachen oder ängstlich sein, einen aufmunternden Blick zu.

Dann gibt er den vier Musikanten in der Ecke das Zeichen zum Aufspielen. Der König hebt den Kopf. Musik liebt er nicht, es sei denn das Tschingtrara von Trompeten und schrille Pfeifen der Marschmusik. Das weiß der Lammwirt und hat eine „herzhafte" Musik bestellt. Grell tönen die Pfeifen, von Trommelbuben begleitet.

Da begehrt der König zu tanzen. Sofort will der Wirt ein paar Dorfmägde kommen lassen, doch Friedrich Wilhelm winkt ab. Er ist es gewöhnt, auch beim Tanz ohne Weiber auszukommen, tanzt reihum mit Holzknechten, Hegern, Jägern, den Revierförstern und steht noch erstaunlich sicher, wenn auch schwerfällig, auf seinen Beinen.

„He, Jungfer Wilhelmine, schwenke Sie nur auch ihr Tanzbein. Der König läßt bitten!" Und Wilhelmine, von einer merkwürdig heiteren Laune getragen, so ganz losgelöst vom Hof mit seiner Steifheit und seinen Intrigen — im Augenblick nur munteres Töchterlein — tanzt mit dem Vater. Und es sieht aus, als führe ein Bär eine Elfe zum Tanz, so graziös bewegt sie sich durch den verräucherten Raum. Man klatscht den Hoheiten begeistert Beifall, und Markgraf Schwedt bekommt wieder begehrliche Augen.

Immer noch wirbelt die Prinzessin um den Vater herum, der manchmal, in unfreiwilliger Komik, nach ihr hascht und ihr befiehlt, ihn doch an der Hand zu halten, wie es sich gehört. Sie aber lacht:

„Ein neuer Tanz, Majestät. Bleiben Sie nur ruhig stehen, ich tanze für Sie." Und sie hebt mit beiden Händen zierlich ihren dunklen Samtrock, daß man ihre Fesseln in weißen Strümpfen sehen kann, dreht sich selbstvergessen, sendet ihm Kußhände zu, knickst vor ihm und hebt jetzt wie zu einer Tarantella die Hände über den Kopf. Sie tanzt allein, und Friedrich Wilhelm schlägt mit den anderen den Takt.

Dann sinkt sie müde auf die Bank und fächelt sich in all der rauchigen Hitze mit den Handschuhen Kühlung zu. Aber da ist auch schon der Markgraf zur Stelle und hebt einen Fächer. „Wo er den nur so schnell aufgetrieben hat?" denkt Wilhelmine. Die Gegenwart ihres hartnäckigen Verehrers verdirbt ihr die gute Laune, und ihr Gesicht verschließt sich. Sie streicht das Haar aus der Stirn und fragt mürrisch:

„Wann brechen wir auf? Im Schloß wartet man längst auf uns."

„Man hat schon Bescheid geschickt, Hoheit, daß unsere Rückkehr ungewiß ist. Darf ich untertänigst um den nächsten Tanz bitten?"

Wilhelmine überlegt. Sie kann nicht gut nein sagen, ohne den Prinzen vor den andern bloßzustellen. Also erhebt sie sich betont mühsam, während sie brummt:

„Eigentlich ist mein Bedarf an Tanzen heute gedeckt. Ich bin müde, Markgraf." Doch dann tanzt sie graziös und sicher, wie sie es gelernt hat. Als sie der Schwedt zurück zum Tisch führt, bleibt sie vor Jakob Kniebusch stehen und lacht:

„Da Er doch so halb und halb mein Bräutigam ist — mag Er mich nicht auch zum Tanz führen?"

Der Jakob erschrickt, aber er ist keinesfalls so unbeholfen und töricht, wie ihn manche einschätzen. Er springt munter auf die Beine und sagt schnell:

„Wenn es die Prinzessin mit mir wagen will? So gut wie der Herr König kann ich es auch." Und schon faßt er sie an der Hand und führt sie zur Tanzfläche. „Nun müßt Ihr freilich so tanzen, wie es hier üblich ist. Anders kann ich es nicht." Und er schwenkt sie im Reigen sicher herum, ihr die Tanzschritte zeigend.

„Sieh an", denkt der Markgraf von Schwedt verdrossen, „sie ist wieder recht munter geworden, die Königliche Hoheit. Immerhin gibt das morgen im Schloß sicher das Tagesgespräch."

Und so war es auch. Die Königin ließ die Tochter zu sich kommen. Ihre Miene verriet nichts Gutes. Wilhelmine war jedoch auf die Auseinandersetzung vorbereitet — sie war ja vorauszusehen gewesen. Eilig erklärte sie, daß sie alles nur getan habe, den Markgrafen von sich abzuwehren und abzuhalten.

„Er wollte zudringlich werden, Mama. Er ist doch nur mitgekommen, um mich zu bedrängen."

Die Königin besann sich und lächelte. „Wenn es so war, mein Kind, dann hast du dich recht geschickt benommen. Außerdem — wenn sich der König so weit vergißt und mit Kreti und Pleti herumhopst, warum solltest nicht auch du einen harmlosen Tanz mit einem Untertanen wagen?"

Damit war das leidige Thema vom Tisch. Bruder Friedrich aber sagte am nächsten Tag:

„Wilhelmine, so kenne ich dich ja gar nicht. Seit wann hast denn du ein Faible für das Volk?"

Die Geschwister gingen Hand in Hand durch den nahen Forst des Schlosses. Beide hatten sich schon sehr auf diese ungebundenen Tage in Wusterhausen gefreut und nichts — so nahmen sie sich vor — sollte ihnen die Freude vergällen. Aber sie machten die Rechnung ohne den Wirt. Der König hatte sich vorgenommen, sein „verzogenes Söhnchen", wie er es ausdrückte, wieder zurecht zu biegen. Der Kronprinz mußte fast ständig um ihn sein, ihn auf die Jagd begleiten, in seinem Rauchzimmer sitzen und den blauen Qualm einatmen, dem öden Kartenspiel zuschauen oder, noch schlimmer, mitspielen und die höhnischen Worte des Vaters über sich ergehen lassen. Friedrich war ständig den Tränen nahe, wagte kaum zu antworten und wurde vom König deswegen als dumm und verstockt gescholten.

Wilhelmine mußte meist allein mit ihrer Schwester spazierengehen. Aber die kleine Friederike war eben doch nur ein mäßiger Ersatz für den geliebten Bruder.

Auf einem dieser Spaziergänge in der Nähe des Jagdschlosses begegnete Wilhelmine noch einmal Jakob Kniebusch. Er stand als Holzfäller neben einem gestürzten Baum und sah sie keck an. Sie erkannte ihn sofort und sagte der Meermann, die sie begleitete, lachend:

„Sehen Sie, Madame, das ist der Bräutigam, den Majestät für mich vorgesehen hat. Gefällt er Ihnen?"

Die Meermann flüsterte vorwurfsvoll: „Aber Königliche Hoheit! Man treibt mit solchen Dingen nicht Scherz."

„Das müssen Sie meinem Vater sagen. Aber Jakob versteht ja Scherz, nicht wahr, Jakob?" Sie war zu ihm hingegangen. In den hellen Augen des Burschen stand etwas wie Schmerz oder Gekränktsein. Er antwortete nicht. Aber als ihm die Prinzessin die Hand entgegenstreckte und impulsiv sagte: „Wir wollen doch Freunde sein, Jakob Kniebusch, nicht wahr?", da zog er — wenn auch ungeschickt — die Mädchenhand an die Lippen.

„Immer zu Ihren Diensten, Prinzessin", sagte er rauh.

Drittes Kapitel

Der englische König und Enkelin Wilhelmine

Man war wieder in Charlottenburg. Wilhelmine fühlte sich ohne ihre Erzieherin sehr wohl, doch der König drängte darauf, eine neue Gouvernante einzustellen. Und das große Glück wollte es, daß Wilhelmine in Fräulein von Sonsfeld mehr als eine Erzieherin, eine ihr liebevoll zugeneigte Freundin erhielt.

Schon bald aber zeigten sich neue Widerwärtigkeiten. Eine Frau von Pöllnitz — Hofdame am englischen Hof von Wilhelmines Großvater — erschien in Berlin und hatte offensichtlich keinen anderen Auftrag, als Wilhelmine zu „inspizieren".

Sie war erstaunt, als sie in der Prinzessin ein durchaus ansehnliches, ja sogar hübsches Mädchen kennenlernte, das weder dumm noch primitiv war, wie das die Leti, die wieder Gesellschafterin von Lady Arlington am englischen Hof war, behauptet hatte. „Sie hat doch gar keinen Buckel", stellte die Pöllnitz erstaunt fest. „Es ist mir unbegreiflich, weshalb Mademoiselle Leti solche Lügen verbreitete. Schließlich gibt es doch Reisekutschen, um solche Behauptungen nachzuprüfen."

Die Pöllnitz war lediglich die „Vorhut" für anderen, exklusiveren Besuch, nämlich den des Großvaters selbst. Der englische König wollte sich Wilhelmine persönlich ansehen. Als sie ihm vorgestellt wurde, errötete sie vor Verlegenheit und Angst. Und das war ihr besonders peinlich — hatte doch die Leti verbreitet, sie hätte ein „vulgäres, rotes Gesicht, nicht anders als das einer Bauernmagd".

Zum Glück fand die „Inspektion" bei Kerzenlicht statt. König Georg hielt eigenhändig den Leuchter in der Hand, umschritt Wilhelmine langsam, leuchtete ihr in die Augen und befahl ihr: *"Zeigen Sie mir Ihre Zähne, Wilhelmine."* In diesem Augenblick verdrängte stille Wut alle Verlegenheit und Furcht der Prinzessin. Erleichtert spürte sie auch, wie sie wieder blaß wurde. Sie lächelte mit breitem Mund und sagte keck:

"Es fehlt mir kein Zahn, Majestät, und sie sind auch nicht schwarz." (Genau das aber hatte die Leti in London behauptet.) Mit einem Knurrlaut stellte König Georg den Kerzenleuchter auf den Tisch neben sich. Jemand kicherte und Wilhelmine hatte Friedrich in Verdacht.

Sie traf ihn später und machte ihm deswegen Vorwürfe. Er lachte: „O Gott! Er ging wie ein Pferdehändler um dich herum, Mine. Ein Glück, daß du ihm die gehörige Antwort gegeben hast." Nun, diese Antwort hat dem Großvater natürlich wenig gefallen — doch er war ehrlich genug, sich einzugestehen, daß an der Enkelin nichts auszusetzen war. Also entschloß er sich zur Abfassung eines Geheimvertrages, in dem von einer Heirat seines Enkels, des Herzogs von Gloucester, mit Wilhelmine die Rede war, falls bestimmte Voraussetzungen erfüllt werden. Der Papa der zukünftigen Braut schien sich mit dieser erst so wenig erwünschten Heirat allmählich abzufinden. Nur Minister Grumbkow zeigte offen seinen Zorn und beschwor den König, doch all die Nachteile zu bedenken, die so eine enge Bindung an England bringen würde. Friedrich Wilhelm war nun wieder verunsichert und verärgert...

Das Jahr 1722 neigt sich dem Ende zu. Schon Anfang November begann es zu schneien, nun können sich die Kinder im Schnee vergnügen. Eine Schlittenfahrt ist vorgesehen. Der König ist guter Laune und läßt die Pferde für drei Schlitten aufzäumen. Jetzt geht es mit munterem Schellengeklingel hinaus nach Potsdam.

Da aber macht Wilhelmine eine Entdeckung. Der Gardist, der den Schlitten der Eltern begleitet, kommt ihr bekannt vor. Sein mager gewordenes langes Gesicht unter der hohen Gardemütze ist zwar starr und unbeweglich, doch Wilhelmine erkennt ihn — es ist Jakob Kniebusch, jener Soldat, den der König in Wusterhausen persönlich „geworben" hatte. Beim nächsten Halt ruft ihm Wilhelmine leise zu:

„He, Jakob, ist Er es oder ist Er es nicht? Macht Er denn jetzt beim König persönlich Dienst?"

Über Jakobs Gesicht zieht sich ein breites Lächeln. „Ja, Hoheit, Majestät haben mich dieserhalben so ausgezeichnet. Und es ist mir eine sehr große Ehre, halten zu Gnaden."

Wilhelmine lacht leise über Jakobs gewundene, bei Hofe eben übliche Ausdrucksweise. Der Bursche hat sich überraschend schnell den neuen Lebensverhältnissen angepaßt.

Jakob und der Kutscher reiben die dampfenden Pferdeleiber ab, Wilhelmine steht frierend daneben. Sie hätte sich gern auch einen Strohwisch geschnappt und mitgestriegelt. Da sagt der hinzutretende König gut gelaunt:

„Ei, Jungfer Mine, plaudert Sie mit Ihrem Bräutigam?" Jungfer Mine lacht spitzzüngig:

„Wir plaudern gerade über unseren Hochzeitstermin, Herr König. Aber mein Bräutigam will mich nicht nehmen. Königstöchter mag er nicht, sagt er."

„Recht hat er! Käme ich noch einmal in die Verlegenheit — ich suchte mir eine Wusterhauser Bauerndirn aus, eine Stine oder Trine."

„Seid Ihr denn mit Eurer Fieke nicht zufrieden?" fragt Wilhelmine überaus keck. Sie hat herausgefunden, daß der König die Mama, war er besonders gut aufgelegt, „Fieke" nennt. Der Papa droht ihr mit dem Finger und wirft schnell einen Blick hinüber zu den Damen, die sich auf der Chaussee in ihren Schnürstiefelchen die Füße vertreten, dann sagt er streng:

„Demoiselle Mine, Sie sollte nicht so viel Ihre naseweise Nase in andrer Leute Sachen stecken. Aber im übrigen: Meine Fieke ist mir lieb und teuer. Das kann jedermann hören."

Zwar ziemlich verfroren, doch munter trifft die kleine Gesellschaft in Potsdam ein. Hier vor allem frönt der König seiner großen Lebensaufgabe, dem Soldatenwesen. Jeden Morgen läßt er auf dem Schloßplatz exerzieren, und die Damen müssen häufig als Zuschauer dabei sein. Doch diesmal trübt eine schlechte Nachricht die gute Laune der Ankommenden. Die Königin sagt wenig später zu Wilhelmine: „Übrigens, meine Kleine, es ist eine traurige Nachricht eingetroffen: Tante Liselotte ist gestorben. Wir werden zu ihrem Begräbnis fahren müssen."

Liselotte von der Pfalz, die Herzogin von Orléans, fast mit allen europäischen Fürstenhöfen — so auch mit dem preußischen — verwandt, war eine bekannte Persönlichkeit. Sie war es, die durch einen überaus regen Briefwechsel mit Freunden und Bekannten die Verhältnisse am Hof ihres Schwagers Ludwig XIV., des Sonnenkönigs, sehr freimütig und offenherzig schilderte. Nachdenklich sagt die Königin:

„Es ist natürlich ein Zufall, aber ich sprach mit der Sonsfeld auf der Fahrt über Tante Liselotte und ich mußte an sie denken, als ich dich mit dem Gardisten schäkern sah. Fast glaube ich, du trittst in ihre Fußstapfen, Wilhelmine. Du hast wie sie einen scharfen Verstand, dazu aber leider auch eine spitze Zunge. Vielleicht auch eine spitze Feder?"

Wilhelmine erschrickt: ahnt die Mama etwas von ihrem Briefwechsel mit Fritz? Sollte die verschwiegene Lisette geplaudert haben? Oder Friedrichs Kammerdiener Josef, dem Lisette die Briefe aushändigte? Sie mußte mit dem Bruder sprechen. Die Briefe durften auf keinen Fall in die Hände der Eltern fallen. „Hütchen und Stock" könnten sich wiedererkennen...

Als Wilhelmine mit Madame Meermann zusammentrifft, fragt sie nach Tante Liselotte — ihr Tod ist ja Tagesgespräch bei Hofe. Natürlich hörte Wilhelmine immer wieder von dieser Tante im fernen Versailles, meist im Zusammenhang mit irgendeiner der vielfältigen Anekdoten, die um diese kleine pfälzische Prinzessin ständig in Umlauf waren. Doch Wilhelmines Neugier richtet sich nun aufs Ganze, auf ihr Leben, ihr Schicksal.

„Sie war eine wunderbare Frau", sagt die Meermann jetzt. „Friede sei ihrer armen Seele — sie hat viel mitgemacht, die Herzogin. Am meisten hat sie darunter gelitten, daß ihre Heimat, die Pfalz, von den Franzosen unter ihrem eigenen Mann mit Krieg überzogen und derart verwüstet wurde. Und das angeblich in ihrem Namen — um ihr das pfälzische Erbe zu sichern."

„Und bekam sie ihr Erbe dann?" wirft Wilhelmine ein.

„Natürlich nicht. Ihr Mann, der Herzog von Orléans, hat alles verschwendet und verpraßt — sie aber lebte in ständiger Geldnot."

„Hat sie der Herzog denn nicht geliebt?" fragt Wilhelmine gespannt. Die Meermann lächelt bitter. Sie kann ihrem Schützling nicht gut erzählen, wen der Herzog von Orleans liebte — junge Knaben, vom Pferdeburschen bis zum prinzlichen Pagen. Die bekamen auch das Geld, das Liselotte gehörte.

„Geliebt? Ach, Hoheit, Ihre Tante Liselotte mußte den Herzog heiraten — es war eine politische Verbindung. Trotzdem liebte sie ihn, aber er vergalt ihr diese Liebe miserabel. Nein, sie hatte wenig Glück in ihrem Leben. Aber sie war vielen ein wirkliches Vorbild. Vor allem liebte sie ihre Landsleute in der Pfalz und trat für sie ein, wo immer es möglich war."

„Hat sie denn der Sonnenkönig auch drangsaliert?"

„Nein, aber nein, gewiß nicht. Er hat sie geschätzt wegen ihrer Munterkeit und Aufrichtigkeit und ging gern mit ihr auf die Jagd. Sie war robust und nicht zimperlich und trug zur Jagd immer Männerkleidung. Aber sie sprach kein gutes Französisch und sie ärgerte sich, wenn sie der König deswegen auslachte. Nun, da hat sie es dann eben gelernt — mit aller Gründlichkeit. Aber sie redete, außer mit dem König, immer deutsch bei Hofe."

Wilhelmine wächst wie ihre Geschwister zweisprachig auf. Ein besonderes Faible für das Deutsche hat sie nicht, wie sie zugeben muß.

Die Meermann ist bemüht, Tante Liselottes Charakter in möglichst hellem Licht erstrahlen zu lassen. Sie berichtet von ihren Bemühungen, deutschen Gelehrten, wie Leibnitz, zu helfen, sie durch Gedankenaustausch mit den französischen Kollegen weiterzubilden, um so den französischen Vorsprung gegenüber Deutschland auf diesem Gebiet einzuholen. Doch diese Dinge interessieren Wilhelmine wenig. Sie möchte Persönliches über sie erfahren.

„Stimmt es denn, daß man die Tante nach dem Tod ihres Mannes hat in ein Kloster stecken wollen?" fragt sie schnell.

„Ganz sicher ist das nicht, aber es ist gut möglich. Eine Zeitlang war sie beim Sonnenkönig in Ungnade gefallen. Doch eine Liselotte von der Pfalz, die kann man nicht so mir nichts dir nichts irgendwohin abschieben. Außerdem war sie eben sehr klug. Sie hat sich mit ihrer Hauptwidersacherin bei Hofe, der Maintenon, einer Mätresse des Königs, ausgesöhnt. Jedenfalls blieb sie am französischen Hof — mehr als fünfzig Jahre, und hat sich gerade durch ihre furchtlose Rechtschaffenheit dort besondere Verdienste erworben. Sie war bis zuletzt so etwas wie das mahnende Gewissen des Sonnenkönigs. Manche behaupten sogar, er hätte sich vor ihr gefürchtet. Das aber glaube ich nicht. Doch Respekt hatte er vor ihr. Es wird ein großes Begräbnis werden..."

Das wurde es auch. Fast von allen Fürstenhöfen Europas waren Verwandte und Abgesandte erschienen. Die Hoftrauer für die „Palatine" — so wurde die pfälzische Prinzessin respektvoll genannt — dauerte sechs Tage. Ihr Sohn, Philipp II., weinte an ihrem Grab, und Liselottes Tochter Elisabeth Charlotte mußte von ihrem Mann, dem Herzog von Habsburg-Lothringen, und ihrem Sohn Franz Stefan gestützt werden, weil sie sich kaum aufrecht halten konnte. Die Mama berichtete Wilhelmine später von dem Begräbnis:

„Dein ältester Cousin Franz Stefan ist ein sehr hübscher Bursche geworden. Und er scheint recht weichherzig zu sein — er weinte mit seiner Mutter um die Wette. Er muß seine Großmama sehr geliebt haben..."

(Jenem Cousin zweiten Grades Franz Stefan wird Wilhelmine eines Tages als Gatten der österreichischen Kaiserin Maria Theresia begegnen. Und auch sie, Wilhelmine, wird der Meinung sein, daß dieser mit ihr Gleichaltrige ein besonders liebenswürdiger und weichherziger Mensch ist. Ihm und seiner österreichischen Frau Maria Theresia wird einmal ihre herzliche Sympathie gehören...)

Friedrich II., König von Preußen, in jungen Jahren

Viertes Kapitel

Seidelbast

Januar 1728. Inzwischen ist Wilhelmine eine junge Dame geworden, neunzehnjährig, ihrem Bruder Fritz immer noch von Herzen zugetan. Und er hat diese Liebeszuwendungen bitter nötig. Sein Verhältnis zum Vater hat sich in letzter Zeit rapide verschlechtert. Immer noch schreiben sich die Geschwister Briefe — heitere, aber auch solche, die von der Angst diktiert sind.

Wilhelmine sitzt vor dem Spiegel, und Lisette frisiert ihr schönes helles Haar. Ihr selbst, Wilhelmine, gefällt die blonde Haarpracht nicht, sie hätte lieber Mamas dunkle üppige Locken, die freilich inzwischen auch ohne Puder immer heller werden. Die ersten grauen Haare mischen sich drein. Sie hat auch genug Kummer, die preußische Königin. Da ist Wilhelmines geplante englische Hochzeit. In den vergangenen fünf Jahren war es immer noch zu keiner Verlobung gekommen. Der König ist darüber verärgert — er ist der Überzeugung, der englische Hof denke gar nicht ernstlich daran, seine Wilhelmine mit dem Herzog von Gloucester, dem künftigen Prince of Wales, zu verheiraten, man betreibe nur eine Verzögerungstaktik.

Es klopft an der Tür, und Wilhelmines Schwester Friederike schlüpft ins Zimmer. Mit ihr versteht sich Wilhelmine gut, obgleich diese ja einige Jahre jünger ist als sie.

„Was glaubst du, was ich weiß!" ruft Friederike munter.

Wilhelmine lächelt nachsichtig. „Was wird es schon sein? Es wird ein Gartenfest geben oder etwas Ähnliches."

„Etwas Ähnliches! Ja, meine Liebe. Aber etwas Besonderes. Wir haben eine Einladung an den sächsischen Hof. Was sagst du dazu?"

Wilhelmine lächelt: „Papa und Mama haben vielleicht eine Einladung, aber doch nicht wir."

König Augusts Einladung zum Dresdner Karneval kam nicht von ungefähr. Er hatte gute Beziehungen zu Österreich, das wiederum — dank Grumbkow — ebenso gute zu Preußen. Was lag näher, als diese Freundschaften zu pflegen und zu vertiefen. Sehr zum Ärger Englands, dem die Vormachtstellung Österreichs wenig gefiel. Der englische König Georg II. verübelte seinem Schwiegersohn Friedrich Wilhelm die bewußten Kontakte zu Österreich — sah in ihnen einen Vertragsbruch, da sich Friedrich Wilhelm in jenem Geheimvertrag (die Heirat Wilhelmines betreffend) zugleich verpflichtet hatte, Österreich künftig die kalte Schulter zu zeigen. Grumbkow war es also gelungen, den König wieder auf die österreichische Seite zu ziehen. Die Krone von Grumbkows Intrigen aber war, eine Heirat zwischen dem Lebemann August dem Starken und der jungen Wilhelmine stiften zu wollen. Davon wußte Wilhelmine natürlich nichts, als sie sich mit ihrer Schwester Friederike unterhielt.

Sie wußte auch nichts von der heftigen Auseinandersetzung zwischen den Eltern wegen dieser Reise. Natürlich hatte die Königin über ihren Spitzel, den englischen Gesandten, von den Heiratsplänen August des Starken mit Wilhelmine erfahren. Sie ging diplomatisch vor und machte nur im Hinblick auf die kalte Jahreszeit Einwände gegen die Dresdner Reise und verlangte kategorisch, daß sie auf später verschoben werde. Davon aber wollte der König nichts wissen — unterstützt von seinen Ministern Grumbkow und Seckendorf. Also blieb die Königin mit den Töchtern und dem Hofstaat zu Hause, der König aber begab sich frohgemut und voller Erwartungen mit einem kleinen Gefolge auf die Reise zum berühmten Dresdner Karneval.

Zuvor aber war es Wilhelmine gelungen, auch Friedrich, der diesen Ausflug in die weite Welt so gerne mitgemacht hätte, die Mitreise zu ermöglichen. Der König hatte nur höhnisch gelacht, als ihm die Bitte des Kronprinzen vorgetragen wurde. „Das Jungchen ist mir zu grün für so etwas. Es hängt doch am liebsten an Mamas Rockzipfel. Mag es nur dort hängen bleiben."

Da steckte sich Wilhelmine hinter jenen sächsischen Edelmann, der die Einladung seines Königs überbracht hatte. Und der verschaffte dem Kronprinzen eine Extraeinladung des Königs von Polen und Kurfürsten von Sachsen. Friedrich Wilhelm konnte sich diesem Wunsch seines Gastgebers nicht gut verschließen und willigte schließlich mit saurer Miene ein. So erlebte Fritz den Dresdner Karneval auf eine Weise, die ihm lebenslang in Erinnerung bleiben sollte.

Und Wilhelmine schrieb als alte Frau in ihren Memoiren:

„. . . Der sächsische König hielt eine Art von Serail, das aus den schönsten Frauen des Landes bestand. Als er starb, schätzte man die Zahl der Kinder seiner Mätressen auf 345. Der ganze Hof folgte seinem Beispiel. Man dachte nur an das Wohlleben. Und Bacchus und Venus waren die beherrschenden Gottheiten . . ."

Man kann sich vorstellen, wie verblüfft und überrascht der König von Preußen und sein Sohn waren, als sie in diesen ausschweifenden Trubel gerieten. Friedrich Wilhelm war fromm; an seinem Hof herrschten Zucht und Ordnung, und seine Strafen waren drastisch, wenn ihm „Liederlichkeiten" zu Ohren kamen. Grumbkow machte sich nun ein Vergnügen daraus, den König „in Versuchung" zu bringen. Bei den Trinkgelagen gelang ihm das auch. Festliche Gelage und feuriger Ungarwein machten den preußischen König vergnügt und guter Laune. Also konnte man wohl auch einen Schritt weitergehen und ihm eine gefällige Liebesdienerin zuführen — dachten August der Starke und Grumbkow.

„... *Eines Abends führte der König meinen Vater wie von ungefähr in ein reich ausgestattetes Gemach von erlesenem Geschmack*", berichtet Wilhelmine in ihren Erinnerungen weiter. „*Mein Vater stand in Bewunderung dieser Schätze, als man plötzlich eine Tapetenwand hob und ein höchst unerwarteter Anblick sich darbot. Es war eine weibliche Gestalt im Kostüm der Eva, welche nachlässig auf einem Ruhebett ausgestreckt lag. Das Geschöpf war schöner als man die Venus und die Grazien darstellt... Die Veranstalter dieser Komödie zweifelten nicht, daß dieser Anblick das Herz des Königs entzünden würde — doch es kam anders...*"

Diese Begegnung Friedrich Wilhelms mit der leibhaftigen Sünde ging in alle Geschichtsannalen ein — und die Zeitgenossen amüsierten sich köstlich über den puritanischen König. Er machte nämlich bei dem Anblick empört auf dem Absatz kehrt. Als er seinen Sohn Friedrich hinter sich gewahrte, hielt er ihm den Hut vor die Augen und schob ihn höchst unsanft aus dem Zimmer.

Die Heimkehr des Königs brachte dann freilich besondere Überraschungen. Sophie Dorothea wurde vor die vollendete Tatsache gestellt, daß Wilhelmine mit dem Polenkönig verheiratet würde. „Sehr standesgemäß übrigens, wie Madame wohl erkennen!"

Sophie Dorothea jammerte. „Das können Sie nicht tun, Sir! Wilhelmine ist mit dem Herzog von Gloucester verlobt, das wissen Sie wie ich."

„Ja, wir beide wissen es, meinen es zu wissen, aber weiß es auch der englische Hof?"

„Flüchten Sie nicht in die Ironie, Sir. Ich wehre mich mit allen Kräften gegen diese Heirat. Mit allen Kräften!"

„Zu spät, meine liebe Fieke", lächelte Friedrich Wilhelm. „Wir haben den Vertrag in Dresden schon unterzeichnet. Es fehlt nur noch die Unterschrift des sächsischen Kronprinzen — aber was hat der schon zu bestim-

men! Das wäre das gleiche, als wenn Fritz mir etwas verbieten würde — haha!"
Sophie war buchstäblich außer sich. Sie bekam einen Herzanfall, keuchte nach Luft, schrie, jammerte, flehte.
„Machen Sie kein solches Theater!" brummte der König unbehaglich. „Was wollen Sie denn? Unsere Tochter wird Königin an einem der bedeutendsten Höfe Europas. Was wollen Sie eigentlich mehr? Übrigens, mit Wilhelmine spreche ich selbst."
Sophie Dorothea wankte hinaus, von ihren Hofdamen gestützt. Wenig später erschien der König höchstpersönlich im Zimmer Wilhelmines. Er setzte sich in den rasch herbeigeholten Lehnsessel, lächelte die Tochter an und sagte dann:
„Mein liebes Minchen, ich bringe Ihnen eine gute Nachricht aus Dresden. Sie sollen Königin von Polen werden, und alle Welt dort erwartet Sie und liebt Sie schon jetzt."
Wilhelmine schaute ungläubig, sagte jedoch nichts. Was sollte sie auch zu so einer Nachricht sagen? Der König war zufrieden — er hatte befürchtet, daß ihm die Tochter die gleiche Szene wie die Mutter machen würde. „Sie werden", sagte er, „Ihren zukünftigen Gemahl schon bald näher kennenlernen. Wir hoffen, ihn im Mai hier in Berlin als Gast empfangen zu können. Sie werden sehen, er ist ein sympathischer und sehr liebenswürdiger Kavalier. Und nun bitte ich Sie, in den Ehevertrag Einsicht zu nehmen. Sollten Sie noch Wünsche haben, so können diese berücksichtigt werden."
Damit legte er ein umfangreiches Papier auf ihren Nähtisch, umarmte sie zärtlich und ging.

Wilhelmine ist wie betäubt. „Fräulein von Sonsfeld! Fräulein von Sonsfeld!" ruft sie schließlich und bricht, als die Gerufene überraschend schnell ins Zimmer tritt, in Tränen aus.

Die jetzige Hofmeisterin Wilhelmines — eine Erzieherin braucht sie ja nun nicht mehr — umfängt die Weinende liebevoll, spricht leise auf sie ein. Sie möge doch erst einmal den Ehevertrag lesen — dann könne man weitersehen.

Wilhelmine hat diesen Ehevertrag später in allen Einzelheiten wiedergegeben und ihn so der Nachwelt erhalten. Es ist ein sonderbares Dokument. Da ist zwar von einer Eheschließung die Rede, zugleich aber auch von Truppenkontingenten, die der König von Preußen dem König von Polen und Kurfürst von Sachsen zu stellen hätte. Da zeigt sich Friedrich Wilhelm bereit, dem zukünftigen Schwiegersohn vier Millionen Taler zu leihen, doch müßte ein späteres Witwengeld mindestens 200.000 Taler jährlich betragen. Die calvinistische Religion sollte die zukünftige Königin Polens frei ausüben dürfen, und als Witwe sollte sie sich überallhin, ganz wie sie es wünschte, verfügen können, auch ins Ausland.

„Sehen Sie, Hoheit, es ist doch alles halb so schlimm. Auf dem sächsischen Königshof werden Sie alle Freiheiten genießen, der König ist großzügig, das weiß alle Welt."

Die Hofmeisterin redete mit Engelszungen und sie erreichte, was sie wollte: Wilhelmine wurde ruhig. Die letzten Worte der Sonsfeld: „Hoheit, es ist noch nicht aller Tage Abend, noch fehlt auf dem Vertrag die Unterschrift des polnischen Thronfolgers", klangen in Wilhelmine noch nach. Sie waren ihr der bewußte Strohhalm, an den sie sich wie eine Ertrinkende klammerte.

Am nächsten Tag und auch in den folgenden war Wilhelmine sich selbst überlassen, denn die Mama war krank. Ihr Arzt hatte ein Nervenfieber festgestellt, doch der König murrte:

„Das Nervenfieber heißt August von Polen." Er ließ Wilhelmine zu sich kommen und verkündete ihr, daß er mit seinen beiden ältesten Kindern nach Wusterhausen zu fahren gedenke. „Dem einzigen Ort, wo man noch denken und Entschlüsse fassen kann. Wir fahren allein, ohne Gefolge, nur zu unserem eigenen Plaisir."

„Aber die Königin ist krank", warf Wilhelmine ein. „Ich kann sie doch nicht allein lassen."

„Solange die Königin eine Untersuchung meines Leibarztes ablehnt, ist ihre Krankheit nicht bedenklich. Außerdem ist sie nicht allein."

„Aber sie wird sehr böse sein, Papa, wenn ich verreise, ganz sicher wird sie das."

Es traf sie ein halb ärgerlicher, halb spöttischer Blick:

„Hängen Sie denn immer noch am Schürzenband der Mama, Jungfer Mine? Oder meinen Sie nicht selber, daß Sie endlich erwachsen sind und eigene Beschlüsse fassen können?" Wilhelmine dachte bitter: „Entschlüsse ja, aber man kümmert sich nicht um sie. Natürlich hängt man immer noch am Gängelband von Mama und Papa, und muß tun, was die wollen. Zum Beispiel einen alten ungeliebten König heiraten!"

Dann kam ihr jedoch die Erkenntnis, daß diese unvorhergesehene Reise die beste Gelegenheit bieten könnte, den König umzustimmen. Und — was auch sehr wichtig war — endlich könnte sie ein paar Tage ungestört und ohne Aufpasser mit Bruder Fritz zusammensein. Heiter erwiderte sie:

„Papa, ich wäre glücklich, wenn ich Sie nach Wusterhausen begleiten dürfte, sehr glücklich!"

Sie liebte zwar die Einsamkeit und Einfachheit des Wusterhausener Schlosses ebensowenig wie ihre Mutter, doch diesmal bereitete sie sich mit Freude auf die kurze Reise vor. Die Hofmeisterin, Fräulein von Sonsfeld, ahnte, was an Vorwürfen auf sie zukommen würde, wenn die Königin von der eigenmächtigen Abreise Wilhelmines erfuhr, doch sie bestärkte Wilhelmine in ihrem Entschluß zu reisen:

„Versuchen Sie, den König wenigstens so weit zu beeinflussen, daß er den Hochzeitstermin noch verschiebt. Damit haben wir sehr viel gewonnen." Wilhelmine versprach es im eigenen Interesse.

Geschickt stellte die Sonsfeld der scheltenden Königin später die Sache mit Wilhelmines Fahrt nach Wusterhausen so hin, als geschehe sie nur aus dem einzigen Grund, die sächsische Heirat zu verhindern. Sophie Dorothea beruhigte sich, stand aus dem Bett auf und sandte eine Stafettenpost nach Hannover. Ihr Vater, König Georg II., war vor wenigen Monaten gestorben und ihr Bruder, mit dem sie sich allerdings nicht besonders gut verstand, hatte die Thronfolge angetreten. Ihn bat sie, die Heirat zwischen seinem Sohn Georg, dem Herzog von Gloucester und nunmehrigen Prince of Wales, und ihrer Tochter voranzutreiben. Es sei nunmehr ein ernsthafter und sehr respektabler neuer Heiratskandidat aufgetaucht. Ihm wolle der König von Preußen den Vorrang geben.

Während Sophie Dorothea unruhig auf Nachricht aus Hannover wartet, verleben Wilhelmine und Friedrich zunächst ungetrübt heitere Tage in Wusterhausen.

Der Frühling hält seinen diesmal verfrühten Einzug in die herb-schöne Landschaft der Mark. Wilhelmine und Friedrich wandern einträchtig durch den Wusterhausener Forst.

„Merkst du etwas?" fragt Wilhelmine und schnuppert in die laue Luft. „Es riecht nach Seidelbast. Laß ihn uns suchen. Los, immer der Nase nach!"

„Bin ich ein Jagdhund?" wehrt sich Friedrich. „Man macht sich die Schuhe naß, wenn man durchs Gras streift."

„O mein Herr Zimperlich! Ich glaube, Papa hat doch recht, wenn er dich einen verweichlichten Hasenfuß nennt." Und schon hat Wilhelmine den schweren Tuchrock bis zum Knie gerafft und steigt über hohe vorjährige Grasbüschel hinein ins Dickicht. Friedrich bleibt auf dem Waldsteig stehen und lacht: „Wenn du ihn gefunden hast, den Seidelbast, bring mir ein Zweiglein mit, Schwesterherz."

„Hier, hier ist er wirklich!" ruft Wilhelmine entzückt. „So komm doch und guck, wie schön er blüht."

Seufzend steigt nun auch der junge Herr storchenbeinig ins Gehölz und bewundert pflichtschuldigst den über und über rosafarbig blühenden Strauch. „Er duftet betäubend", sagt Friedrich, bricht sich ein paar kleine Zweige und steckt sie in die Rocktasche.

Dann wandern die beiden wieder einträchtig den Waldweg weiter. Der Weg ist trocken und sandig. Die Sonne malt Kringel aus Licht und Schatten, wenn sie durch die schütteren Kiefernwipfel dringt. Friedrich beginnt von Dresden zu erzählen, von Wilhelmine dazu geschickt ermuntert.

„Hast du denn wirklich die nackte Venus im Kabinett gesehen?" fragt sie neugierig. „Und war sie wirklich so schön?"

„Ich habe sie nicht nur gesehen, Mine, ich habe sie auch besessen", erklärt Friedrich stolz.

„Ist das dein Ernst? Du hast diese Dame — ich meine — aber Fritz!"

„Liebes Schwesterherz, du sollst ja nun bald heiraten, also ist es auch an der Zeit, daß du dich mit Dingen vertraut machst, die — nun, die eben zum Heiraten gehören. Ja, ich habe die Formera geliebt. Und nicht nur sie..."

„Aber du bist unmöglich, Fritz! So etwas tut man doch nicht!"

Friedrich zieht die rechte Augenbraue hoch — er kommt sich unendlich viel klüger als seine ältere Schwester vor.

„Ich hätte nicht gedacht, daß du noch so ein Unschuldslamm bist, Mine", sagt er sehr von oben herab — was ihm nicht leicht fällt, denn er ist immer noch einen halben Kopf kleiner als Wilhelmine. „Das Sichliebhaben gehört nun einmal zu unserem Leben. Davon war sogar der fromme Martin Luther überzeugt. Und er hat auch gar kein Hehl aus seinen erotischen Anfechtungen gemacht."

„Und du — du hattest auch solche — Anfechtungen?"

„Ja, hatte ich. Aber dafür findet man auf dem Dresdner Hof viel Verständnis."

„Liebst du denn diese Formera?"

„Nein. Ich liebe nur eine, eine einzige. Und deshalb beschwöre ich dich, Mine, heirate bald nach Dresden, bitte! Ich kann dann oft dein Gast dort sein und —"

„Also lebt deine große Liebe am sächsischen Hof. Wer ist es denn?"

„Wie dürfte ich das verraten!"

„Das wirst du schon müssen, mein Lieber. Von mir verlangst du, daß ich mich für deine Liebe opfere und den August heirate, und du willst mir nicht einmal verraten, wie die Person heißt, wegen der ich mich opfern soll?"

Friedrich starrt geradeaus, beschleunigt seine Schritte, verhält sie wieder, wartet auf seine Begleiterin und sagt schließlich zögernd:

„Also gut, es ist die Orszelska."

„Was? Aber die ist doch die Mätresse König Augusts! Du willst doch nicht behaupten, sie hätte dich, den kleinen Fritz erhört!"

„Das hat sie. Und sie liebt mich genauso leidenschaftlich wie ich sie. Und das ist jetzt die Wahrheit, Wilhelmine. Aber ich bitte dich, verrate mich nicht!"

Wilhelmine spielt nervös mit ihren Handschuhen. Was sie eben erfahren hat, ist ungeheuerlich. Schließlich weiß alle Welt, wer die Orszelska ist — nämlich die außereheliche Tochter König Augusts. Er hatte sie mit einer Warschauer Kaufmannsfrau gezeugt, die August schon längst vergessen hatte. Durch den Grafen Rudowski, in den sich die Orzelska verliebt hatte, lernte sie ihren leiblichen Vater kennen und wurde seine Mätresse. Es störte August nicht, daß sie seine eigene Tochter war und es störte auch die Orszelska nicht, als sie erfuhr, ihr Liebhaber, der Graf Rudowski, sei auch ein unehelicher Sohn des Königs von Polen. Wie gesagt — die Beteiligten störten diese Umstände wenig, wohl aber die übrige gesellschaftliche Welt. Und zu der gehörte auch Wilhelmine.

Sie ist sehr schweigsam geworden. Friedrich sieht sie scheu von der Seite an. Wird er nun ihre ihm so wertvolle Freundschaft verlieren? Wenn er doch nur geschwiegen hätte! Aber irgend jemandem mußte er sich doch anvertrauen. Seine Liebe zu der schönen Polin ist nun einmal so groß, daß sie alles andere verdunkelt — er muß Tag und Nacht an sie und die Liebesstunden denken. Und sie hat ihm schon auf drei Briefe geantwortet. Ja, sie liebt ihn auch, daran gibt es keinen Zweifel!

Wilhelmine schweigt immer noch. Sie schweigt und schreitet hastig aus. Der schöne laue Frühlingstag, der Seidelbastduft — alles ist dahin, als wäre es nie gewesen. Plötzlich aber wendet sie sich ihm halb zu und fragt:

„Sieht sie eigentlich ihrem Vater ähnlich?" Gewiß, eine alberne Frage, aber Friedrich spürt, das Eis zwischen ihnen ist gebrochen. Es ist nicht mehr von Sittenverderbnis und Moral die Rede, Wilhelmine ist zum banalen Alltag zurückgekehrt.

„Nein", sagt er grenzenlos erleichtert, faßt nach ihrer Hand und zieht sie an die Lippen — und sie streicht ihm über den barhäuptigen Kopf. Sie erkennt, er ist nun kein Junge mehr, er ist ein Mann. Und damit muß sie sich abfinden.

Nach der Heimkehr ins Schloß begegnet der König den Geschwistern. Er kam zwar ohne Gefolge nach Wusterhausen, doch einige Offiziere und seine Getreuen, Grumbkow und Seckendorf, begleiten ihn. Sie sind auch jetzt an seiner Seite.

„Prinzessin", sagt der König schmunzelnd, „ich habe die Ehre, Sie heute zu einem Schnepfenessen in den Dorfkrug zu laden."

Wilhelmine ist erfreut. Der König liebt zwar festliche Bankette mit üppigen Gastereien, doch nur, wenn sie andere bezahlen; muß er selbst in die eigene Tasche greifen, ist er sparsam, ja knausrig. Dementsprechend ist die Verpflegung auf dem Jagdschloß Wusterhausen. Hier frönt er stets dem einfachen Leben, das heißt, er gibt dem Koch Anweisung, „nach Jägerart" zu kochen: Rüben in jeder Form und meist schon nach Schimmel schmeckendes Rauchfleisch sind die Hauptzutaten der Gerichte, die allerdings in silbernen Schüsseln kredenzt auf den königlichen Tisch kommen. Also ist ein Jagdessen im Wirtshaus zum Lamm eine kulinarische Abwechslung, zu der Minister Grumbkow geladen hat.

Die Wirtsstube ist blitzsauber, die Wirtin adrett und dienstbeflissen, das Essen ausgezeichnet. Es wird vom Wirt und seinem Neffen Jakob Kniebusch aufgetragen. Jakob war vom König zu seinem „Leibburschen" ernannt worden. Der König will auch im zivilen Hofleben das Flair des Soldatentums nicht missen. Den traditionellen Kammerdienern und Kammerherren ist der lange Jakob Kniebusch in seiner Uniform freilich ein Dorn im Auge. Aber hier, wo er daheim ist, hier in Wusterhausen, sorgt er allein für das Wohl des Herrn, und Friedrich Wilhelm ist mit ihm sehr zufrieden. Gerade wendet er Jakob seinen Bierhumpen zu und sagt:

„Unserem braven Kniebusch ein Prost. Mög Er weiter so treu und rechtschaffen bleiben."

Nach dem Mahl hüllen sich die hohen Jagdherren in blauen Tabakdunst. Und Wilhelmine bemüht sich, dem Qualm zu entgehen. Sie steht im späten Abenddämmern vor der Tür und atmet tief die würzige Luft ein, die nach aufgebrochener Erde riecht, nach sprießendem jungem Grün. An der Hauswand steht ein alter Fliederstrauch, seine Knospen sind glatt und prall, und Wilhelmines Hand streift über sie hin. Eine merkwürdige Unruhe ist in ihr — sie empfindet geradezu körperlich dieses ahnungsvolle Drängen und Treiben in der Natur, das auch in ihr heimliche Sehnsüchte und Wünsche weckt. Das morgendliche Gespräch mit Friedrich hat dazu wohl auch sein Teil beigetragen, daß sie sich jetzt einsam fühlt, sehr allein gelassen in ihren Empfindungen. Friedrich liebt. Er liebt die Mätresse des polnischen Königs. Sicher ist das für ihn ein Unglück — wohin soll wohl so eine Liaison führen? Und er ist so vernarrt in diese Person, daß sie, Wilhelmine, sich dieser fremden Liebe opfern und den alten König heiraten soll!

Nun glaubt Wilhelmine die Hintergründe zu erkennen: Sie soll durch ihre Heirat den alten Lebemann von der Orszelska ablenken — natürlich, so denkt Friedrich! Schließlich kann ein neu Vermählter nicht zugleich eine andere lieben. Und die schöne Orzelska wäre dann frei für ihren jungen Galan, den Kronprinzen Friedrich von Preußen.

„Schändlich!" flüstert Wilhelmine und nimmt ein bei der Hand liegendes Scheitholz auf. Sie wiegt es in der Hand und schleudert es dann wütend in die Gegend.

„Hoppla!" sagt eine Männerstimme. „War das für mich bestimmt, Königliche Hoheit?" Hinter einem Stamm tritt eine lange Gestalt auf sie zu — es ist Jakob Kniebusch, der aber jetzt, nach der kecken Ansprache, verlegen vor ihr steht. „Halten zu Gnaden, ich hab' Euch doch hoffentlich nicht erschreckt?"

„Ach nein, Jakob. Gib mir noch ein paar Scheite. Ich hab' so einen Zorn im Schädel — ich muß mich erleichtern."

Jakob lacht respektvoll und beeilt sich, der Prinzessin weitere Wurfgeschosse zu reichen, die sie gezielt nach dem Baumstamm wirft. Manche treffen das Ziel, andere fallen daneben.

„So, nun ist mir leichter, jetzt ist's genug, Jakob. Sag einmal, Leibbursche, bist du mit deinem Herrn, dem König, zufrieden?" Wieder lacht er und antwortet unbefangen: „Freilich, Königliche Hoheit."

„Ach, nenn mich heut nicht so, nenn mich Wilhelmine. Mir ist heut so wenig königlich zumute. Ach, ich wollt', ich wär' —", sie stockt und setzt leise fort: „Aber das verstehst du nicht, Jakob."

„Ich versteh' Euch wohl. Ich mein', ich weiß, was Euch bekümmert."

„Du weißt es? Aber ich weiß es ja selber nicht, wie kannst du —" Leise, kaum verständlich sagt Jakob: „Aber ich war ja mit dem Herrn in Dresden und da kann ich mir denken —", er stockt und auch Wilhelmine schweigt...

Es ist inzwischen dunkel geworden. Aus dem Schankraum dringt lautes Gelächter. Wilhelmine weiß nicht, daß es dem Bruder gilt. Eben hat der König, sich zu Friedrich neigend, geschnarrt:

„Zum Teufel, junger Mann, Sie stinken ja wie ein lockeres Frauenzimmer! Parfümiert sich dieses Bürschchen — was sagt man dazu?" Dann wendet er sich dem Schankmädchen zu. „He, Jungfer, tu Sie Ihre Haube her. Sie wird dem jungen Herrn gut zu Gesichte stehen."

Friedrich ist vor Schreck erst blaß, dann rot geworden. Dann begreift er. Er holt den welken Seidelbast aus der Rocktasche und wirft ihn auf den Wirtshaustisch.

„Hat ihm eine feine Jungfer das Grünzeug geschenkt?" knurrt der König lauernd, hat aber die beabsichtigte Maskerade noch nicht vergessen. „Wo bleibt die Haube?" dreht er sich nach dem Schankmädchen um. Die ist ein hübsches Ding, schwarze Augen, mit denen sie den König anfunkelt. Laut sagt sie:

„Herr, i verborg' mei Häuberl net. So etwas ist bei uns net Sitte."

Der König stutzt, als er den fremden Dialekt hört, betrachtet sie nun näher. Sie trägt nicht die übliche schwarze Gewandung der Schankmägde, sondern ist in ein enges, kurzes, blaugefärbtes Mieder geschnürt, und ihre Bundschürze ist aus blauem Beiderwandleinen mit hell gedruckten Blumenstreifen, wie man sie hierzulande nicht trägt. Friedrich Wilhelm wendet sich an den Wirt:

„Wo hat Er denn diesen fremden Vogel eingefangen?" fragt er mißmutig.

„Er ist von weither zugeflogen, Majestät. Aus dem Salzburgischen. Die Familie der Deern ist bei mir eingekehrt — es sind Glaubensflüchtlinge. Das Mädchen hab ich gleich behalten." Und die Wirtin mischt sich ängstlich ein: „Es ist ein gutes, fleißiges Ding, Majestät."

„Mag sein, mag sein. Aber sie hat ein keckes Mundwerk. Wird Sie nun die Haube heruntertun, da es der König befiehlt?"

„Nein, Herr, das darf i net. Wer bei uns so etwas tut, ist ehrlos. Aber i kann singen, Herr. I sing Euch dafür ein Lied, bittschön." Ihr Blick streift, während sie spricht, auch rasch den Kronprinzen.

Und schon steht sie in Positur, die verarbeiteten roten Hände in die schmale Taille gestemmt, und singt mit heller, aber klagender Stimme:

„Zwoa schneeweiße Täuberln
flieg'n über mein Haus,
und mein herzliebes Schatzerl
laß i gar nimmer aus.

Zwoa schneeweiße Täuberln
flieg'n her aus der Fern',
meinen herzlieben Buam
hab' i gar so viel gern.

Die Liab die muß wandern
über Berg und über Tal,
meinen herzlieben Buam
seh' i heut zum letzten Mal."

Das Lied klingt traurig und greift auch dem König sanft ans Herz. Er räuspert sich und sagt:
„Die Jungfer hat eine schöne Stimme. Und Ihre Haube kann Sie stehen lassen, wann Ihr Brauch es so verlangt. Komm Sie näher! Wie heißt Sie denn?"
Das Mädchen sagt erleichtert:
„Kreszenzia, Herr." Der König lacht und versucht das Wort zu wiederholen. „Soll das ein christlicher Name sein? Man bricht sich ja die Zunge an ihm."
„Nennt mich Zenzi, Herr. Bei uns ist er Brauch, der Name. Aber es ist ja nur ein Wort, mehr net."
„Erzähl Sie uns was, Jungfer Zenzi. Vom Herrn Fürstbischof zu Salzburg, der seine lieben Landeskinderlein so unchristlich in die Ferne vertreibt. Vielleicht hat er deren zu viele? Uns aber fehlen sie", setzt er nachdenklich hinzu. Und ein Gedanke kommt ihm, der ihn veranlaßt, dem Mädchen Zenzi eifrig zuzuhören. Seinen Sohn mit dem Seidelbast hat er vergessen...

Drinnen vermißt anscheinend niemand die Prinzessin. Sie, die sonst stets den lebendigen Schatten einer Hofdame neben sich hat, fühlt sich plötzlich herrlich frei und ungebunden. „Gib mir deinen Arm, Jakob", sagt sie fröhlich. „Wir wollen hinüber zum Dorf."
„Aber es wird kalt, Hoheit. Soll ich Euren Schal holen?" antwortet Jakob ruhig. Er hat recht und Wilhelmine nickt. „Aber du sollst mich heute nicht Hoheit nennen."
Jakob antwortet leise:
„Ich kann nicht anders, Hoheit. Mögt mir vergeben."
Im Schankraum erzählt gerade das schöne, schwarzhaarige Mädchen, von dem Jakob schon weiß, daß sein

Onkel, der Wirt, sie sozusagen von der Straße aufgelesen hat:

„Da hat uns der Vogt des Erzbischofs gesagt, wir müßten unserem lutherischen Glauben abschwören oder gehen. Es sind manche geblieben und haben ihren Glauben verraten. Und viele sind gegangen wie der Herr Vater und wir."

Am liebsten hätte Jakob dem merkwürdigen Dialekt des fremden Mädchens weiter zugehört, aber draußen wartet ja die Prinzessin. Er geht hinaus und legt ihr behutsam den Schal um die Schultern, reicht ihr unbeholfen den Arm und muß sich wegen seiner Größe ein wenig vornübergeneigt bewegen. Sie gehen langsam die Straße entlang, vorbei an ärmlichen Hütten und noch kahlen Gärten. Am Dorfbrunnen stehen ein paar Weiber, grüßen verlegen und tuscheln hinter dem ungleichen Paar her.

Wilhelmine lacht spöttisch:

„Jetzt werden sie gleich erzählen, daß der arme Jakob Kniebusch sein Glück mit der reichen Prinzessin gemacht hat. Und morgen geht der Klatsch von Haus zu Haus." Jakob versucht gekränkt, seiner Begleiterin den Arm zu entziehen. Sie hält ihn fest und sagt ernst:

„Ich wollt dich nicht ärgern, Jakob. Ich hab' nur ein loses Mundwerk. Daran muß man sich eben gewöhnen. Und jetzt erzähl mir bitte von Dresden. Du warst ja auch dabei. Erzähl, was dort passiert ist."

Jakob räuspert sich und erwidert dann fest:

„Ja, ich war immer in der Nähe des Herrn. Und wenn ich es nicht war, so hat man sich in der Gesindestube die Neuigkeiten erzählt."

„Was für Neuigkeiten? Komm, rede, Jakob!"

Jakob zögert nun nicht mehr. „Man erzählte sich, daß Ihr den polnischen König heiraten sollt. Es sei schon eine beschlossene Sache. Und die Herrschaften haben schon auf Euch getrunken und alle meinten, es wäre ein rechter Segen, wenn Ihr als Königin nach Dresden kämt."

„Meinst du das auch, Jakob?"

Wilhelmines hünenlanger Begleiter schweigt und sie fragt kein zweites Mal. Plötzlich sagt er: „Man soll niemanden heiraten, den man nicht liebt. Das bringt kein Glück."

Wilhelmine bleibt stehen. „Ich gehe nicht nach Dresden, Jakob. Ich lasse mich nicht wie eine Stute irgendwohin verschachern und verkaufen, ich nicht!"

Die bekümmerte Stimme Jakobs kommt aus der Dunkelheit: „Aber es wird schwer werden für Euch. Wenn es Euch nun der König befiehlt? Muß man nicht Vater und Mutter gehorchen?"

„Ach, Jakob!" sagt Wilhelmine ungeduldig und ohne Logik, „was weißt denn du!" Dann fährt sie rasch fort: „Erzähl mir von der Orszelska. Hast du sie gesehen? Ist sie wirklich so schön? Der Kronprinz soll mit ihr eine Liebschaft gehabt haben. Ist das wahr?"

„Es ist schon möglich. Man hat davon geredet, und alle haben sie gelacht, weil unser Herr König so gar nichts merkte von allem. Anfangs war der Kronprinz mit der Gräfin Orszelska viel zusammen. Doch dann war er es mit einem anderen Fräulein. Und man hat sich erzählt, daß der sächsische König selbst angeordnet hat, dem Kronprinzen mit dem Fräulein Formera gefällig zu sein."

Mein Gott, denkt Wilhelmine, da war ja Friedrichs Verhältnis Tagesgespräch am sächsischen Hof! Wenn nur Papa nicht im nachhinein davon erfährt.

Ihr Groll auf den Bruder entschwindet — sie hat wieder einmal Angst um ihn...

Wilhelmine fröstelt. „Komm, Jakob, gehen wir zurück."

Vor der Schenke löst sie sich von Jakobs Arm. Klar und deutlich sagt sie:

„Ich weiß, du bist mein Freund, Jakob. Und dafür danke ich dir."

Die nächtliche Heimkehr ins Wusterhausener Schloß geht „nach Jägerart" vor sich, nämlich zu Fuß. Man wandert im Fackellicht. Grumbkow und Seckendorf stützen den König, was er sich zunächst unwirsch, dann aber willig gefallen läßt.

Wilhelmine wartet auf Friedrich, doch merkt sie, daß er versucht, sich von ihr abzusondern.

„Warum weichst du mir aus? Was hast du denn?" fragt sie ihn, noch beschwingt von dem abendlichen Spaziergang.

„Laß mich in Ruhe!"

„He, Bruderherz! Hab' ich so einen Ton verdient?"

„Ja, das hast du. Dein verdammter Seidelbast hat mich an der Tafel in eine ekelhafte Situation gebracht." Und jetzt sprudelt es aus ihm heraus. Er schimpft so laut, daß einer der Herren vor ihnen sich umdreht. Wilhelmine hätte gern gelacht, aber sie tut es nicht, sie sagt nur eindringlich:

„Ich bitte dich, warum regst du dich so auf? Du kennst doch Papa und seine Scherze. Mir hat er einmal in der Schenke den Jakob Kniebusch als Bräutigam zudiktiert. Sei nicht so empfindlich Fritz! Und denke dir, es ist noch nicht aller Tage abend. Such dir einen Freund, dem du vertrauen kannst, wie ich meiner Sonsfeld. Sie ist mir so ein Trost — ich liebe sie sehr, sogar mehr als die Mama."

„Ja, und das merkt auch die Mama. Deshalb schikaniert sie die Gute, wo sie nur kann. Du wirst es nicht wissen, aber Mama war bei Papa mit allerlei Klagen vorstellig und wünschte, daß er die Sonsfeld entläßt."

„Fritz! Das sagst du nur, um mich zu ärgern. Es ist nicht wahr!"

„Doch, es ist wahr. Aber Papa hat nein gesagt — die Sonsfeld hat bei ihm einen Stein im Brett. Ich wollte, es wäre bei meinem Katte auch so. Übrigens, weißt du, daß dich mein Katte verehrt?"

„Mich?" fragt Wilhelmine gedehnt. „Aber ich mag ihn doch gar nicht."

„Warum nicht? Er ist ein prächtiger Bursche und mein bester Freund."

„Er ist ein Schwärmer. Und solche Leute sind gefährlich, weil sie meist zu wenig Vernunft haben. Aber ich gönne ihn dir — nur soll er mich mit seiner Verehrung verschonen und sie lieber dir zu Füßen legen."

Nun sind sie den vor ihnen Gehenden wieder näher gekommen. Man hört die eifrige Stimme des Königs:

„Ich sag Ihnen, Grumbkow, man muß sofort etwas unternehmen. Schreiben Sie dem Fürstenhof, daß wir bereit sind, die Salzburger Vertriebenen aufzunehmen."

„Wie viele, Hoheit? Bedenken Sie, so ein Unterfangen kostet Geld, viel Geld. Und wir —"

„Für diese Sache haben wir es. Zeigen Sie, was Sie können, mein Lieber! Sorgen Sie dafür, daß die Flüchtlinge nicht bettelarm zu uns kommen. Fürstbischof Firmian soll ihre Habe in blanken Talern ablösen — das ist nur recht und billig. Und wenn wir das verlangen, wird er es auch tun. Aber Eile tut not, sonst kommen uns andere Landesfürsten zuvor und holen sie uns weg. Ha, sie werden gute Soldaten abgeben, die braven Burschen."

„Majestät, aber dort in den Bergen lebt ein kleinerer Menschenschlag — das Gardemaß werden nur sehr wenige haben."

„Woher weiß Er das?"

„Mein Oheim war dort und hat es erzählt. Die Bauern dort müssen schwer arbeiten, mehr als unsere Leute hier in der Ebene. Sie schleppen in ihren Bergen alles auf dem Buckel hinauf und herunter, weil die Wege zu steil für die Pferde sind. Und diese schwere Arbeit drückt auf ihre Figur. Sie haben lange Arme vom Lastentragen, aber kurze Beine, weil die Kraxen auf dem Buckel sie niederdrücken."

Friedrich Wilhelm ist enttäuscht. Trotzdem sagt er: „Dann werden eben die Söhne der Salzburger starke, große Soldaten. Hier bei uns wird sie nichts niederdrücken. Ostpreußen ist durch den Krieg entvölkert — dorthin werde ich sie schicken. Aber die Längsten von ihnen, die sondern Sie mir heraus, Grumbkow, und seien sie auch unter dem Gardemaß."

Die Geschwister folgen dem Gespräch aufmerksam und machen sich ihren Reim darauf. Friedrich sagt: „Es geht um die Protestanten im Salzburgischen. Wenn ich einmal König bin, wird nirgends mehr jemand wegen seiner Religion verfolgt werden. Dafür werde ich sorgen."

Am nächsten Morgen — man mußte in Wusterhausen immer schon sehr früh aus den Federn, um zur Morgenandacht zurecht zu kommen, die der König persönlich abhielt — lächelt Wilhelmine dem Bruder entgegen. Friedrich wirkt übernächtig und sagt mürrisch: „Du hast gut lachen, Mine. Mir brummt noch der Schädel und mir ist schlecht von dem vielen Tabak, den ich gestern konsumieren mußte. Wenn man wenigstens ausschlafen könnte! Aber nein — noch vor dem ersten Hahnenschrei muß man aufstehen. Damit der langweilige Tag noch länger wird!"

„Ich bin gewiß nicht vergnügter als du, mein Lieber. Du ahnst nicht, wie überdrüssig mir das Leben ist! Wenn ihr jungen Männer ein lächelndes Gesicht seht, so meint ihr schon, man sei lustig und zufrieden. Aber das verstehst du nicht. Vielleicht war auch Gräfin Orzelska unglücklich und traurig, während sie dir zulächelte?"

Friedrichs mißmutiger Gesichtsausdruck verdüstert sich noch mehr. „Sei leise, Wilhelmine!"

„Ach, Grumbkow und Seckendorf sind ja noch nicht da. Der Papa wird ihnen ganz schön die Leviten lesen, wenn sie wieder zu spät kommen." Doch an diesem Morgen kommt auch der König zu spät. Er macht einen frischen und zufriedenen Eindruck, als er die Tür zur kalten Kapelle aufstößt und befriedigt in die Runde blickt. Man ist bereits vollzählig versammelt, einschließlich des Schloßgesindes.

Friedrich Wilhelm stimmt persönlich den Psalm an — zu hoch natürlich, und nur Friedrichs heller Tenor erklimmt die hohen Töne. Er singt hell und laut, und der König mustert ihn.

„Wir sind heute recht hochgestimmt", meint er, sich spöttisch Friedrich zuwendend, und hält seine Morgenansprache, recht flüssig und gespickt mit Bibelworten. Sie bezieht sich auf das christlich einfache Leben in Gottes freier, schöner Natur und endet mit der Mahnung, genügsam und bescheiden zum Lobe Gottes den Tag zu beginnen und ihn am Abend ebenso zu beenden.

Nach dem Frühstück vermißt Wilhelmine den Bruder. Niemand weiß, wo er ist, bis ihr Jakob Kniebusch leise sagt:

„Ich hab' ihn hinüber zum Dorfkrug gehen sehen."

„Was will er dort?" fragt Wilhelmine. Sie wollten doch zusammen den Vivaldi üben — sie hat die Noten schon zurechtgelegt.

„Ich weiß es nicht", meint Jakob. „Vielleicht hat er in der Schenke etwas vergessen."

Wilhelmine holt ihre Mantilla — es ist ein klarer, aber kühler Morgen — und geht den gleichen Weg wie Friedrich. Warum, weiß sie selbst nicht. Ist es Neugier? Oder der Wunsch, möglichst viel mit dem Bruder zusammen zu sein?

Der nasse Wiesenweg, vorbei an Birken, deren Zweige schon einen zarten Hauch von Grün zeigen, mündet in ein kleines Gehölz. Hier hatten sie den Seidelbast gefunden, der Fritz solchen Ärger eingetragen hat. Rasch geht sie an der Stelle vorbei, bückt sich dann aber nach den Blüten der Himmelschlüssel, die am Wegrand in dichten zartgelben Inseln inmitten vorjährigen Laubs und noch gilben Rasens üppig blühen.

Da ist sie schon an der Schenke. Das Wirtshaus „Zum weißen Lamm" liegt breit und behäbig vor ihr, das Dach mit einer dichten Haube harten Riedschilfs gedeckt. Der vordere Teil des Gebäudes ist aus Stein, der rückwärtige besteht aus grob gefügten Balken. Zum Eingang des Hauses führen über den Hof schwere unbehauene Steinplatten, von vielen Füßen abgetreten. Tritt man daneben, versinkt man knöcheltief im aufgeweichten Erdreich — es hatte fast die ganze Nacht geregnet.

Im Flur, der mit den gleichen, nur sorgfältiger behauenen Platten wie der Hof belegt ist, hört Wilhelmine die Stimmen der Wirtin und ihres Mannes. Sie kommen aus der Küche. Die Tür zur Gaststube ist nur angelehnt. Friedrich sitzt wohl mit der fremden Schankdirn im Ofenwinkel. Wilhelmine sieht ihn nicht, hört aber seine helle, laute Stimme. Die hat er sich angewöhnt, weil ihn der Vater ständig mahnt, „forsch und klar zu sprechen und nicht zu näseln wie eine zimperliche Jungfer". Er sagt gerade:

„Warum ist Sie eigentlich nach Wusterhausen gekommen, Jungfer?"

„Wir mußten hier vorbei, weil wir nach Witzenrode wollten. Dort leben Verwandte von uns. Mein Großvater ist schon unterm Erzbischof Max Gandolf aus dem Salzburgischen vertrieben worden."

„Wann war das denn?"

„Vor vierzig Jahren. Damals haben auch schon alle Neugläubigen das Tal verlassen müssen. Aber die Kinder ham s' zurücklassen müssen. So ist mein Vater zu einem Oheim gekommen, der katholisch worden ist. Freilich nur nach außen hin. Insgeheim ist er und seine Familie gut lutherisch geblieben. Und so ist auch mein Vater neugläubig erzogen worden und auch ich und meine Schwestern."

„Gibt's denn viele Lutherische bei Euch?"

„Ja, Herr Kronprinz. Wohl an die dreißigtausend. Das hat uns der Herr Pastor gesagt. Aber die Zeichen stehen net gut für uns. Es wird bald wieder ein großes Wehklagen geben. Mein Vater war der Erbrichter im Dorf. Und wir sind als eine Art Vorhut für unsere Brüder und Schwestern von daheim fortgezogen. Damit wir ihnen hier eine Herberge schaffen, wenn sie der Bannstrahl des Fürstbischofs trifft."

Friedrich schweigt — er denkt an das Gespräch des Königs mit Grumbkow, scheut sich aber, der Salzburgerin Hoffnungen zu machen. Er fragt, das Thema wechselnd:

„Jungfer, ist's in Ihrer Heimat wirklich Brauch, daß man eine Haube nicht abtun darf?"

Das Mädchen lacht: „Nein, Herr Kronprinz — den Brauch gibt's bei uns net."

„Also hat Sie um meinetwillen —"

„Ja. Ich wollt' net, daß man über Euch lacht, auch wenn es der Herr König ist, der sich über Euch lustig macht."

„Ich dank' Ihr Jungfer. Ich will's Ihr nicht vergessen", erwidert Friedrich ernsthaft. „Und ich wünschte, ich könnte Sie belohnen. Bin ich erst König —"

Jetzt scheint es Wilhelmine an der Tür notwendig, sich bemerkbar zu machen. Sie läßt die Klinke schnappen und tritt an den Tisch im Ofenwinkel. Das Mädchen springt auf und knickst ehrerbietig. Sie ist sehr hübsch, findet Wilhelmine. Auf dem Kopf trägt sie diesmal keine Haube, die schwarzen Zöpfe sind zu einer fremden Haartracht, zu einer Art Krone zusammengesteckt — ihre Haut ist sehr klar, doch eher bräunlich, die Augen von dunklem tiefen Braun. Sie wirken im Augenblick sanft und demütig, doch Wilhelmine kann sich vorstellen, daß sie sehr wohl im Zorn zu funkeln vermögen.

„Friedrich", sagt sie rasch. „Wollten wir nicht heute vormittag den Vivaldi üben?" Friedrich scheint nicht gerade erfreut.

„Ach ja, Mine, das hatte ich vergessen. Geh nur vor, ich komme gleich nach." Das Mädchen ist verschwunden, Wilhelmine geht zögernd hinaus in den Hof — Friedrich in die Küche, wo die Hausfrau Brotteig knetet. Er sagt so forsch wie möglich:

„Weiß Sie mir für heut abend eine verschwiegene Kammer, Frau Wirtin? Ich hätt' so manches mit der Salzburgerin zu bereden."

Ohne von ihrer Arbeit aufzusehen, erwidert die Wirtin:
„Ei freilich, Eure Königliche Hoheit. Geht Ihr die Treppe hoch, so ist die Stube gleich rechts, neben der Kornkammer."

Friedrich steigt die Röte ins Gesicht, schnell sagt er: „Es wird Ihr Schaden nicht sein, Frau Wirtin. Ich bedanke mich sehr."

„Nicht nötig, Herr Kronprinz. Es ist uns eine Ehre, Euch zu Diensten zu sein." Und sie denkt: „Allzuviel Freud' hat er nicht auf der Welt, der arme junge Herr. Wenn wir ihm ein wenig davon verschaffen können, soll sie ihm von Herzen gegönnt sein."

(Doch zu diesem Rendezvous kam es nicht. Die Enkelin eines Defereggentaler Erbrichters war eine stolze, ehrbare Jungfrau und keine derbe Wusterhausener Schankdirn.)

Davon wußte Friedrich natürlich noch nichts, als er kräftig und beschwingt neben Wilhelmine ausschritt. Sie sah ihn von der Seite an — ein weiches, junges, hübsches Gesicht mit knabenhaftem Flaum auf den Wangen.

„Was siehst du mich so an?" fragte er unbehaglich. Sie lächelte spöttisch: „Ich gäbe was drum, wenn ich wüßte, was hinter deiner Stirn vorgeht. Jetzt ist die Zeit gekommen, wo wir Geheimnisse voreinander haben."

Doch Friedrich war nicht bereit, sein „Geheimnis" preiszugeben. Er sah sich in der verschwiegenen Kammer zusammen mit der Salzburgerin, sah sich bemüht, die Verschnürung ihres knappen Mieders zu lösen und sah in Gedanken, die ihm heiß machten, die Herrlichkeiten eines jungen Mädchenkörpers, nach denen er sich sehnte, seit er in Dresden in den Armen der Formera und der Orszelska gelegen hatte...

Wilhelmine sitzt in ihrem Zimmer. Auf der Kommode steht der Himmelschlüsselstrauß und sendet einen hauchzarten Duft zu ihr hin — einen Duft nach Sommer, nach Aprikosen, jener samtweichen Frucht südlicher Gefilde, die sie so liebt. Ob in Dresden Aprikosenbäume wachsen? Nun sind ihre Gedanken wieder bei König August, jener Gestalt, die Klatsch und Tratsch an den Höfen ebenso beschäftigt, wie vor ein paar Jahren der Sonnenkönig in Frankreich.

Sie weicht dem Vater nach Möglichkeit aus, und das gelingt ihr leicht. Friedrich Wilhelm geht im Augenblick völlig in dem Projekt „Salzburger Glaubensflüchtlinge" auf. Sein engster Vertrauter, Grumbkow, gehört der sogenannten „österreichischen Partei" bei Hofe an, im Gegensatz zu den Höflingen und Getreuen um Königin Sophie Dorothea, die die „englische Partei" darstellen. Wilhelmine aber, das Täubchen, wie sie die Sonsfeld früher so gern nannte, wird nach wie vor von beiden Parteien gerupft. Im Augenblick hat die österreichische Clique Oberwasser, denn August der Starke gehört zur Österreich-Allianz.

Doch Wilhelmines Heirat ist für den König momentan in den Hintergrund gerückt. Stundenlang sitzt er mit Grumbkow und Seckendorf im Jagdzimmer, qualmt starken dunklen Tabak und diskutiert. Seckendorf, der österreichische Gesandte, sagt gerade:

„Bedenken Sie, Majestät, es könnte Österreich verstimmen, wenn wir offen Verhandlungen wegen der Emigranten führen."

„Salzburg ist nicht Österreich — der Fürstbischof ist souverän. Da er so viel Wert darauf legt, sein Land von der Pest der Häresie gereinigt zu sehen, muß er sich das auch etwas kosten lassen. Außerdem — wir werden ja nicht mehr verlangen, als tatsächlich an Werten im Salzburgischen zurückbleibt", erwidert der König mit Schärfe. Er ist fest entschlossen, sein unterbevölkertes Land mit den Glaubensflüchtlingen zu besiedeln. Und das sagt er jetzt auch in aller Klarheit — den Einwand Grumbkows, „die Konfiszierung des Eigentums der Protestanten soll ja eine Kirchenstrafe für die Abtrünnigen sein", mit einer ärgerlichen Handbewegung abwehrend.

„Wir leben nicht mehr im Mittelalter, das wird man auch Fürstbischof Firmian beibringen müssen."

Grumbkow und Seckendorf sehen ein, daß der König nicht mehr zu beeinflussen ist. Sie sind klug genug, nachzugeben und sich bereit zu erklären, mit dem Fürstbischof sofort in Verbindung zu treten. Damit aber ist das Thema für den König zunächst abgeschlossen. Morgen schon wird eine Stafette nach Salzburg abgehen.

Jetzt ist wieder Wilhemines Hochzeit aktuell. Der König läßt sie zu sich kommen.

Im Kamin des Jagdzimmers brennt glücklicherweise ein Feuer, und Wilhelmine schiebt ihren Schemel näher an die Wärmequelle. Friedrich Wilhelm schmunzelt:

„Es wird Ihnen schon warm werden, Prinzessin, wenn Sie hören, was ich Ihnen zu sagen habe."

Wilhelmine wird es tatsächlich heiß, als sie erfahren muß, daß sie der Vater noch in diesem Sommer mit König August zu verheiraten gedenkt. Er redet schnell und viel, erwähnt den Vertrag und geht ihn Punkt für Punkt durch. Will Wilhelmine etwas einwenden, kommt die salbungsvolle Mahnung:

„Das Kind höre dem Vater zu. Lassen Sie mich erst ausreden, meine Tochter."

Wilhelmine hat plötzlich den Eindruck, daß er eine eingelernte Rede hersagt, eine Rede, die ihm Grumbkow aufgesetzt hat.

Endlich schweigt die schnarrende Stimme. Der König lockert seine Halskrause und sieht sie lächelnd an:

„Konnten Sie mir in allem folgen, Prinzessin? Fragen Sie nur, wir beide haben ja noch Zeit, noch viel Zeit, alles in Ruhe zu besprechen."

Vage erinnert sich Wilhelmine in diesem Augenblick an die Mahnung der Sonsfeld, alles zu versuchen, die Hochzeit hinauszuschieben. So erwidert sie schließlich, allen Mut zusammennehmend:

„Papa, mir ist alles klar, nur um eines bitte ich Sie sehr: Lassen Sie mir noch etwas mehr Zeit mit dem Heiraten. Bis zum Herbst vielleicht, wenn ich Sie sehr bitten darf."

Das verbindliche Lächeln bleibt auf Friedrich Wilhelms Gesichtszügen: „Hat denn die Jungfer Mine gar solche Angst vor dem Brautbett? Der König von Polen ist ein kluger und erfahrener Kavalier. Er wird seiner Braut keinen Anlaß zur Angst geben. Aber", setzt er erleichtert hinzu, denn er hatte energischeren Widerstand von seiten der Tochter befürchtet, „darüber können wir allemal noch reden."

Fünftes Kapitel

Das Glück in der Mägdekammer

Nach dieser Aussprache sucht Wilhelmine den Bruder auf und findet ihn in düsteres Nachdenken versunken. Friedrich liegt auf seinem harten, eisernen Bett — außer den Zimmern der Königin sind alle Räume spartanisch eingerichtet.

„Hier bist du! Ach, Friedrich, ich komme gerade von Papa. Was soll ich nur tun! Er will mich noch in diesem Sommer dem August geben!"

In Friedrichs Gesicht tritt ein heller Schein. Wilhelmine sieht es und ruft ärgerlich: „Denk doch nicht immer nur an dich und diese dubiose Orzelska! Wer sagt dir denn, daß sie in Dresden bleibt, wenn ich hinkomme? Außerdem weißt du genau, daß sie noch einen anderen Liebhaber hat, den Grafen Rudowski."

„Rudowski? Der ist verheiratet und seine Frau macht ihm die Hölle heiß."

„Woher weißt du das denn so genau? Stehst du denn mit der Orszelska in Briefwechsel?"

Friedrich antwortet ihr nicht, doch das ist Wilhelmine Antwort genug. Sofort zündet in ihrem scharfen Verstand ein Gedanke. „Bitte, Friedrich, hilf mir! Hilf mir brüderlich! Schreibe der Orzelska, sie soll sich gegen meine Heirat verwenden. Sie hat so großen Einfluß auf König August. Sie soll mich meinetwegen schlecht machen, mich nach Strich und Faden verleumden — sie kann ja die Leti zitieren. Ach, Fritz, vielleicht wäre das der Weg, nach dem ich so suche."

Unbehaglich erkennt Friedrich in Wilhelmines schönen, großen blauen Augen Tränen. Sie sitzen jetzt beide auf dem Bettgestell, und plötzlich wirft sich Wilhelmine an seinen Hals. „Fritz, du bist der einzige, der mir helfen kann", schluchzt sie.

Friedrich, sensibel und weichherzig, sichert ihr sofort jede Hilfe zu — er fühlt sich nun der älteren Schwester gegenüber als Beschützer und Kavalier.

„Hör auf zu weinen, Minchen. Es wird mir schon etwas einfallen. Wenn du den König absolut nicht nehmen willst, dann sollst du ihn auch nicht nehmen müssen. Dafür werde ich sorgen", versichert er ihr ernsthaft.

Und wieder empfindet Wilhelmine, daß ihr geliebter, von ihr bisher so leicht beeinflußbarer Bruder Fritz mit seinen siebzehn Jahren zum Mann geworden ist.

Am späten Abend dieses ereignisreichen Tages bat Friedrich den Jakob Kniebusch, ihm sein Pferd zu satteln und hinter dem Schloß an den alten Wildkirschenbaum zu binden.

„Es muß nicht jeder sehen, daß ich noch einen Abendritt vorhabe", erklärte er verlegen. Jakob machte sich seinen Reim darauf und bat: „Möchte der Herr Kronprinz gestatten, daß ich ihn begleite? Es ist allerlei Gesindel zur Nachtzeit unterwegs."

Friedrich war das recht. Wilhelmine hielt so viel auf den Burschen, sicher würde er auch verschwiegen sein. „Ich will zur Schenke, Jakob. Du magst mitreiten und dann bei der großen Scheune auf mich warten."

Es war eine mondhelle Nacht. Doch als Friedrich beim Dorfkrug ankam, hatten sich schwere Aprilwolken vor das Gestirn geschoben — es war stockfinster. Im Flur brannte nur ein flackernder Kienspan und Friedrich hörte einen Gast murren: „Seit wann spart die Wirtin an Kerzen? Man kann sich ja Kopf und Kragen brechen."

Aus dem Schankraum drang Lärmen. Eilig huschte der Kronprinz zur Stiege — lief mit ein paar langen Sätzen nach oben. Am Treppenabsatz brannte im Zinnleuchter eine Kerze. Er erkannte die erste Tür, drückte mit Herzklopfen auf die Klinke — sie gab nach, und er stand in einem niedrigen Raum, von einem Kienspan nur wenig erhellt. Doch das Licht reichte aus, zu erkennen, daß nicht die schöne Salzburgerin auf der Bettstatt saß, sondern ein fremdes Mädchen. Sie erhob sich schnell und knickste tief.

„Halten zu Gnaden, Herr, es hat die Salzburgerin nicht kommen können. Ob wohl der Herr mit mir vorlieb nimmt?"

Friedrich war verwirrt, verwirrt und enttäuscht. Das Mädchen hatte blondes Haar — wie die meisten Frauen hier. Es war straff aus dem runden, apfelbäckigen Gesicht gekämmt und hing als dicker Zopf über der Schulter. Die hellen, wachen Augen des Mädchens ließen Friedrich nicht los. Sie trug kein knappes blaues Mieder, dessen Verschnürung Friedrich hätte lösen können. Ein großes schwarzes Umschlagtuch deckte Schultern und Brust, ein Tuch, das am Rücken in zwei Enden geknotet war — das übliche Gewand der Mägde und Frauen auf dem Dorf. Jetzt nestelte das Mädchen die Verknotung des Tuches auf, es fiel von ihren Schultern. Das weiße Hemd blendete im Kienspan. Immer den Junker im Auge behaltend, zog sie die Ziernadel aus dem vorderen Hemdverschluß. Nun klaffte das Hemd und ließ das sehen, nach dessen Anblick Friedrich so verlangte. Ach, auch dieses fremde Dorfmädchen war schön, nicht weniger schön als die duftende Mätresse des Königs von Polen. Er ließ sich auf den Bettrand fallen — es knarrte nicht unter seiner leichten Last. Erst als sich das Mädchen zu ihm legte, gab die Bettstatt einen fast seufzenden Laut von sich...

Auch Jakob Kniebusch war an diesem Abend auf seine schwermütige Art glücklich. Er wartete nicht an der Scheune auf den Kronprinzen, er saß in der Gaststube, und vom Schanktisch her verfolgten ihn die zwei Kirschenaugen der Salzburgerin, einem Mädchen, das dem

Jakob unendlich schön und fein erschien. Nur Blicke tauschten sie, und waren doch beide erfüllt von einer großen, stillen Hoffnung und heimlichen Zuversicht...

Friedrich und Jakob fanden nun fast in jeder Nacht einen Ausschlupf aus dem Schloßhof. Den Kastellan hatte Friedrich mit seinem Charme überzeugt, daß er nichts Unrechtes vorhabe. Es fand sich das kleine Hintertürchen der Küche künftig nur angelehnt, und der Kastellan selbst bewachte die Ausflüge des jungen Herrn.

Das blonde Mädchen hieß wie Friedrichs Schwester Wilhelmine, doch wurde sie Wilma gerufen. Sie war einem alten Witwer versprochen, und die Wirtin fand nichts dabei, daß Wilma den hübschen Junker erfreute. Wer er wirklich war, erfuhr sie nicht — die Wirtin hatte ihn ihr als einen fremden Herrn auf der Durchreise empfohlen. Und in der Nacht, beim trüben Schein eines Kienspans, sind sich alle preußischen Junker ähnlich...

Die Tage in Wusterhausen sind gezählt — die Königin sendet fast täglich Stafettenpost und mahnt zur Heimkehr. Unwillig und zugleich elegisch klagt der König seiner Tochter:

„Ach, Mine, ich wollte, ich könnte immer hier bleiben! Und ein einfaches Leben als Gutsherr führen. Wäre nur Fritz schon soweit, daß ich ihm die Krone übergeben könnte! Wie schön könnten wir's hier haben! Ohne Gefolge, ohne Hofstaat, ohne Zeremoniell, ohne Intrigen! Bei Gott, ich gäbe etwas drum, wenn ich frei wäre, frei von der Bürde der Krone."

Wilhelmine schaut ihn erstaunt an — meint er es ernst? Sie erfährt später, daß sich Friedrich Wilhelm schon öfter in ähnlicher Weise äußerte. Doch dies meist nach Kummer und Ärger und im Verlauf von Depressionen. Diesmal aber sagt er es aus heiterem Himmel, gut gelaunt. Außer Wilhelmine ist der Markgraf von

Schwedt-Brandenburg an der Seite des Königs. Er war vor ein paar Tagen überraschend aufgetaucht, zum Unbehagen Wilhelmines. Hier in der Schloßeinsamkeit sucht er wieder ständig und auffallend ihre Nähe und sie fragt sich, was das bedeuten soll. Friedrich hatte gestern gesagt:

„Was soll es schon groß bedeuten? Du gefällst ihm eben. Wäre ich an seiner Stelle, würde ich mich genauso verhalten."

„Wenn es wirklich so ist, dann kannst du dem Herrn ja einmal so beiläufig verraten, daß ich für König August vorgesehen bin, hm?"

„Aha, dazu ist der brave August wieder gut! Ach, Mine, aus dir werde einer klug! Auf wen hoffst du eigentlich, wenn du den August nicht willst? Der Markgraf ist ein netter Kerl, wir kennen ihn von Kindheit an, und beinahe ebensolange verehrt er dich. Denkst du immer noch an den Prince of Wales? Daraus wird doch nichts, Mine. Sein Vater ist gegen die Heirat, und wenn er es auch hundertmal anders behauptet, was er aber gar nicht tut. Ich wollte, diese Sache stünde besser für dich. Du weißt, mir liegt nichts mehr am Herzen als dein Glück."

Sie hatte gefragt: „Wer hat den Schwedt eigentlich hierher zitiert? Sicher dieser Grumbkow. Ich denke, der will, daß ich den König von Polen heirate."

„Es war nicht der Grumbkow. Ich habe den Schwedt hergebeten."

„Du? Aber Fritz. Wieso denn?"

„Nicht um dir einen neuen Galan zu verschaffen. Aber du weißt doch, der Markgraf ist ein ausgezeichneter Flötist — deshalb lud ich ihn mit dem Einverständnis Grumbkows ein. Es hat dir doch auch Spaß gemacht, mit ihm zu musizieren."

Wilhelmine ist musikalisch, wenn auch nicht so von Musik besessen wie ihr Bruder Fritz. Doch wenn es sich nur irgend einrichten läßt, treffen sich die Geschwister in Friedrichs Zimmer zum Musizieren. Wilhelmine spielt die Geige und ebensogut die Laute. Seit der Markgraf in Wusterhausen ist, spielt er im Trio mit.

Irgendwie war Wilhelmine erleichtert. Sie fragt nun den Markgrafen an ihrer Seite, ob er die Reisegesellschaft mit nach Berlin begleiten oder sofort heimkehren werde. Der König nimmt ihm gutmütig polternd die Antwort ab! „Natürlich kommt er mit nach Potsdam zur Truppenparade — keine Widerrede, mein Lieber."

Schon in der ersten Stunde ihrer Ankunft in Potsdam wurde Wilhelmine zur Mutter befohlen. Sophie Dorothea fragte kühl:

„Nun, meine Tochter? Was haben Sie erreicht? Haben Sie Ihren Vater die Dresdner Hochzeit ausreden können?" Wilhelmine beginnt zu stottern.

„Mama, ich tat mein möglichstes. Ich habe versucht, Papa umzustimmen, doch ganz gelang es mir nicht. Er ist —"

„Liebe Wilhelmine, geben Sie sich keine Mühe. Ich weiß über alles Bescheid — über Ihre Aussprache mit dem König, über die Gelage im Dorfkrug, über des Königs Schikanen Ihrem Bruder gegenüber — und auch über den Besuch des Markgrafen von Schwedt. Daß er Grumbkows Favorit in bezug auf Ihre Heirat ist, das brauche ich Ihnen wohl nicht erst zu sagen. Der kluge Mann baut vor — sollte sich die Dresdner Hochzeit zerschlagen, ist schon der andere Kandidat zur Stelle. Ich —"

„Mama", warf Wilhelmine tapfer ein, „ich werde weder den König von Polen noch den Markgrafen von Schwedt heiraten!"

Sophie Dorothea stutzte, sagte dann jedoch milde:

„Versprechen Sie es mir, mein Kind, versprechen Sie es mir. Und glauben Sie mir, ich will doch nur Ihr

Bestes. Und außerdem steht unsere Sache in London nicht schlecht. Hier lesen Sie, das schreibt mir die Königin aus London."

Sie holte einen Brief hervor und schob ihn Wilhelmine zu. Die las:

„... *Der König, mein Gemahl, ist durchaus geneigt, das Bündnis, welches sein verewigter Vater mit Preußen beschlossen hat, noch enger zu gestalten und sich zur Doppelehe seiner Kinder bereit zu erklären, doch kann er keine entscheidende Antwort geben, bevor er das Parlament nicht einberief.*"

Wilhelmine ließ das Briefblatt sinken. Sie sah keinen Anhaltspunkt für eine Änderung des bisherigen Zustandes: Ein Hinauszögern und Vertrösten auf eine vage Zukunft, wie alle anderen Dossiers vorher. Warum berief der König das Parlament nicht sofort ein? Dies stand doch in seinem Ermessen.

„Nun, was sagen Sie zu dieser großartigen Aussicht? Die Königin selbst wird sich für Sie einsetzen. Damit haben wir eigentlich schon alles gewonnen."

Wilhelmine dachte bitter: „Anscheinend weiß jeder, außer der Mama, daß sich ihr Herr Bruder, der König von England, von niemandem etwas einreden läßt, am wenigsten von seiner Frau." Das Verhältnis zwischen Sophie Dorothea von Preußen und ihrem Bruder, dem jetzigen König von England, war nie sonderlich gutgewesen. Seinen Sohn allerdings, den Prince of Wales, den hatte Sophie Dorothea ins Herz geschlossen. Man hörte auch tatsächlich wenig Nachteiliges über ihn, außer daß er „eher häßlich als schön" sei. Aber die allgemeine Meinung bescheinigte ihm „große Gutmütigkeit und ein friedfertiges Wesen".

Da die beiden Königskinder wenigstens altersmäßig zusammenpaßten und ihnen von Kindheit an eingeredet worden war, daß sie füreinander bestimmt wären, hatte sich Wilhelmine mit dem Gedanken abgefunden, ihn zu heiraten.

„Was sagt denn Papa zu diesem Brief?" fragte Wilhelmine zögernd.

„Was wird er sagen? Leere Ausflüchte seien es, behauptet er, und eine unverschämte Zumutung, wegen so eines Wischs Ihre Hochzeit mit König August absagen zu wollen. Aber ich habe ja Ihr Wort — Sie nehmen den Polenkönig nicht. Und Sie an den Haaren zum Altar zu schleppen, das wird man wohl bleiben lassen..."

Die Stafetten mit Nachrichten gingen zwischen Dresden und Berlin eifrig her und hin. August hatte sein Kommen für den Mai angesagt, und in Berlin liefen die Vorbereitungen für diesen Besuch auf Hochtouren. Wilhelmines Gelassenheit, die sie in diesen Tagen zur Schau trug, war nur gespielt. Wie sollte sie sich verhalten? Was erwartete man von ihr? Wird es zu einem Eklat kommen, wenn die offizielle Verlobung verkündet werden sollte? Die Sonsfeld beruhigte sie:

„Hoheit, Sie sind erwachsen, Sie sind kein Kind mehr. Man kann Sie zu nichts zwingen. Aber beten Sie, ich tue es auch."

Inzwischen hatte König Friedrich Wilhelm mit dem Kaiser in Wien, mit Rußland und Sachsen einen Vertrag geschlossen. Dies aber bedeutete für England einen Affront, und der war von Friedrich Wilhelm auch beabsichtigt: Es sollte die Antwort auf das Verzögern der Heiratspläne seiner Kinder Friedrich und Wilhelmine sein. Die Königin war außer sich und bedrängte Wilhelmine immer wieder, auf gar keinen Fall in eine Verlobung mit August dem Starken einzuwilligen.

Fräulein von Sonsfeld allerdings sagte zu Wilhelmine:

„Ich verstehe die Königin nicht — es sind doch durch die leidige Politik jetzt alle englischen Heiratspläne ins Wasser gefallen. Und nach dem Prinzen von Wales wäre ja der König von Polen eine gute Heiratspartie. Ist doch der sächsische Hof der einflußreichste außer dem englischen und österreichischen. Und nur darauf kommt es doch wohl Ihrer Majestät an."

Die kluge Hofmeisterin empfand richtig. In Gedanken wies Sophie Dorothea die Möglichkeit einer Heirat ihrer Tochter mit August nicht mehr gar so kategorisch von sich. Wohl nach der Überlegung: „Ein Spatz in der Hand..."

Ein sonniger strahlender Maienmorgen kündigt die Ankunft König Augusts samt seinem zahlreichen Gefolge an. Auch sonst sind viele Gäste von den europäischen Fürstenhöfen geladen.

Wilhelmine sucht Friedrichs Nähe. Er steht mit einigen Freunden abseits, doch als sie näher kommt, verabschiedet er rasch seine Gesprächspartner und eilt ihr entgegen.

„Endlich sehen wir uns! Du hast mir im letzten Brief von diesem ominösen Brief unserer Tante aus London geschrieben. Mir hat man offiziell nichts gesagt, dabei geht es ja auch mich an."

„Mit dieser jüngsten Vertröstung ist ja nun wohl alles passé. Mir ist es egal, Fritz. Nur die Mama ist in übelster Laune, besonders wegen des Vertrages mit Englands Gegnern. Das hätte Papa nicht tun sollen — er hätte doch noch warten können."

„Er hat damit sowieso schon viel zu lange gewartet, mit Rücksicht auf jenen Geheimvertrag mit dem Großpapa in London. Onkel Georg legt es doch darauf an, uns zu verstimmen. Aber lassen wir die hohe Politik, Wilhelmine. Denkst du an unsere Gespräche in Wusterhausen? Ich habe Gräfin Orszelska in jedem meiner Briefe gebeten, sich in deinem Sinne einzusetzen. Nun mußt auch du mir behilflich sein, sie hier zu treffen. Es ist ja auch in deinem Interesse. Ich hab' schon alles vorbereitet. Sie muß nur unauffällig verständigt werden."

„Was hast du vorbereitet, Fritz? Ich bitte dich, mach nur ja keine Geschichten! Du weißt doch —"

„Ja, Mine, ich weiß. Ich werde mit dir über diese Vorbereitungen auch nicht sprechen, so belasten sie dich auch nicht. Aber sei ohne Sorge — es ist einfach unmöglich, daß dem König mein Rendezvous mit der Gräfin zu Ohren kommt — und nur darum geht es ja schließlich. Dich bitte ich nur, der Gräfin ein Billett zukommen zu lassen."

„Und wenn sie auf deine Vorschläge nicht einzugehen gedenkt?"

Um Friedrichs jungen Mund spielt ein überlegenes und zugleich glückliches Lächeln.

„Minchen, was weißt du von der Liebe! Ich wünsche dir aus ehrlichem Herzen, sie möge auch dir einmal begegnen."

Zunächst begegnete Wilhelmine König August, der ihrer Mutter die Aufwartung machte. Sie stand ihm mit Herzklopfen gegenüber, einem Mann *„von majestätischem Aussehen"*, wie sie in ihr Tagebuch schrieb, *„leutselig und verbindlich in seinem Wesen. Er war für sein Alter (fünfzig Jahre) sehr gebrechlich. Seine furchtbaren Ausschweifungen hatten ihm ein Leiden am rechten Fuß zugezogen, so daß er kaum stehen konnte. Der Brand war schon dazugetreten, so daß man, um den Fuß zu retten, zwei Zehen hatte abnehmen müssen. Die Wunde war stets offen und er litt große Schmerzen. Die Königin bat ihn, sich zu setzen, was er lange nicht tun wollte, endlich, auf ihr Drängen hin, nahm er auf einem Taburett Platz. Er betrachtete mich sehr aufmerksam und sagte mir und meinen Schwestern viel Verbindliches..."*

Wilhelmine fühlte sich irgendwie erleichtert, daß er sie den andern Schwestern gegenüber nicht vorzog. Allerdings war er am nächsten Tag mit ihr und der Königin allein. *„Man spielte Karten und August richtete* *immer wieder das Wort an mich, während sich die Königin, scharf beobachtend, in diese Gespräche nicht einmischte. Immerhin gab sie sich merkwürdigerweise freundlicher, als es sonst ihre an sich immer sehr reservierte Art war."*

Wilhelmine fühlte sich verunsichert. Was wurde hier über ihren Kopf hinweg gespielt? Sie erfuhr es sehr bald. Kaum hatte sich August verabschiedet — er hatte die Prinzessin beim Kartenspiel galant gewinnen lassen — winkte die Mutter Wilhelmine beiseite. Sie strahlte:

„Mein Kind, es ist etwas eingetreten — Sie werden es nicht für möglich halten, aber meine Gebete wurden erhört. Der Prinz von Wales wird heimlich hierher kommen, um Sie hier im allgemeinen Trubel näher kennenzulernen."

Wilhelmine blieb der Atem weg — das war doch nicht möglich! Ihre erste Reaktion war Skepsis.

„Aber freuen Sie sich denn nicht?" murrte die Königin. „Warum stehen Sie da wie ein Stock? Begreifen Sie doch — der Prinz will sich mit Ihnen offiziell verloben!"

„So plötzlich?" stotterte Wilhelmine schließlich. „Aber was wird der König von England dazu sagen?"

„Ist das unsere Sorge? Er wird ja und amen sagen müssen, wenn er vor vollendete Tatsachen gestellt wird. Ach, ich möchte jubeln, jubeln! Freuen Sie sich doch, Wilhelmine! Sie sind dieses sächsische Wrack los, endgültig los!"

„Weiß der Papa von dieser — dieser Sache?" fragte Wilhelmine vorsichtig.

„Natürlich nicht, wo denken Sie hin! Wir stellen ihn genauso vor vollendete Tatsachen wie meinen Herrn Bruder in England. Warum ist er auch nicht unserer Einladung gefolgt! Dann hätte er bei der Verlobung dabei sein können", spöttelte sie.

Wilhelmine war es gelungen, der Gräfin Orszelska Friedrichs Billett zuzustecken. Die Gräfin strahlte sie an:

„Wie reizend Sie sind, Prinzessin! Ein wenig sehen Sie auch dem Kronprinzen ähnlich. Er liebt Sie sehr, wissen Sie das? Und auch ich liebe Sie. Und ich bedaure Sie, daß Sie zum Opferlamm ausersehen werden. Aber, Kopf hoch, meine liebe Kleine!" Dieses „Kleine" klang ein wenig drollig im Mund der um einen halben Kopf kleineren, zierlichen, bildhübschen Mätresse Augusts des Starken. (Der freilich so gar nicht mehr strahlend und stark wirkte.)

Wilhelmine, die, neugierig wie sie war, gern gewußt hätte, wo sich das Liebespaar — ihr Bruder und die Gräfin — treffen würde, hatte jetzt allerdings andere Sorgen. Die Königin erwartete jeden Augenblick das Eintreffen des englischen Prinzen. In ihrer Ungeduld — sie hatte die mysteriöse Nachricht von einem Mitglied des hannoverschen Hofes erhalten — wandte sie sich an den englischen Gesandten am preußischen Hof, doch der ging merkwürdigerweise mit keinem Wort auf die angebliche Ankunft des englischen Prinzen ein. Und am nächsten Morgen erschien einer der englischen Herren bei der Königin und erklärte ihr, die bewußte Nachricht sei ein übler Scherz gewesen, den sich wahrscheinlich die Leti ausgedacht hätte.

Wilhelmine erwartete einen jener bekannten Wutausbrüche der Mutter, aber das Gegenteil trat ein — sie umarmte Wilhelmine schweigend und hatte Tränen in den Augen.

Wilhelmine war sich über ihre Empfindungen selbst nicht im klaren. Natürlich wäre ihr eine Verlobung mit dem Prinzen von Wales willkommen gewesen — schon um der Mama willen, die sich in diesen Plan ja geradezu verrannt hatte. Doch insgeheim fühlte sie sich erleichtert. Sie kannte den Cousin nicht persönlich, kannte ihn nur vom Hörensagen. Die einen lobten ihn als höflich und galant, die andern behaupteten, er sei dumm und arrogant und zudem verwachsen. Wem sollte sie glauben? Eine Nacht lang hatte sie ernsthaft Pläne geschmiedet, sah sich am Arm des Prinzen die Gratulationscour des höchsten Adels entgegennehmen, sah sich als bewunderter Mittelpunkt dieser illustren Gesellschaft — der Gedanke war berauschend und beklemmend zugleich. Nun war alles wie eine schillernde Seifenblase zerplatzt. Zurück blieb der blamable, schale Geschmack, Opfer eines perfiden Täuschungsmanövers geworden zu sein.

Eine Zeitlang gab sie sich dem scharfen stechenden Schmerz dieser Scham hin, saß in ihrem Zimmer, den schmerzenden Kopf in die zornig geballten kleinen Fäuste gestützt. Ein Glück im Unglück war, daß die Königin, die sonst so vertrauensselig schwatzhaft war, diesmal tatsächlich zu niemandem bei Hofe, außer zu ihr, Wilhelmine, etwas verlautet hatte.

„Aber Hoheit! Sie sitzen hier, und der Hof tanzt und ergeht sich in strahlenden Lustbarkeiten!" sagte Fräulein von Sonsfeld verwundert von der Tür her. „Ich habe Sie überall gesucht."

„Mir ist nicht gut, liebe Sonsfeld. Ich möchte mich niederlegen. Aber sagen Sie es niemandem", erwiderte Wilhelmine matt.

„Sie sehen auch tatsächlich blaß aus. Der ganze Trubel war zuviel für Sie. Ruhen Sie, Hoheit, ich bin auch dieser Meinung. Desto besser überstehen Sie die nächsten Festtage."

Nein, Wilhelmine legte sich nicht nieder. Ihre Lebensgeister waren wieder erwacht — die Neugier hatte sie angestachelt. Sie wollte das Liebesnest des Kronprinzen und der Orszelska finden. Es schien ihr plötzlich wichtig, das zu wissen, denn, wie so oft, fühlte sie sich auch jetzt für den jüngeren Bruder verantwortlich. Aber wie konnte sie ihn schützen, wenn sie nicht wußte, wo? Sie spazierte durch die Orangerie hinüber zu den Gemächern des Königs und des Kronprinzen. Vielleicht begegnete ihr Jakob Kniebusch — oder auch der Vertraute des Kronprinzen, der Page Keith.

Sie hatte Glück — Jakob Kniebusch stand Wache vor dem Zugang zu den Königszimmern und sah ihr mit unbeweglichem Gesicht entgegen. Sich rasch vergewissernd, daß niemand Verdächtiger in der Nähe war, trat Wilhelmine nahe an Jakob heran und flüsterte schnell:

„Weißt du, wo der Kronprinz ist, Jakob? Wenn du es weißt, mußt du es mir sagen."

Jakob zögerte zwar, doch dann sagte er leise, immer noch mit unbewegtem Gesicht:

„Das Gartenhaus der Baronin Keith, am hohen Sand."

„Danke, Jakob. Ich schließe dich heute in mein Abendgebet ein", neckte die Prinzessin, raffte ihre Röcke und spazierte graziös davon.

Das Gartenhaus am hohen Sand war ein hübsches quadratisches Gebäude und hatte ursprünglich zu einem großen Park gehört, dessen Besitzer das kleine Haus seinerzeit der Großmutter des Pagen von Keith verkauft hatte. Hier verbrachte die alte Dame gern ein paar Sommerwochen, um ihrem Enkel, der in kronprinzlichen Diensten stand, nahe zu sein.

Wilhelmine kannte das Haus. Sie bedeutete dem fremden Kutscher, der sie gegen ein Trinkgeld hierher gefahren hatte, auf sie zu warten und schritt nun eilig der Pforte des Hauses zu.

Die Tür war nicht versperrt — doch drin im Vorhaus erhob sich ein Uniformierter. Erleichtert erkannte sie in ihm den von Keith.

„Bitte melden Sie mich dem Kronprinzen", sagte Wilhelmine mit der nötigen Selbstsicherheit. Sofort beeilte sich Keith, ihrem Wunsch nachzukommen. Er verschwand in einen Gang, kam nach einigen Augenblicken wieder:

„Königliche Hoheit lassen bitten", schnarrte er.

Dann stand Wilhelmine dem gar nicht verlegen wirkenden Liebespaar gegenüber. Sie schalt sofort:

„Ach, Fritz, wie leichtsinnig du bist! Es könnte jetzt statt mir ein anderer vor dir stehen — der Grumbkow vielleicht."

„O nein, Schwesterherz", lächelte Friedrich weich. „Ich habe das Glück, Freunde zu haben, die sich lieber in Stücke hauen ließen, als jemanden anderen als dich zu mir vorzulassen. Es ist alles geregelt bis in die kleinste Einzelheit", erklärte er stolz. „Wenn Keith draußen Lärm macht, sind wir beide nicht mehr vorhanden — sind wir schon auf dem unterirdischen Weg hinaus in den Park. Da schau!" Er rollte einen Teppich zur Seite und zeigte auf die Falltür. „Und außerdem — solange Keith lebte, käme kein Gegner in dieses Zimmer."

Die polnische Gräfin saß hübsch und rosig in dem kleinen Alkoven, hob ein geschliffenes Glas, trank der „kleinen" besorgten Schwester ihres Liebhabers zu, stand aber jetzt aus ihrem Lehnsessel auf und bat Wilhelmine, darin Platz zu nehmen. Wilhelmine dachte: „Sie hat wenigstens Manieren. Sie weiß, daß mir ein Lehnsessel zusteht, obgleich man es angeblich am sächsischen Hof mit der Etikette nicht so genau nimmt." Doch Wilhelmine blieb stehen, sagte auf deutsch, damit sie die Orszelska nicht verstand:

„Ach, Fritz, wenn ich mir nur nicht immerzu solche Sorgen um dich machen müßte! Du bist so leichtsinnig und denkst nicht weiter als bis zum nächsten Tag. Du bist so stolz auf uns, deine Freunde, und darauf, daß wir für dich durchs Feuer gingen. Aber daran, wie man weiterleben muß, wenn sich jemand für einen opfert — daran denkst du nicht. Du bringst durch deinen Leichtsinn nicht nur dich, sondern auch Unschuldige in Gefahr. Das wollte ich dir nur sagen. Und jetzt gehe ich wieder, aber ich werde keine ruhige Minute haben, solange du —", sie vollendete den Satz nicht. Friedrich umarmte sie stürmisch, und aus dem Alkoven kam eine neckende Silberstimme:

„Und ich, Prinz? Wer umarmt mich?"

Wilhelmine sah über die Schulter des Bruders in das lächelnde Mädchengesicht, und sie begriff — soweit eine Frau so etwas zu begreifen vermag —, wie ihrem Fritz zumute war...

Sie fuhr zum Schloß zurück und mischte sich, um sich abzulenken, in die Schar der Tanzenden. Es war ein wunderschönes Bild: Hunderte von Kerzen flackerten in den Silberleuchtern an der Wand. In ihrem Schein blitzten die Juwelen der Damen, die Orden der Herren, die glänzenden Schnüre der Uniformen, die Instrumente der Musiker, die forsche Tanzrhythmen spielten — ganz nach dem Geschmack des preußischen Königs, der zartere Musik als „Gewimmer" bezeichnete. (Gewimmer war für ihn vor allem auch das Flötenspiel seines Sohnes.)

August hatte seine eigenen Musiker mitgebracht. Sie zeigten sich recht verblüfft, als man ihnen die königlichen Noten zustellte, und konnten sich nicht vorstellen, daß man nach dieser marschmäßigen Musik auch tanzen konnte. Doch man konnte — die Tänzerinnen und Tänzer des preußischen Hofes machten es vor, und die übrige Tanzgesellschaft fügte sich.

Auch Wilhelmine drehte sich an der Seite eines Tänzers, dem Herzog von Weissenfels, im Tanzschritt.

„Wo waren Sie, Hoheit?" fragte er vertraulich. „Ich habe mir die Augen nach Ihnen ausgeschaut."

„Aber warum dies?" fragte Wilhelmine keck und kühl. Der Herzog ließ sich nicht einschüchtern, erklärte ihr, daß er sie schon lange, sehr lange verehre und sich glücklich schätze, nun ihre nähere Bekanntschaft gemacht zu haben.

Er wich den ganzen Abend nicht mehr von ihrer Seite. Erst als der Kurprinz von Polen, Augusts Sohn, um einen Tanz bat, trat er zurück. Der Herzog von Weissenfels stand in sächsischen Diensten, gehörte also dem Gefolge Augusts des Starken an.

Wilhelmine war dem polnischen Kurprinzen am Begrüßungsabend vorgestellt worden. Er machte auf sie einen angenehmen Eindruck, wenn sie ihn auch recht langweilig und zu korpulent für seine Jugend fand. Zweifellos hätte sie zu ihm, zumindest altersmäßig, besser gepaßt als zu seinem Vater. Aber der Kurprinz war längst verheiratet — seine Frau saß neben der Königin, und beide Damen blickten dem Paar nach. Und beide dachten vielleicht dasselbe — ein hübsches Paar — zukünftiger Stiefsohn mit Stiefmutter.

Der Kurprinz tanzte auch noch einen weiteren Tanz mit der preußischen Prinzessin — sie gefiel ihm offensichtlich. Doch erriet Wilhelmine nach ein paar Andeutungen auch den Grund dieser Sympathie. Es gefiel dem Kurprinzen, daß Wilhelmine offensichtlich keine Ambitionen für den Thron von Sachsen hegte.

„Gefällt Ihnen mein Oberstallmeister, der Herzog von Weissenfels?" fragte der Kurprinz jetzt sehr direkt und anzüglich.

Wilhelmine zog die Augenbrauen hoch. Was sollte die Frage? Und sie beschloß, sie nicht zu beantworten. Sie fragte höflich nach dem Befinden der Kurprinzessin, einer Dame aus sehr gutem alten Haus, der preußischen Königsfamilie ebenbürtig. Sie ahnte nicht, daß der Herzog von Weissenfels, „dieser knollennasige dicke Niemand", wie sie ihn in Gedanken nannte, eines gar nicht fernen Tages eine wichtige Rolle für sie spielen sollte.

Mit Bangen sahen die Königin und Wilhelmine dem nächsten Tag entgegen. Sie wußten, daß er den Beratungen über den Ehevertrag vorbehalten war.

Schon am Morgen ließ sich die Königin, die sonst von so robuster Gesundheit war, mit Kopfschmerzen entschuldigen. Wilhelmine war zur Stelle. Getafelt wurde im Speiseraum des Königs, und zwar in kleinem Kreise. Wohlwollend tätschelte Friedrich Wilhelm die blasse Wange Wilhelmines:

„Nun, amüsieren Sie sich gut, Prinzessin? Sie tanzten gestern mit dem Kurprinzen — das ist brav, meine Liebe. Auf ihn kommt es an, ob der Heiratsvertrag Gültigkeit bekommt. Aber ich bin sicher, daß alles glatt gehen wird, schließlich ist ja dieser Vertrag für beide Teile von Vorteil. Ihre Mitgift, Prinzessin, ist aller Ehren wert — sie ist fast so hoch, wie die Ihrer Mama war. Doch Ihre Witwenapanage wird wesentlich höher sein als die Ihrer Frau Mutter. Andrerseits sind vier Millionen Taler, die wir König August leihen, auch kein Pappenstiel. Und die zehntausend Soldaten, die ich ihm im Ernstfall stellen werde, die sind mehr wert als alles zusammen. Denn meine Soldaten sind die besten der Welt." Und nun verbreitete sich Friedrich Wilhelm über sein Lieblingsthema, seine Armee — der König von Polen war zunächst vergessen.

Den Vormittag verbrachte Wilhelmine wie auf Kohlen. Die Mutter hatte sie zu sich beordert. Sophie Dorothea lag zu Bett, sah elend aus und klagte über Herzschmerzen.

„Ach, meine Tochter, Sie drücken mir das Herz ab. Wie viele Sorgen haben Sie mir schon gemacht!"

Wilhelmine hatte eine heftige Antwort auf den Lippen, etwa die, daß doch nicht sie selbst an einer Heirat mit dem Prinzen von Wales so sehr interessiert sei, sondern sie, die Mama! Daß sie selber keinerlei Ehrgeiz und nur einen einzigen Wunsch habe — wie jedes Bürgermädchen „nach dem Herzen" heiraten zu dürfen.

Doch Fräulein von Sonsfeld räusperte sich hörbar, als Wilhelmine den Mund aufmachen wollte. Also schwieg sie, nahm sich jedoch vor, bei nächst passender Gelegenheit nicht mehr zu schweigen. Denn das ging zu weit — daß man sie, das Opferlamm, auch noch für schuldig erklärte!

Die Beratungen zwischen dem Preußenkönig und dem sächsischen Kurprinzen zogen sich in die Länge, und das war — fand die Königin — ein gutes Zeichen. Sie dauerten bis in den Abend. Die pfiffige Lisette brachte immer wieder einen kurzen Zwischenbescheid:

„Seine Majestät, der König von Polen, hat den Salon verlassen..." Und eine Stunde später: „Unser Herr hat recht laut gepoltert und Herr von Grumbkow hat um kaltes Wasser geschickt..."

Während des Abendglockenläutens kam für Wilhelmine die erlösende Nachricht: Der Vertrag war nicht unterzeichnet worden — der Kurprinz hatte sich dazu nicht bereit erklärt.

In den folgenden beiden Tagen machte König Friedrich Wilhelm gute Miene zum bösen Spiel und erklärte den Damen, der Kurprinz hätte unannehmbare Forderungen gestellt, so daß er, der Preußenkönig, vom Vertrag zurückgetreten sei.

Sechstes Kapitel

„Der König hat den Kronprinzen auf barbarische Weise mißhandelt"

Wenn Wilhelmine nun gehofft hatte, der Friede wäre wieder eingekehrt, sah sie sich in der Folgezeit getäuscht. Der König war schlechtester Laune und ließ sie vor allem an Friedrich aus. Er verbot ihm jede wissenschaftlichen Studien, ebenso das Flötenspiel, um das er sich in der letzten Zeit nicht viel gekümmert hatte. Jetzt drohte er seinem Sohn mit strengem Arrest, wenn er beim Flöten angetroffen werde. Und — was noch schlimmer war — Friedrich mußte sich ihm zu jeder Stunde zur Verfügung halten. Er übergoß ihn mit beißendem Spott, nannte ihn eine Weibsperson in Hosen, einen Versager, einen undankbaren Flegel.

Schriftlich klagte Friedrich der Schwester sein Leid. Doch sie konnte ihm nicht helfen, sie war selbst beim König in Ungnade gefallen. Und da sie ihn liebte, tat ihr das besonders weh.

Sophie Dorothea hatte ihre Heiratspläne mit England immer noch nicht aufgegeben. Mr. Dubourgay, der englische Gesandte hier am preußischen Hof, war ihr sehr ergeben — ihn benützte sie als Informanten und erfuhr so, was sich in London und Hannover abspielte. Er war ein hervorragender Spion, aber ohne tatsächlichen Einfluß. Mit den üblichen Mitteln einer liebenden Frau erreichte Sophie Dorothea schließlich doch, daß sich Friedrich Wilhelm wieder für die englischen Heiratspläne erwärmte — sehr zum Ärger der Minister Grumbkow und Seckendorf, die um ihren Einfluß fürchteten, wenn eine englische Prinzessin als Kronprinz Friedrichs Frau hier das Sagen hätte. Es sollte ja zwischen dem preußischen und englischen Königshaus eine Doppelhochzeit geben.

„Die englische Prinzessin ist arrogant, anmaßend, hochmütig und hat eine weithin bekannte scharfe Zunge", war Grumbkows Hauptargument. „Der Lebensabend Eurer Majestät wird eine einzige Hölle sein!"

Doch Friedrich Wilhelm hatte seiner Frau das Versprechen gegeben, sich ihren Unternehmungen in dieser leidigen Angelegenheit nicht mehr entgegenzustemmen. Sie wollte einen dringenden Brief an ihren königlichen Bruder schreiben und ihn um die Ratifizierung des alten Ehevertrages bitten.

„Ich gebe Ihnen noch acht Wochen, Madame", sagte Friedrich Wilhelm steif, *„doch dann wird die Prinzessin nach meinem Willen verheiratet. Glauben Sie nicht, Madame, daß mich Ihr Wehklagen und Ihre Tränen dann noch beirren werden. Sagen Sie nun Ihrem Herrn Bruder in England offen, wie es sich damit verhält. Sie selbst, Madame, werden nun also unseren Zwist entscheiden."*

Zugleich aber forderte Friedrich Wilhelm seiner Frau gegenüber, England müsse von der Doppelhochzeit Abstand nehmen. *„Ich will keine dünkelhafte Schwiegertochter, die nichts als Intrigen an meinen Hof bringt. Und Ihrem Flegel von Sohn werde ich eher die Peitsche als eine Frau geben. Er ist mir ein Greuel, aber ich werde ihn mir zurichten!"*

Wilhelmine, die im Nebenraum jedes Wort verstanden hatte, schrieb Friedrich einen verzweifelten Brief und wiederholte das eben Gehörte wörtlich.

Friedrich hielt sich tapfer. Er versuchte einfach, die Verbote des Königs zu umgehen, las und studierte mit großem Eifer, und wenn der König schlief, musizierte er auch mit Keith und Katte und seinen anderen Freunden.

Niemand verriet ihn — die Sympathien waren auf seiner Seite. Sogar Grumbkow und Seckendorf schienen beide Augen zuzudrücken. Vermutlich dachten sie an ihre Zukunft, in der nicht Friedrich Wilhelm, sondern sein Nachfolger die Hauptrolle spielen würde. Und der König war krank. Neben einer gewissen Hypochondrie plagten ihn auch ernsthafte Beschwerden, vor allem die Gicht und ein Gallenleiden, so daß sein Leibarzt ein bedenkliches Gesicht machte. Friedrich Wilhelm behauptete, sein Gallenleiden rühre von dem ständigen Ärger mit dem Kronprinzen her und steigerte sich in eine immer heftigere Aversion ihm gegenüber hinein.

Beide Geschwister sehen sich nun öfter. Friedrich übt sich dem Vater gegenüber nicht mehr in Unterwürfigkeit — er unterhält sogar Liebschaften, und Wilhelmine klagt:

„Du wirst in schreckliche Schwierigkeiten geraten, wenn du so weitermachst. Es braucht dich doch nur jemand beim Vater zu verraten, ein Domestik oder sonst eine käufliche Kreatur."

„Sorge dich nicht, Schwesterherz — meine Leute sind mir alle treu ergeben. Und andere ziehe ich nicht ins Vertrauen."

Doch Wilhelmine sollte recht behalten — dem König kamen Friedrichs Liebeshändel zu Ohren. Er ließ ihn kommen. Der König war außer sich, ohrfeigte ihn, schlug ihn mit dem Stock. Friedrich stand blaß, mit steinernem Gesicht vor dem Vater und starrte ihn an. Dieser Blick irritierte die Majestät — er kam aus seinem Wutanfall wieder zu sich und befahl dem Delinquenten schreiend, er möge ihn von seiner Gegenwart befreien.

Und dies gedachte Friedrich nun auch zu tun, und zwar gründlich. Er beschloß, zu seinem Onkel, dem englischen König, zu fliehen.

Als er Wilhelmine im Vorzimmer ihrer Mutter traf, flüsterte er ihr zu: „Ich komme nachher auf dein Zimmer, bitte erwarte mich."

Dann stand er vor seiner Mutter, Sophie Dorothea. Sie sah ihn an.

„Mein armer Fritz", jammerte sie und zog ihn an sich. Doch im selben Atemzug fuhr sie fort, ihm Vorwürfe zu machen und ihn zu beschwören, dem König mehr Gehorsam und Unterwürfigkeit zu zeigen.

„Er ist der König, dem jedermann gehorcht, aber er ist doch noch mehr, er ist Ihr Vater. Es ist Ihre christliche Sohnespflicht, ihm untertan zu sein."

Friedrich war mit der Absicht gekommen, die Mutter in seine Fluchtpläne einzuweihen. Nun ließ er erschrocken davon ab. Er verstand sie nicht. Hatte sie ihn nicht erst vorige Woche ermuntert, „mehr Rückgrat zu zeigen", da der König ihn für einen Weichling halte?

Er hörte ihre Predigt ruhig an, sie bezog sich vor allem auf seine „Ausschweifungen" und auf seine Pflicht zur Keuschheit; dann versprach er alles, was sie wollte, und zog sich eilig zurück. Fräulein von Sonsfeld bat ihn in ihr Zimmer. Dort erwartete ihn Wilhelmine.

„Hier sind wir ungestörter, Fritz", sagte sie und fiel ihm um den Hals. „O Gott, was soll nur aus uns werden? Du kannst nur eines tun, den Vater kniefällig um Verzeihung zu bitten. Er liebt dich, er liebt dich trotz allem, glaub es mir!"

Dies fiel Friedrich allerdings schwer. Er schob die Schwester von sich und erklärte ihr düster, daß ihn nunmehr nichts in der Welt mehr davon abhalten werde, nach England zu fliehen — nichts in der Welt!

Wilhelmine war ratlos — irgendwie hoffte sie auch, daß dies tatsächlich ein Ausweg sein könnte.

„Aber was wird Onkel Georg zu all dem sagen?"

„Er wird mich mit offenen Armen aufnehmen."

Das glaubte auch Wilhelmine. Georg II. von England und Friedrich Wilhelm, zwar verschwägert, aber nicht befreundet, standen sich nach wie vor reserviert gegenüber — schlimmer noch, eben erst war eine böse Auseinandersetzung, die zeitweise sogar in einen gegenseitigen Krieg auszuarten drohte, mühsam bereinigt worden. Und dies war der Grund:

Friedrich Wilhelms Offizierswerber hatten sich rigoros einige „lange Kerls" aus dem Hannoverschen geholt. Als Georg II. davon erfuhr, war er außer sich und befahl, einen preußischen Offizier sozusagen als Geisel gefangenzusetzen. Das aber erboste Friedrich Wilhelm. Er ließ seine prächtigen langen Kerls, seine Leibgarde, gegen Hannovers Grenze ausrücken. In letzter Minute wurde dieser Streit beigelegt, doch die beiden Könige wälzten noch finstere Rachegedanken. Daß unter diesen Umständen dem englischen König die Flucht des preußischen Kronprinzen sehr gelegen käme, leuchtete auch Wilhelmine ein.

„Weiß Onkel Georg von deinen Plänen?"

„Aber nein, Wilhelmine. Nur du weißt davon und Katte und Keith."

„Ach Fritz, das sind schon zwei zuviel! Warum hast du die beiden ins Vertrauen gezogen?"

„Ich nehme Keith mit, und Katte brauche ich zur Vorbereitung. Wenn ich könnte, würde ich auch dich mitnehmen und dich dem Prinzen von Wales zuführen. Aber ich werde dafür sorgen, daß er dich endlich holt — der Doppelhochzeit stände ja dann nichts mehr im Wege. Hm, was sagst du dazu? Ach, ma chérie, wir wären endlich frei — frei und glücklich!"

Nur einen Augenblick lang gab sich Wilhelmine der schönen Illusion hin, dann sagte sie ernst:

„Fritz, ich halte eine Flucht für das Verkehrteste, was du tun kannst. Überlege doch! Papa hat wegen eines gefangenen Offiziers den englischen König mit Krieg bedroht — was würde er erst tun, wenn du nach England überliefest?"

„Nicht nach England, lediglich nach Hannover. Dort lebt der Prince of Wales, der König residiert ja in London. Es würde immer nur die Rede von meinem Besuch bei unserem Vetter sein und bei" — jetzt lächelte Friedrich, es war ein halb trotziges, halb wehes Lächeln — „und bei meiner zukünftigen Braut, Prinzessin Amalie. Das wird alle Welt verstehen."

„Nur Papa nicht." Und wieder versuchte Wilhelmine mit allen möglichen Argumenten, den Bruder umzustimmen. Da änderte sich sein Gesichtsausdruck. Er erkannte, daß es ein Fehler gewesen war, Wilhelmine in seine Pläne einzuweihen. So sagte er jetzt plötzlich:

„Minchen, du hast mich unsicher gemacht. Vielleicht hast du recht. Ich werde über die ganze Sache noch einmal nachdenken."

Sie fiel ihm um den Hals und lachte unter Tränen:

„Gott sei es gedankt! Du glaubst nicht, Fritz, wie erleichtert ich bin. Ich danke dir!"

Wilhelmine war tatsächlich überzeugt, Friedrich von seinen Fluchtgedanken abgebracht zu haben. Sie schrieb in den Memoiren:

„Er sah ein, daß er bleiben mußte. Und dies, obgleich mein Bruder allen Grund gehabt hätte, den unbeschreiblichen Drangsalen zu entfliehen. Der König hat den Kronprinzen auf barbarische Weise mißhandelt, indem er ihn blutig geschlagen und bei den Haaren im Zimmer herumgeschleppt hatte..."

Damit schilderte Wilhelmine einen weiteren Wutausbruch des Königs.

Friedrich hütete sich nun, Wilhelmine in Einzelheiten seines Fluchtplanes einzuweihen. Doch ist er mit ihr innerlich viel zu stark verbunden — sieht er doch in ihr den einzigen Menschen, der ihm völlig uneigennützig wohl will —, als daß er vor ihr seinen Entschluß, nach England zu flüchten, tatsächlich völlig geheimhalten könnte. So empfängt sie einige Wochen später einen verzweifelten Brief von ihm:

„...ich bin außer mir, ich ertrage dieses Leben nicht länger. Begreife doch, meine geliebte Mine!"

Wilhelmine weiß nicht, was ihr dieser kurze Brief sagen soll. Sie läuft, entgegen dem ausdrücklichen Verbot des Königs, auf Friedrichs Zimmer.

Er begrüßt sie überrascht und zugleich verlegen. „Hat dich jemand gesehen? Du weißt doch —"

„Das ist mir jetzt egal. Was hast du vor, Fritz? Ich dachte, du hättest Vernunft angenommen und deine Fluchtpläne fallen lassen. Was willst du damit ausdrücken, wenn du mir schreibst, du erträgst dieses Leben nicht länger? Und ich? Geht es mir besser als dir? Ein wenig vielleicht — geschlagen hat mich Papa noch nicht. Aber das kann noch kommen. Und was könnte ich dagegen tun? Auch fliehen?"

„Du kannst meine Situation nicht mit deiner vergleichen. Ich muß ständig in seiner Nähe sein. Du bist bei Mama und —"

„Glaube nur nicht, daß das einfacher ist! Du kennst Mama. Und daß ich noch immer keine gute Partie gemacht hab', das wirft sie mir jeden Tag vor. Ich sei ein Nagel zu ihrem Sarg, hat sie erst gestern behauptet. Aber ich kann mir kein Pferd satteln und durchbrennen. Was ich ertragen kann, das mußt auch du können. Solange wir zu zweit sind — ach, Fritz, ist doch alles nur halb so schlimm." Sie bricht plötzlich in Tränen aus, schluchzt: „Was soll ich denn ohne dich hier anfangen?"

Unbehaglich wendet sich Friedrich ab, schweigt, doch dann sagt er plötzlich heftig: „Ich kann auf niemanden mehr Rücksicht nehmen, auch nicht auf dich. Es geht um mein Leben. Vorgestern hat mich der König mit einer Vorhangschnur fast erdrosselt — nur das Dazwischentreten des Hofmeisters hat mich gerettet."

Wilhelmine starrt ihn an. „Ist das wahr?" (Sie wird später diese Episode in allen Einzelheiten schriftlich berichten und sie so der Nachwelt erhalten.)

„Ja. Verstehst du nun, daß ich gehen muß?"

Ja, sie versteht es, aber der Gedanke, daß ihm während der Flucht etwas zustoßen könnte, ist ihr entsetzlich. Was soll sie nur tun? Leise sagt sie:

„Wenn du doch wenigstens jemanden hättest, der dich wirklich schützen würde. Jemanden, auf den du dich ganz und gar verlassen könntest." Und da fällt ihr Jakob Kniebusch ein, der einfache Bauernbursche mit seiner Treue und sanften Ruhe. „Fritz, soll ich mit Jakob Kniebusch sprechen? Ihn bitten, daß er dir hilft? Er ist dir so treu ergeben, ich weiß das, und hat zugleich das Vertrauen des Königs. Er ist der geborene Schutzengel, glaube mir!"

„Jeder weitere Mitwisser wäre zuviel, Mine. Laß mich diesen Schritt tun, ohne daß du mitbangst. Bete für mich — das ist mir Hilfe genug."

Siebtes Kapitel

Die Süddeutschlandreise

Der König ist mit seinem Sohn Friedrich und dem Gefolge auf einer Besuchsreise nach Süddeutschland unterwegs. Er hat die Absicht, beim Markgrafen von Ansbach einzukehren, der vor einigen Monaten durch die Heirat mit Wilhelmines Schwester Friederike sein Schwiegersohn geworden ist.

Es ist ein ungewöhnlich heißer Julitag und die Reise strapaziös. Friedrich weicht dem König nach Möglichkeit aus — doch der scheint mißtrauisch geworden zu sein, immer wieder beordert er ihn zu sich, stellt ihm schikanöse Fragen und blamiert ihn vor seinem Gefolge. Friedrich bleibt ruhig, obgleich er innerlich bebt. Er hat seinen Plan.

In Ansbach wird sich sicher eine Möglichkeit ergeben, mit Hilfe seiner Schwester Friederike, der jetzigen Ansbacher Markgräfin, zu einem Pferd zu kommen, um heimlich bei Nacht und Nebel verschwinden zu können. Hat er erst fünf, sechs Stunden Vorsprung, holt ihn so schnell keine Eskorte ein.

In Ansbach muß er jedoch erfahren, daß seine Schwester unpäßlich ist und zu Bett liegt — also bleibt ihm nur das Gespräch mit ihrem Mann, dem Markgrafen. Friedrich findet schließlich eine Gelegenheit, mit dem Ansbacher allein zu sprechen. Er klagt ihm das Martyrium, das ihm der Vater fast täglich beschere.

Der noch sehr junge Markgraf ist sichtlich unangenehm berührt. Er versteht den Kronprinzen, den mit ihm fast Gleichaltrigen, und er selbst hat Grund genug, dem knausrigen Schwiegervater Friedrich Wilhelm zu grollen. Doch was jetzt auf ihn zukommt, verwirrt ihn. Er ahnt, daß Friedrich seine Hilfe fordern wird. Und da bittet der Kronprinz auch schon um ein Pferd.

„Wozu brauchen Sie ein Pferd, Königliche Hoheit? Reisen Sie nicht im Wagen?"

„Mein Bester, wozu braucht man wohl ein Pferd? Vielleicht habe ich Lust, mir die Landschaft zeitweise vom Pferderücken aus zu betrachten? Vielleicht möchte ich auch jemandem einen kleinen Besuch abstatten" — er blinzelt dem Schwager vertraulich zu —, „einen Besuch, von dem nicht alle wissen sollen?"

Der Ansbacher sieht sein Gegenüber aufmerksam an — der Kronprinz machte einen ruhigen, fast heiteren Eindruck. Aber kenne sich einer aus im Gemüt dieses Burschen! Vielleicht plant er doch eine heimliche Flucht? Übel könnte man es ihm nicht einmal nehmen — hatte ihm doch kürzlich erst seine Frau erzählt, der König verhöhne seinen Sohn in aller Öffentlichkeit, indem er ihm erklärt hätte, wäre er — der König — an seiner Stelle —, er hätte längst schon die Flucht ergriffen, aber dazu wäre ja einer wie der Kronprinz zu feige.

Der Markgraf beschließt, dem königlichen Verwandten das Pferd zu verweigern, und sagt ihm dies auch mit einer fadenscheinigen Ausrede.

Friedrich ist verwirrt — damit hat er nicht gerechnet. Er kontert des Ansbachers Ausrede mit bitterer Ironie:

„In meinem Stall, Herr Schwager, wird immer ein Pferd für Sie gesattelt sein — selbst wenn es mein einziges wäre." Und bedauert insgeheim, daß er sich nicht einfach, ohne zu fragen, ein Pferd aus dem Stall geholt hat. Was hätte es in seiner Situation schon ausgemacht, auch noch als Pferdedieb zu gelten? Natürlich ist nun nicht mehr daran zu denken, eigenmächtig ein Pferd zu satteln. Der Markgraf läßt ihn nicht aus den Augen, beobachtet jeden seiner Schritte.

Markgraf Friedrich von Bayreuth

Am nächsten Morgen bricht die Reisegesellschaft schon früh auf. Friedrich wartet auf Stafettenpost. Er hat seinem Freund, Leutnant von Katte, nach Berlin geschrieben, ebenso an Wilhelmine. Ihrer beider Antworten könnten mit der nächsten Stafette ankommen...

Doch Friedrich wird vergebens auf eine Nachricht von seiner Schwester warten.

Als Wilhelmine vergangenen Sonntag aus der Kirche kam, drängte sich der junge Herr von Katte an sie heran, flüsterte:

„Hier habe ich etwas für Sie, Königliche Hoheit."
„Was wollen Sie von mir?"

Von Katte hatte einen Brief in der Hand. Wilhelmine glaubte, es sei ein Liebesbrief vom Überbringer selbst, zögerte ihn anzunehmen, sagte kalt: „Ich empfange nicht von jedermann Briefe, Herr von Katte."

Der junge Mann wurde langsam rot, Zorn und Verlegenheit machten ihn stumm. Dann erwiderte er steif:

„Der Brief ist von Seiner Königlichen Hoheit, Kronprinz Friedrich."

Jetzt war es an Wilhelmine, verlegen und erschrocken zu sein.

„Er schreibt mir von unterwegs? Aber warum ist der Brief in Ihrer Hand und nicht bei der Stafette für die Königin?"

„Lesen Sie den Brief, Königliche Hoheit. Und geben Sie mir bitte Antwort. Ich werde sie morgen holen, mit Verlaub."

Mit Unbehagen öffnete Wilhelmine das Siegel. Warum diese Heimlichkeiten? Der Brief enthielt in dürren Worten Friedrichs Mitteilung, er werde von der Süddeutschlandreise nicht zurückkehren und bat seine „über alles geliebte Schwester" in Gedanken bei ihm zu sein: „Als mein Schutzengel."

Wilhelmine war unfähig, einen klaren Gedanken zu fassen, geschweige denn sich hinzusetzen und Friedrich zu antworten. Ihr erster Impuls war, zur Mutter zu laufen. Doch dann erinnerte sie sich der Schwatzhaftigkeit der Königin und besaß noch Vernunft genug, das bleiben zu lassen.

Fräulein von Sonsfeld aber schüttete sie ihr Herz aus, und die war es auch, die energisch davon abriet, Friedrich zu schreiben.

„Der Brief könnte in falsche Hände geraten. Königliche Hoheit könnten in diese schreckliche Affäre verwickelt werden."

Als Katte kam, empfing ihn die Sonsfeld, erklärte ihm umständlich, daß sich die Prinzessin nicht wohl fühle und daß sie ihn bäte, ihr nicht mehr die Aufwartung zu machen.

„Und der Brief? Habe ich keinen Brief zu bestellen? Der Kronprinz wird auf ihn warten."

„Nein, keinen Brief, Herr von Katte. Und ich beschwöre Sie: Die Prinzessin weiß nichts, gar nichts! Hören Sie? Niemals darf im Zusammenhang mit dieser — mit dieser schrecklichen Angelegenheit der Name der Prinzessin genannt werden, niemals!"

Kattes Antwort triefte von Bitterkeit und Verachtung:

„Ich verstehe, Mademoiselle Sonsfeld. Ich verstehe sehr gut. Der arme Kronprinz! Die Prinzessin läßt ihn im Stich. Ich aber sage Ihnen: Gewogen und zu leicht befunden! Überbringen Sie diese meine Worte Ihrer Herrin."

Friedrich hält sich am unteren Ende des Reisezuges auf, der König fährt voran. Zum Glück verlangt er diesmal nicht, daß Friedrich in seiner Kutsche mitfährt — des Königs bevorzugte Begleiter sind zwei Generäle, von Waldow und von Roskow.

Da, endlich taucht eine Stafette auf! Und da kommt der Reiter auch schon an Friedrichs Wagen, überreicht ihm einige Briefe, zwei sind von Katte, doch nach einem Brief von Wilhelmine sucht er vergebens. Er ist enttäuscht — warum antwortet sie ihm nicht? Doch Kattes Briefe sind zuversichtlich, voll Anhänglichkeit: „Vergessen Sie nicht, Königliche Hoheit, Sie haben Freunde, die Ihnen ergeben bis in den Tod sind, und es immer sein werden." Friedrich lächelt. Es ist schön, so geliebt zu werden...

Während der nächsten Rast in einem Wirtshaus schreibt Friedrich die Antwort an Katte. Er bittet ihn, wie vereinbart nach Haag zu reisen und dort auf ihn unter allen Umständen zu warten — er wüßte ja, wo. Keith würde schon dasein und alles weitere geordnet haben. Die Flucht werde unter allen Umständen gelingen. Selbst wenn man ihn verfolge, wüßte er genügend Schlupfwinkel bei Leuten, die ihn um nichts in der Welt ausliefern würden.

Und nun passiert etwas Eigenartiges, Schicksalhaftes: Friedrich adressiert die Rückantwort an Katte, vergißt aber in der Aufregung die nähere Anschrift: Berlin. Unglücklicherweise aber ist ein Vetter Kattes, auch ein Leutnant, in der Nähe zu einer Truppenaushebung stationiert. Und diesem Katte wird der Brief ausgeliefert.

Der Leutnant nimmt ihn verwundert zur Hand, löst das Siegel und liest. Seine Ohren färben sich langsam rot, aus Unverständnis wird plötzlich Erkenntnis. Er begreift, was dieser Brief bedeutet: Der Kronprinz will das tun, wovon in Hofkreisen längst gemunkelt wird — und nicht nur in Hofkreisen. Aber was soll er, der Vetter des Adressaten, jetzt machen? Der Anstand rät ihm, den Brief an den Berliner Katte weiterzuleiten — der Ehrgeiz und der Neid raten ihm zu anderem. Eine schlaflose

Nacht lang schwankt der junge Offizier, dann läßt er den ominösen Brief mit einer Stafette zum König gehen. Er hat die Formel hierzu gefunden:
Gehorsamspflicht gegenüber seinem König, an den er durch seinen Soldateneid gebunden ist.

Inzwischen war die königliche Reisegesellschaft in die Nähe von Frankfurt gekommen und übernachtete dort. Der König, bedacht auf Einfachheit, legte Wert darauf, daß er und sein Gefolge in Scheunen übernachteten — wie dies im Felde ja auch üblich und notwendig war. Friedrich kam diese Gepflogenheit sehr gelegen — desto leichter konnte er entkommen. Zunächst aber brauchte er ein Pferd. Er sah es als glücklichen Zufall an, daß im Dorf gerade Pferdemarkt war und beorderte einen Pagen, einen Bruder seines Freundes Keith, ihm das Pferd „für einen Ausritt in die Umgebung" zu besorgen.

Der Page erstand tatsächlich ein Pferd und kam zur Scheune zurück, um, wie mit Friedrich vereinbart, diesen zu wecken. Er dachte sich nichts dabei, Friedrichs Kammerdiener Bock damit zu beauftragen — es schien ihm, dem kleinen Pagen, nicht schicklich, selbst den hohen Herrn im Schlaf zu stören.

Der Kammerdiener aber war mißtrauisch und dachte nicht daran, Friedrich tatsächlich zu wecken. Der erwachte in diesem Augenblick von selbst, erhob sich leise, zog statt der Uniform Zivilkleidung an — Wilhelmine nennt sie in ihren Memoiren „französische Tracht" und schlich sich hinaus. Jetzt trat der ungetreue Kammerdiener in Aktion, meldete den beabsichtigten mysteriösen Ausritt des Kronprinzen drei Generälen, die sich sofort auf den Weg machten, Friedrich zu suchen.

Sie fanden ihn auf dem Pferdemarkt, erkannten, daß er keine Uniform trug, und fragten ihn überaus höflich, was er hier mitten in der Nacht tue.

Er hätte noch etwas vor, erklärte Friedrich kühl. Die Herren mögen sich durch ihn nicht aufhalten lassen.

„Um Gottes willen, Königliche Hoheit, kleiden Sie sich um. Der König ist schon wach und zieht in einer halben Stunde ab. Was würde er sagen, wenn er Sie so sähe?"

„Ich verspreche Ihnen, in einer halben Stunde zurückzusein, ich will nur noch einen kleinen Spazierritt machen."

Doch in dem Augenblick, da sich der Kronprinz ungeduldig aufs Pferd schwang, griffen die Generäle ein, zwangen ihn mit sanfter Gewalt, ihnen zu folgen und sich sofort umzuziehen.

Nur einer der Generäle meldete auf Drängen des Kammerdieners den Vorfall dem König. Der konnte freilich wegen eines versuchten Spazierrittes keinen Fluchtversuch konstruieren und gegen den Sohn etwas unternehmen.

Da aber erreichte ihn in Frankfurt der Brief von Kattes Cousin. Der König war außer sich vor Wut, teilte den Inhalt des Briefes den Generälen Rochow und Waldow zornbebend mit:

„Sie beide haften mir mit Ihren Köpfen dafür, daß der Kronprinz nicht entweicht. Bringen Sie ihn sofort auf die Jacht."

In Friedrich Wilhelms Reiseroute war vorgesehen, von Frankfurt aus mit dem Schiff nach Wesel zu fahren. Er ließ sich durch den Vorfall nicht in seinem Reiseprogramm stören, blieb den Tag über, wie geplant, in Frankfurt, um sich erst am nächsten Morgen einzuschiffen.

„Als er den Sohn an Bord der Jacht sah, stürzte er sich auf ihn und hätte ihn erdrosselt, wäre General Waldow nicht herbeigeeilt. Er riß ihn an den Haaren und richtete ihn so zu, daß die Herren ihn baten, daß der Kronprinz zu einem anderen Schiff geführt werden dürfe...", schrieb Wilhelmine.

Als Friedrichs Kammerdiener sah, in welchem Zustand sich sein Herr befand, bat er ihn um Verzeihung. Er verbrannte auf Wunsch Friedrichs alle Papiere, die der Kronprinz unvorsichtigerweise auf die Flucht mitnehmen wollte.

Es waren auch Briefe der Königin und von Wilhelmine darunter, Briefe, die besonders für Wilhelmine verhängnisvoll hätten werden können. *„So hat sein Kammerdiener wieder einiges von seiner großen Schuld gutgemacht..."*

In Geldern hätte sich für Friedrich fast noch einmal die Möglichkeit einer Flucht ergeben. Man verließ das Schiff, und Friedrich bat seine Bewacher, zu Fuß gehen zu dürfen, statt im Tragesessel — wie das bei hohen Herrschaften üblich war — getragen zu werden.

Man gestattete es ihm. Kaum aber war Friedrich ausgestiegen, setzte er sich blitzschnell in Bewegung und lief wie ein Wiesel davon. Es dauerte geraume Zeit, ehe man ihn einholen und seiner wieder habhaft werden konnte.

„Mein Prinz", sagte General Waldow leise, „wir dachten nicht anders, als daß Sie sich durch einen Sturz in den Fluß das Leben nehmen wollten. Ich bitte Sie, seien Sie vernünftig. Wir werden diesen Fluchtversuch natürlich nicht dem König melden."

Friedrich, abgehetzt und apathisch, antwortete nicht.

Am nächsten Morgen wurde er vom König selbst vernommen. Nur General Mosel war außer ihm anwesend.

Dazu berichtet Wilhelmine:

„Der König richtete in zornigem Tone die Frage an meinen Bruder: warum er desertiert sei. (Er war es nicht, weil man ihn ja daran gehindert hatte, doch der König wußte schon, weshalb er diese Formulierung gebrauchte.)

‚Weil Sie mich nicht wie Ihren Sohn behandelt haben', erwiderte er in festem Tone, ‚sondern wie einen niedrigen Sklaven.'

‚Sie sind ja nur ein ehrloser und feiger Deserteur', versetzte der König.

‚Ich habe soviel Ehre wie Sie', entgegnete mein Bruder, *‚ich tue nur, was Sie eingestandener Maßen an meiner Stelle getan hätten.'*

Über diese letzte Antwort geriet der König außer sich vor Zorn, zog seinen Degen und wollte ihn durchbohren. General Mosel warf sich dazwischen.

‚Töten Sie mich, Majestät,' rief er, *‚aber verschonen Sie Ihren Sohn.'*

Es gelang dem General, den König zu beruhigen und sich einverstanden zu erklären, den Sohn auf der Rückreise nach Berlin nicht mehr zu sehen. Er würde voraus fahren, der Kronprinz selbst mit Bewachung in vier Tagen abreisen — doch nicht nach Berlin, sondern in das Gefängnis von Mittenwalde."

Noch aber war man in Wesel. Der König traute den beiden Generälen Rochow und Waldow nicht und beorderte noch einen weiteren General zur Wachmannschaft, Herrn von Dostow.

Und dieser Dostow war es auch, der Friedrichs letzten verzweifelten Fluchtversuch verhinderte.

Schon war hierzu alles vorbereitet. Natürlich hatte Friedrich überall Freunde. Wilhelmine schrieb:

„*Mein Bruder war im ganzen Land ungeheuer beliebt. Mehrere Offiziere fürchteten um sein Leben, denn man kannte die Heftigkeit des Königs. Diese Offiziere, an der Spitze Oberst Grobnitz, entschlossen sich, alles zu wagen, um ihn zu befreien."*

Man wollte ihn heimlich aus dem Fenster seines Zimmers holen, und ihn, als Bäuerin verkleidet, außer Landes schaffen.

Dostow aber machte Friedrichs Befreiern einen Strich durch die Rechnung — er ließ das Fenster vergittern. Friedrich wurde nach Mittenwalde geführt, einem kleinen Nest, sechs Meilen von Berlin entfernt...

Leutnant Keith aber wartete inzwischen auf den Kronprinzen. Da erfuhr er in Wesel durch einen Zufall, daß Friedrich verhaftet worden sei, ergriff sofort die Flucht nach Haag, indem er seinem Vorgesetzten geistesgegenwärtig erklärte, er verfolge einen Deserteur. Das wurde ihm allerdings nicht geglaubt, man setzte Oberst Dumoulin auf seine Fährte, der ihn in Haag auch erreichte.

Ausführlich schildert Wilhelmine diese Verfolgung. Am Schluß schreibt sie:

„Und Dumoulin erlebte den Verdruß, Keith am nächsten Tag in der Kutsche des Lord Chesterfield, dem englischen Gesandten, an sich vorbeifahren und sich nach England einschiffen zu sehen..."

Achtes Kapitel

Kattes Hinrichtung

Die Königin ist außer sich — eben hatte ihr der heimgekehrte König kalt erklärt: „Ihr nichtswürdiger Sohn lebt nicht mehr, er ist tot."
Sie fällt zwar nicht in Ohnmacht, dafür Wilhelmine. Als man ihr später erklärt, der König hätte sich nur einen brutalen Scherz erlaubt, Friedrich lebe noch, erholt sie sich rasch wieder. Sie erfährt von Friedrichs Gefangenschaft, ist ratlos und verzweifelt. Doch es kommt noch Schlimmeres:
Der König ist davon überzeugt, sie hätte geholfen, Friedrichs Flucht vorzubereiten. Bei einem Verhör vergreift er sich in seiner Wut auch an ihr.
„Er packte mich bei der Hand und versetzte mir einige Faustschläge ins Gesicht, von denen mich einer so heftig an der Schläfe traf, daß ich bewußtlos liegen blieb. Der König wollte von neuem auf mich losschlagen und mich mit Füßen treten. Die Königin und meine Brüder und Schwestern, die zugegen waren, hinderten ihn daran. Unser Jammer war unbeschreiblich. Meine Geschwister, von denen das Jüngste erst vier Jahre alt war, umklammerten die Knie des Königs und baten um Gnade für mich. Als ich den Kopf wandte, sah ich den armen Katte, wie er gerade von vier Gendarmen eskortiert zum König geführt wurde. Bleich und gebrochen, wie er war, zog er doch noch den Hut vor mir, um mich zu grüßen..."
Auf die beschlagnahmten Briefe in einer Kassette, die in Kattes Besitz war, jedoch dem Kronprinzen gehörte, setzte der König alle Hoffnung, Wilhelmine zu überführen und zu beweisen, daß er mit seinem Verdacht recht hatte. Doch die Kassette — deren Inhalt mit Hilfe von Getreuen inzwischen durch harmlose

Briefe ausgetauscht worden war, brachte Friedrich Wilhelm zu seinem großen Ärger nicht weiter.

Nun mußte man Katte dazu bringen, Wilhelmine im Verhör zu belasten. Doch Katte blieb standhaft, leugnete, daß Wilhelmine die Vertraute des Kronprinzen gewesen sei. Er gestand lediglich — weil er fürchtete, daß man ihn bei der Briefübergabe in der Kirche gesehen haben könnte —, daß er Wilhelmine einen Brief des Kronprinzen ausgehändigt hätte.

Das aber genügte dem König, Wilhelmine gefangenzusetzen. Sie wurde im Tragesessel vor aller Augen unter Bewachung weggebracht — doch nicht, wie sie befürchtete, an einen Ort außerhalb des Schlosses, sondern auf ihr Zimmer, das nun zu ihrem Gefängnis umfunktioniert wurde.

Einige Tage später teilte man ihr mit, daß sie mit Friedrich konfrontiert werden sollte. Das aber empfand sie als den einzigen Lichtblick in ihrer schlimmen Situation. Schloßkastellan Evermann, vom König geschickt, sie auszuspionieren und zu beunruhigen, erklärte ihr, daß sie der König in ein Kloster stecken werde, wenn sie nicht endlich zugebe, im Komplott mit dem Kronprinzen gestanden zu haben.

Friedrich war immer noch in Mittenwalde in Gewahrsam. Er hauste in einer elenden Kammer, in der eine alte Kiste das einzige Mobiliar war. Grumbkow und drei andere Herren verhörten ihn pausenlos. Friedrich aber gab harte und stolze Antworten. Wilhelmine zitiert eine solche Antwort:

„Mein Bruder sagte zu Grumbkow: ‚Ich habe alles gestanden, obgleich ich dies bereue, da es sich nicht für mich schickt, einem Schurken wie Ihnen Rede und Antwort zu stehen...'"

Nun wird Friedrich auf die Festung Küstrin gebracht. Von dort aber erhält Wilhelmine heimlich einen Brief

von ihm, der sie in ihrem eigenen Elend aufrichtet:
„*Meine liebe Schwester!*
Man wird mich nach dem Kriegsgericht, das jetzt tagen soll, zum Ketzer stempeln, denn es genügt, daß man nicht in allem so denkt wie der Herr, um für einen Ketzer zu gelten. Sie können sich also denken, auf welch hübsche Art man mit mir umgehen wird. Was mich betrifft, so liegt mir recht wenig an den Anathemen, die man über mich aussprechen wird, wenn ich nur weiß, daß meine liebe Schwester anders über mich denkt. Welche Freude für mich, daß Schloß und Riegel mich nicht hindern können, Ihnen zu sagen, wie herzlich ich Ihnen zugeneigt bin. Ja, liebe Schwester, es finden sich noch ehrliche Leute in dieser fast gänzlich verrotteten Zeit, welche mir ermöglichen, Ihnen zu schreiben. Ja, liebe Schwester, dürfte ich Sie nur glücklich wissen, so soll mir das Gefängnis ein Ort der Freude und Zufriedenheit sein. Wie sehr wünsche ich, keines Vermittlers mehr zu bedürfen, um mit Ihnen zu reden und wieder die glücklichen Tage mit Ihnen zu verleben, wo Ihre Principe (Principessa nannte Friedrich seine geliebte Flöte und Principe die Laute Wilhelmines) *und meine Principessa in holdem Einklang standen oder mit einem Worte, wo ich wieder das Vergnügen haben werde, selbst mit Ihnen verkehren zu dürfen, um Ihnen die Versicherung zu geben, daß nichts in der Welt die Liebe zu Ihnen vermindern kann.*
Adieu. Der Gefangene"

In den Originalbriefen wird die Anrede „Sie" häufig, jedoch nicht immer gebraucht.

Nach Wilhelmines erster großen impulsiven Freude — wie mochte es Friedrichs Freunden nur gelungen sein, ihr über die Sonsfeld diesen Brief zuzuspielen? — tauchten in ihr wie immer Ängste auf. Warum hatte Friedrich von sich als „Ketzer" geschrieben? Hatte sie ihn im Scherz nicht selbst oft so genannt, wenn er sich über den Soldatenspleen des Vaters lustig machte? Natürlich hatte er an der absolutistischen Regierungsgewalt des Vaters allerhand auszusetzen.

Und sie beide sprachen darüber, schrieben einander darüber.

Wilhelmine erkannte die Hauptgefahrenquelle, die ihnen beiden drohte: Wenn der König über diese Dinge erfuhr, würde er sie als Hochverrat auslegen. Nicht deshalb, weil sich beide Kinder über den Vater oft lustig gemacht hatten — eben nach Art der Jugend, die alles besser zu wissen glaubt —, schlimm wogen nur jene Briefstellen, die sich mit den Regierungsgepflogenheiten des Vaters befaßten, sie kritisierten und verurteilten. Und das war es wohl auch, was Friedrich am meisten fürchtete: nicht die Flucht, die keine war, sondern die Beweise, daß er sich heimlich gegen den König und seine Macht stellte. Solche Beweise waren gefährlich, ja lebensgefährlich. Friedrich wußte ja nicht, daß seine Briefe längst vernichtet waren.

Wilhelmine las zwischen den Zeilen seiner Nachricht, daß er fürchtete, sie könne seine „ketzerischen" Pläne bestätigen. Ach, wie könnte man ihn nur verständigen, daß er in dieser Beziehung nichts zu befürchten hatte?

Indessen nahm das Schicksal weiter seinen Lauf. Katte war zum Tode verurteilt worden, ohne daß Friedrich davon wußte.

Auch Wilhelmine, nur mit spärlichen Nachrichten versorgt, wußte nichts von Kattes Schicksal. Man hatte ihn nach Küstrin gebracht, wo er vor den Augen Friedrichs enthauptet werden sollte.

Friedrich war in ein im ersten Stock liegendes Zimmer mit einem verhängten Fenster umquartiert worden. Er wunderte sich darüber.

Es war ein trüber, verhangener Novembermorgen, als zwei Männer, Herr von Münchow und General Lepel, zu dem Gefangenen kamen und versuchten, ihm schonend beizubringen, daß er auf Befehl des Königs der Hin-

richtung seines Freundes Katte beiwohnen müsse. Dazu Wilhelmine in ihren Memoiren:
„*Friedrichs Verzweiflung soll unbeschreiblich gewesen sein. Indes bereitete man auch Katte auf die Begegnung vor. General Schenk sagte zu ihm: ‚Seien Sie standhaft, lieber Katte, es steht Ihnen eine harte Prüfung bevor: Sie sind jetzt in Küstrin und werden den Kronprinzen sehen!'*
‚Sagen Sie lieber', rief Katte, ‚daß ich den größten Trost in meinem Tod haben werde, den man mir hätte bieten können.'
Zugleich bestieg er das Schafott.
Man zwang jetzt meinen armen Bruder, an das Fenster zu treten. Er wollte sich hinausstürzen, doch hielt man ihn zurück. ‚Ich beschwöre Sie alle', rief er den Umstehenden zu, ‚die Hinrichtung um Gottes willen zu verschieben. Ich will an den König schreiben, daß ich bereit bin, auf alle meine Rechte, die ich auf die Krone habe, zu verzichten, wenn er Katte begnadigt!' Herr von Münchow schloß ihm den Mund mit einem Taschentuch. Dann richtete der Kronprinz die Blicke auf Katte und rief:
‚Ach weh mir! Mein teurer Katte, ich bin schuld an Ihrem Tod. Wollte Gott, daß ich an Ihrer Stelle wäre.'
‚Und wenn ich tausend Leben hätt', erwiderte dieser, ‚so würde ich sie für Eure Hoheit hingeben!' Zugleich beugte er vor dem Kronprinzen das Knie. Einer wollte ihm die Augen verbinden, doch ließ er das nicht zu. Dann rief er: ‚Dir stelle ich meine Seele anheim, o Gott!' Nach diesen Worten rollte sein Haupt, mit einem Schlage abgetrennt, zu seinen Füßen. Im Falle noch streckte er die Arme gegen das Fenster, an dem mein Bruder gestanden hatte. Doch man sah ihn nicht mehr, eine tiefe Ohnmacht hatte ihn befallen. Als er aus ihr wieder erwachte, war er so außer sich, daß er sich getötet hätte, wäre er unbewacht geblieben."
Natürlich machten diese Vorkommnisse im Land die Runde. Man empörte sich offen gegen die maßlose Rachsucht des Königs. Das aber bereitete seinen Günstlingen, allen voran Grumbkow, ernsthafte Sor-

gen. Er suchte Friedrich auf, erkannte, daß sein jammervoller Zustand den Schilderungen, die im Umlauf waren, entsprach und gedachte zu handeln.

Der König hatte das Kriegsgericht zwingen wollen, seinen Sohn als Deserteur zum Tode zu verurteilen. Doch die Offiziere zögerten, fanden Ausflüchte. Das Ausland mischte sich ein und warnte Friedrich Wilhelm, so weit zu gehen. Und nun kam Grumbkow, Friedrich Wilhelms engster Berater. Er schilderte dem König den traurigen Zustand seines Sohnes, daß er sich weigere zu essen, nur noch aus Haut und Knochen bestünde, vom Fieber geschüttelt werde. Das Strafmaß sei jetzt voll, nun müsse man Gnade vor Recht ergehen lassen und dem Unglücklichen vergeben.

Ihm zu vergeben, dazu war der verbitterte Vater zwar nicht bereit, doch bestand er nicht mehr auf einem Todesurteil. Friedrich erhielt Stadtarrest auf unbestimmte Zeit und wurde aus der Festung in die Stadt Küstrin gebracht, wo er unter der Kontrolle von zwei Wächtern in spartanischen Verhältnissen einer sehr ungewissen Zukunft entgegensah...

Wilhelmines Erleichterung über Friedrichs Begnadigung — wochenlang zitterte sie in der Furcht vor dem Todesurteil — war grenzenlos.

Sie selbst lebte wieder ein wenig auf, auch wenn der König nach wie vor keine Gelegenheit unterließ, sie zu demütigen und ihr seine Abneigung zu zeigen.

„Königliche Hoheit", sagte Fräulein Sonsfeld, „vielleicht ist es eine gute Nachricht, die ich Ihnen heute bringe. Ihre Schwester Sophie soll den Erbprinzen von Bayreuth heiraten, aber ich hörte auch Gerüchte, daß die Nachricht von Sophies Hochzeit lediglich zur Irreführung der Leute ausgestreut wird. In Wahrheit sollen Sie den Erbprinzen heiraten."

„Warum machen Sie denn ein so betrübtes Gesicht, Sonsfeld? Wäre es so schlimm, wenn ich die zukünftige

Markgräfin von Bayreuth würde? Ist denn der Erbprinz gar so übel?" war Wilhelmines gleichmütige Antwort.

„Um Gottes willen, Hoheit, darum geht es doch nicht! Sie sind für den Prinzen von Wales ausersehen und das wissen Sie."

„Ja, ja. Aber er will mich doch offensichtlich nicht. Und ich will ihn auch nicht. Nein, mir ist jetzt schon alles egal — nur Frieden möchte ich haben, und daß mich der König endlich aus seiner Ungnade entläßt. Sie wissen ja, gestern hat er mir zwei vertrocknete und fast schon stinkende Heringe auf gesäuerten Rüben geschickt. Die sollte ich essen, denn sauer mache lustig. Ach, liebe Sonsfeld, mir ist oft so elend zumute!"

Wilhelmine machte tatsächlich einen kranken Eindruck. Sie war überaus blaß und abgemagert — kein Wunder, durfte sie das Zimmer, ihr Gefängnis, doch nicht verlassen, und die Arrestkost war miserabel.

„... *Ich wäre schon längst verhungert, wenn mir die französischen Glaubensflüchtlinge nicht heimlich Geschenkkörbe zugeschickt hätten*...", notierte sie.

Der Gedanke an eine bevorstehende Hochzeit ihrer jüngeren Schwester Sophie ermutigte sie, die Sonsfeld zu fragen:

„Falls das mit Sophies Hochzeit stimmt — meine Liebe, könnten Sie dann nicht ein gutes Wort beim König für mich einlegen, damit ich bei dieser Hochzeit dabei sein kann? Dann hätte ich Gelegenheit, mich ihm zu Füßen zu werfen. Ich liebe ihn doch."

Die Sonsfeld wußte, daß der König im Augenblick verbitterter war als je zuvor, und offen, auch ihr gegenüber, erklärt hatte, er würde seine „nichtsnutzige Tochter" noch in diesem Monat auch gegen ihren Willen, egal mit wem, verheiraten. Grund für diesen Wutausbruch war der Brief seines königlichen Schwagers aus London, in dem der die Forderung stellte, ehe an eine Heirat des Prinzen von Wales mit Wilhelmine überhaupt nur gedacht werden könne, müsse Friedrich Wilhelm den intriganten Minister Grumbkow entlassen. Die Sonsfeld war zum König gerufen worden, der sie zornig angefahren hatte:

„Sagen Sie mir, was die Königin und ihre nichtsnutzige Tochter vorhaben! Ich will wissen, welche Intrigen die beiden hinter meinem Rücken aushecken, was die Königin an den englischen Hof berichtet hat."

Die Sonsfeld hatte beteuert, daß sie nichts wüßte, wirklich gar nichts, und der König hatte geschrien:

„Sagen Sie der Königin, ich werde jetzt andere Saiten aufziehen, Sie hat mich schon viel zu lange mit ihrer englischen Hochzeit an der Nase herumgeführt."

Aber sollte sie, die Hofmeisterin Sonsfeld, die Prinzessin mit solchen Nachrichten noch mehr beunruhigen?

Doch das hatte sie schon getan. Wilhelmine fand nächtelang keinen Schlaf. Sie traute dem intriganten Grumbkow ohne weiteres zu, eine Scheinheirat Sophies vorzubereiten und plötzlich sie selbst, Wilhelmine, in das üble Spiel einzubringen. Doch was konnte sie dagegen tun?

Da besuchte sie überraschend die Mutter. Sophie Dorothea war äußerlich ruhig und befahl Wilhelmine wie schon oft, auf gar keinen Fall in eine andere Verheiratung als die mit dem Prinzen von Wales einzuwilligen.

Wilhelmine versprach alles, aber als die exaltierte Mutter plötzlich noch energisch verlangte, sie solle dies beschwören, lehnte sie ab:

„Mama, Sie wissen, daß ich als Calvinistin nicht etwas beschwören darf, was allein in Gottes Ratschluß liegt. Er lenkt mein Schicksal, er allein und nicht ich."

Die Königin rauschte wütend hinaus. Wilhelmines verzweifeltes „Ach, verzeihen Sie mir, liebste Mama", klang dünn hinter ihr drein.

Die Königin sah ihre Felle endgültig davonschwimmen, denn der König weigerte sich seit Tagen, sie zu empfangen und nahm ihr so die Möglichkeit, ihm einen Aufschub seiner Pläne abzuschmeicheln.

Wilhelmine lag — wie so oft — zu Bett, als ihr der Besuch von Minister Grumbkow gemeldet wurde. Hastig wollte sie aufstehen, doch die Sonsfeld hielt sie davon ab:

„Bleiben Sie liegen, Hoheit, und machen Sie einen leidenden Eindruck. Dies kann für uns nur von Vorteil sein."

Wilhelmine brauchte sich nicht zu verstellen, sie fühlte sich vor Aufregung tatsächlich einer Ohnmacht nahe.

Grumbkow kam nicht allein, er hatte zur Verstärkung drei weitere Hofschranzen mitgebracht. Er räusperte sich und begann salbungsvoll:

„Seine Majestät, der König, schickt mich und bittet Sie, in eine Heirat mit dem Erbprinzen von Bayreuth einzuwilligen. Doch haben sich auch Herr von Weissenfels und der Markgraf von Schwedt um Ihre Hand beworben." Wilhelmine war überrascht — sie war es nicht gewöhnt, daß Grumbkow so eindeutig und ohne Umschweife mit ihr sprach, stets hatte er sonst hundert Wendungen und Spitzfindigkeiten parat. Doch da fuhr er schon mit erhobener Stimme fort: „Falls Sie sich jedoch den Wünschen Seiner Majestät widersetzen, haben wir den Auftrag" — hier zeigte er ein Papier vor —, „Sie unverzüglich nach der Festung Memel in Litauen zu bringen. Des Königs Geduld ist zu Ende."

Wilhelmine wurde langsam ruhig. Sie erkannte, es lag nun allein in ihrer Hand, ihr Schicksal zu entscheiden, und sie war dazu entschlossen — das Maß ihrer Kümmernisse war voll.

Vielleicht war Grumbkow so weit Menschenkenner, daß er Wilhelmines Nachgeben spürte. Eifrig — und ganz der alte, in Verhandlungen so raffinierte Unterhändler — begann er, die Vorzüge des jungen Bayreuther Prinzen zu preisen.

„Sie können gegen diesen edlen Fürsten, den alle Welt schätzt, nichts einwenden. Selbst die Königin war mit ihm als Schwiegersohn einverstanden, allerdings als Gatte der Prinzessin Sophie. Nun muß er ihr aber auch für Sie recht sein, Königliche Hoheit."

Also stimmten die Gerüchte, dachte Wilhelmine, und sie empfand fast etwas wie Bewunderung für ihr Gegenüber: Zweifellos war Grumbkow der Schlaueste im Land, weit schlauer jedenfalls als der letzten Endes doch recht schwache, gutmütige König.

„Sehen Sie, Prinzessin, wenn Sie die Wünsche Ihres Vaters erfüllen — und dazu sind Sie als gehorsame Tochter doch verpflichtet —, so wird auch Ihnen die Majestät weitgehend entgegenkommen. Ihr Heiratsgut wird doppelt so hoch sein, wie das Ihrer Schwestern. Und er wird Ihnen sogar sofort nach Ihrer Hochzeit die gänzliche Freiheit des Kronprinzen bewilligen."

Es gehörte zu eben dieser Schlauheit Grumbkows, daß er das für Wilhelmine wichtigste Argument sozusagen als Krönung an den Schluß seiner Überredungskunst setzte. Sie wurde lebhaft:

„Sind Sie bereit, mir dies feierlich zuzuschwören? Auch die anderen Herren?" Lebenslang blieb Wilhelmine das Bild in Erinnerung, wie diese würdevollen Herren mit erhobener Hand beschworen, daß Friedrich nach ihrer Hochzeit frei sein werde — frei wie ein Vogel. Sie willigte in die Hochzeit mit Friedrich von Bayreuth ein.

Wie nicht anders zu erwarten, überhäufte die Königin Wilhelmine nun mit bittersten Vorwürfen, die sie stumm über sich ergehen ließ. Schließlich mischte sich die Sonsfeld ein und sagte leise:

„Prinzessin Wilhelmine opfert sich für den Kronprinzen, Majestät. Er wird nach ihrer Hochzeit sofort in die völlige Freiheit entlassen werden."

Sophie Dorothea stutzte:

„Ist das wahr? Hat man Ihnen das schriftlich zugesagt?" Sie lachte höhnisch auf, als Wilhelmine den Schwur erwähnte. „Was gilt solchen Kanaillen schon ein Schwur!"

Sie beruhigte sich erst, als ihr ein Schreiben Friedrich Wilhelms gezeigt wurde, in dem er die beabsichtigte Freilassung Friedrichs bekräftigte.

Neuntes Kapitel

Wilhelmines Verlobung

Für Wilhelmine beginnt eine eigenartige Zeit. Ihre Verlobung soll schon in allernächster Zeit gefeiert werden. Dann wird sie dem Erbprinzen zum ersten Mal begegnen. Natürlich hat man ihr schon eine geschickt gemalte Miniatur gebracht. Friedrich von Bayreuth schaut ihr auf diesem Bildchen lächelnd und schön entgegen. Sie gibt es nicht zu (und trägt der Mutter zuliebe ständig eine leidende Miene zur Schau), aber der Prinz gefällt ihr. Er sieht besser aus als jeder andere ihr bekannte junge Mann, übrigens auch viel besser als Bruder Fritz, der ihr nun regelmäßig aus Küstrin schreibt. Er hat von der geplanten Heirat erfahren.

„Meine geliebte Schwester, Sie werden keinem Unwürdigen Ihre Hand reichen, denn der Prinz von Bayreuth ist ein Fürst von edelster Art und wenn er auch kein König sein wird, so ist er Ihnen, davon bin ich überzeugt, in Geisteshaltung und Seelengröße ebenbürtig. Ich wünsche mir nichts mehr, als daß Ihr Herz sich dem seinen aufrichtig zuneigt..."

Nachdenklich hält Wilhelmine diesen Brief in der Hand. Zum ersten Mal kommt ihr dabei die Überlegung, was wohl dieser gut aussehende zukünftige Bräutigam für sie empfindet. Ist die Heirat für ihn am Ende auch nur eine bittere Pflicht? Nun sind es diese Gedanken, die ihr schlaflose Nächte bereiten. Die Sonsfeld, ihre Vertraute, weiß auch keinen Rat, doch sie tröstet:

„Er ist ein Mann, Prinzessin. Und sein Vater ist nicht von der Art, daß er seinen Sohn zur Heirat mit einer ungeliebten Frau zwingen würde."

Das ist natürlich nur eine vage Hypothese. Doch nichts erscheint Wilhelmine plötzlich wichtiger als zu erfahren, wie der Prinz innerlich zu ihr und dieser Heirat steht.

Diese Erkenntnis erhält sie erst knapp vor ihrer offiziellen Verlobung, die am 1. Juni 1731 stattfinden soll. Der König hat Frau und Tochter den zukünftigen Schwiegersohn zugeführt und vorgestellt.

Friedrich von Bayreuth macht hierbei eine ausgezeichnete Figur, sieht Wilhelmine freundlich an, lächelt ihr zu und richtet immer wieder respektvoll das Wort an sie. Sie aber sitzt stumm und steif, gibt nur ja oder nein zur Antwort aus Angst vor Vorwürfen der Mutter. Später erzählt sie:

„Dieser Fürst ist groß und von schönem Wuchs, er sieht vornehm aus. So schön wie auf der Miniatur ist er wohl nicht, aber seine Physiognomie, die offen und einnehmend ist, entschädigt ihn für mangelnde Schönheit. Er scheint sehr lebhaft und keineswegs schüchtern . . ."

Die Herrschaften plaudern miteinander, Sophie Dorothea macht gute Miene zum bösen Spiel und zeigt sich zurückhaltend freundlich. Das ermuntert wohl den Prinzen, sich, als der König gegangen ist, an sie zu wenden. Wilhelmine in ihrem Sessel wird Zeuge dieser Unterhaltung und hält sie in ihren Aufzeichnungen fest:

„Ich bitte Sie dringend, Majestät", bat der Prinz, *„mich einen Moment anzuhören. Ich weiß alles, was Eure Majestät und die Prinzessin angeht; ich weiß, daß Ihre Tochter für einen Thron bestimmt war und daß Eure Majestät lebhaft gewünscht haben, sie in England versorgt zu sehen. Und nur der Bruch zwischen beiden Häusern verschafft mir das Glück, daß mich der König zum Schwiegersohn erwählte. Ich bin der Glücklichste der Sterblichen, um eine Prinzessin anhalten zu dürfen, für die ich die größte Ehrerbietung und alle Gefühle hege, die sie verdient.*

Aber dieselben Gefühle sind es, die mich hindern würden, sie durch eine Ehe, die ihren Wünschen vielleicht entgegen ist, ins Unglück zu stürzen. Deshalb flehe ich Eure Majestät an, sich

Prinzessin Wilhelmine im Hochzeitsgewand

mit mir hierüber auszusprechen und versichert zu sein, daß Ihre Antwort über alles Glück und Unglück meines Lebens entscheidet, da ich, falls sie ungünstig für mich ausfällt, jeglichen Vertrag mit dem König lösen werde, so schwer es mir auch fällt."

Wilhelmine wird blaß — sie starrt nun dem Erbprinzen ins erregte Gesicht, er aber hat für sie keinen Blick, seine Augen sind beschwörend auf die Königin gerichtet. Die ist verwirrt, verlegen, versucht, den zwingenden Augen vor sich zu entgehen. Schließlich erwidert sie zögernd, daß sie gegen die Wahl des Königs nichts einzuwenden hätte.

Wilhelmine, die am liebsten hellauf gelacht hätte, zeigt dem Prinzen nun immerhin ein warmes Lächeln. Später berichtet sie die Szene Bruder Friedrich in aller Ausführlichkeit. Ihm ging es in Küstrin nun auch besser. Er hatte vom König den Titel eines Kriegsrates erhalten und durfte bei Verhandlungen den Stadtarrest verlassen, natürlich nur in Begleitung der drei Juristen, die ihm der König als „Berater", vor allem aber zur Unterdrückung eventueller Fluchtgelüste, beigegeben hatte.

Wilhelmine wird innerlich immer ruhiger und nimmt die schlechte Laune der Mutter gleichmütiger in Kauf. Der König hat sich ihr nun wieder freundschaftlich zugewandt, überhäuft sie mit Liebenswürdigkeiten und Geschenken, sehr zum Mißfallen der Königin. Bei jeder sich bietenden Gelegenheit erklärt sie der Tochter, daß verlobt noch nicht verheiratet bedeutet, daß die englische Sache noch keinesfalls verloren sei.

„Warum läßt Sie das so gleichgültig, Wilhelmine? Warum benehmen Sie sich ständig wie ein Schaf, das zur Schlachtbank geführt wird? Warum zeigen Sie dem Erbprinzen nicht die kalte Schulter?"

Ja, warum wohl nicht? Wilhelmine gesteht es sich nicht ein, aber je öfter sie Gelegenheit hat, den Erbprin-

zen zu sehen — und der König sorgt dafür, daß dies ziemlich oft geschieht —, desto mehr fühlt sie sich zu ihm hingezogen.
Der Tag der öffentlichen Verlobung kam und wurde am 1. Juni 1731, zwar nur im durch den Hofstaat erweiterten Familienkreis, doch mit allem üblichen Pomp und streng nach der Etikette gefeiert.
Am Morgen erhielt Wilhelmine vom Vater als Verlobungsgeschenk ein vielteiliges goldenes Service und einen prächtigen Verlobungsring, den sie dem Erbprinzen am Abend anstecken sollte. In einem geschmückten Prunkraum erwartete Prinzessin Wilhelmine den Erbprinzen Friedrich von Bayreuth. Und jetzt trat der König mit dem Bräutigam ein. Das Verlobungspaar tauschte die Ringe und der König weinte vor Rührung. Eine rauschende Ballnacht, während der die Verlobung öffentlich bekanntgegeben wurde, folgte.

Nun ist Wilhelmine also verlobt. Am nächsten Morgen geht sie mit dem Erbprinzen im Schloßpark spazieren, hinter ihr in einigem Abstand die Hofmeisterin Sonsfeld. Als beide an den breitausladend gestutzten Taxushecken vorbeikommen, erzählt Wilhelmine dem Verlobten vergnügt von ihren kindlichen Spielen mit Friedrich.
„Sehen Sie, hier in diesem Baum haben wir beide uns immer versteckt. Hier war es. Inzwischen ist zwar die Höhlung im Buschwerk wieder zugewachsen, aber man kann sie noch erkennen."
Der Erbprinz versichert ihr, wie sehr er Kronprinz Friedrich bewundert und verehrt. Er sagt:
„Noch kein Prinz wurde vom Volk so geliebt wie er. Hätte ihm der König etwas angetan, ich glaube, es wäre zu offener Rebellion gekommen."
„Die mein Vater mit seinem Heer allerdings sehr schnell blutig niedergeschlagen hätte", entgegnet Wil-

helmine. Der Erbprinz beeilt sich zu erklären, daß auch Friedrich Wilhelm (später wird man ihn den Soldatenkönig nennen) seine größte Hochachtung besitze.

„Ich schätze seinen Charakter. Wie er den Schuldenberg, den ihm sein Vater hinterließ, durch eigene Sparsamkeit abbaute, wie er Moral und gute Sitte vorlebt, und wie es ihm gelingt, so hervorragende Männer wie den alten Dessauer an sich zu binden, das alles ist bewundernswert. Er hat Preußen im Ausland zu großem Ansehen verholfen, und was wäre wichtiger als dies für ein Land und seinen Souverän?"

„Meinen Sie nicht auch, Prinz, daß es des Königs Soldaten und Waffen sind, die ihm im Ausland solchen Respekt verschaffen?" erwidert Wilhelmine spöttisch.

„Vielleicht. Aber er hat meiner Meinung nach erkannt, was die wichtigste Aufgabe eines guten Herrschers ist: seine Untertanen zu schützen und ihnen ein erträgliches Leben zu ermöglichen. Beides tut Ihr Herr Vater. Er fördert intensiv die Bodenkultur und damit das Einkommen der Bauern, und geht zugleich überaus sparsam mit seinen Finanzen um."

„Ja", sagt Wilhelmine verdrossen, „das habe ich mein Leben lang zu spüren bekommen. Bevor uns ein neues Kleid zugebilligt wurde, mußte das alte schon in Fetzen hängen."

Der Erbprinz betrachtet sie lächelnd. Sie trägt ein blaues Kleid, mit Spitzen übersät, das keineswegs bescheiden oder gar ärmlich wirkt. Sie bemerkt den Blick und setzt schnell boshaft hinzu:

„Was Sie jetzt an mir sehen, das hat Seine Majestät aus Anlaß des Besuches von König August genehmigt."

Prinz Friedrich verstummt, geht neben seiner schönen Verlobten her und ist in Gedanken noch bei seinem zukünftigen Schwiegervater. Er vergleicht ihn mit dem eigenen Vater, dem Markgrafen von Bayreuth, der hierbei gar nicht günstig abschneidet. Während der Preußenkönig alles nur irgend mögliche unternimmt — durch die Förderung von Ackerbau, Gewerbe, besonders der Wollmanufakturen —, sein Land wohlhabend zu machen, läßt sein Vater die Zügel schleifen, überläßt die Regierungsgeschäfte korrupten Beamten, die das Land ausbeuten und aussaugen.

„Ob es wohl wahr ist", fragt der Erbprinz schließlich, „daß Ihr verehrter Herr Vater schon einige Male die Absicht geäußert hat, die Regierungsgeschäfte abzugeben und ein Privatmann zu werden?"

Wilhelmine erinnert sich an jene kleine Unterhaltung mit dem Vater in Wusterhausen und erwidert zögernd:

„Gesprochen hat er wohl davon, aber er glaubt ja letzten Endes, ohne ihn ginge es nicht. Von meinem Bruder Fritz hält er nichts, das wissen Sie wie alle Welt. Vielleicht denken Sie jetzt, daß ich meinen Vater nicht liebe, aber so ist es nicht. Er hat sehr gute Eigenschaften, nur — ach, lassen wir das, es führt zu weit."

Der Erbprinz sieht sie von der Seite an, ihre frische Hautfarbe, ihr klares schönes Profil, die gerade Nase, das weiche, wohlgeformte Kinn — ach, er liebt sie, seine schöne Wilhelmine.

Er hat es bis jetzt nicht gewagt, ihr den Arm anzubieten, nun tut er es. Anmutig legte sie ihre Hand kaum spürbar in seine Armbeuge...

Nach der Abendtafel läßt die Königin Wilhelmine zu sich rufen und macht ihr eine Szene, die an Heftigkeit viele andere übertrifft. Sie wirft ihr vor, sich mit dem Erbprinzen in aller Öffentlichkeit Arm in Arm gezeigt zu haben:

„Das ist also die Antwort auf meine Anordnung, sich ihm gegenüber in jeder Weise reserviert zu verhalten. Sie sollten doch jedem Zusammensein ausweichen. Und Sie benehmen sich gerade jetzt, wo unsere englischen Pläne sich konkretisieren, wie eine verliebte Gans. Sie sind das dümmste und undankbarste Geschöpf auf

Gottes Erdboden. O Gott, wodurch habe ich das verdient! Ich opfere Zeit, Geld und Gesundheit, Ihnen eine gute, eine hervorragende Heirat und Versorgung zu schaffen, und was tun Sie? Sie bringen sich mit diesem kleinen Prinzen Niemand ins Gerede."

„Aber Mama, er ist doch mein Verlobter! Und Papa wünscht, daß ich ihm Freundlichkeiten erweise."

„Freundlichkeiten erweisen! Wer zwingt Sie, mit ihm herumzupoussieren? Stellen Sie sich nicht dümmer, als Sie sind. Man kann wohl Freundlichkeiten zeigen, die in Wahrheit keine sind."

„Ich soll also heucheln, soll meinem zukünftigen Ehemann vor den Kopf stoßen, so daß er mir das sein Leben lang nachträgt? Und nur um eines Hirngespinstes willen?"

Plötzlich beruhigt sich die Königin, zieht ein Stück Papier aus ihrer Gürteltasche: „Da lesen Sie: Ich wollte es noch geheimhalten, aber —"

Der Brief war eine Nachricht des Königs von England, der mitteilte, daß er nunmehr in eine Heirat seines Sohnes mit Wilhelmine ohne weitere Bedingungen einwilligt.

Jetzt beginnt sich das närrische Karussell von Vermutungen, Verhandlungen und Intrigen erneut zu drehen. Wilhelmine erfährt, daß die Note des Königs schon vor der offiziellen Verlobung eingetroffen ist, und daß Grumbkow sie bis zu diesem Zeitpunkt zurückgehalten hat. Der König ist aufs äußerste verwirrt und verärgert. Er läßt die Tochter zu sich kommen. Die Sonsfeld richtet es ein, daß die Königin hiervon nichts erfährt.

„Wann hört der Ärger um Ihre Person endlich auf!" schreit Friedrich Wilhelm wütend. „Was haben Sie und Ihre intrigante Mutter unternommen, daß mir diese englische Note zukommen konnte — jetzt, nachdem längst alles entschieden ist. Sie sind die größte Heuchlerin auf Gottes Erdboden!"

Wilhelmine ist verschreckt wie immer, wenn der Vater zu toben beginnt. Hilfesuchend wendet sie sich um — da tritt aus dem Hintergrund Grumbkow hervor.

„Majestät", sagt er ruhig. „Ich habe zuverlässige Information, daß die Prinzessin in dieser Angelegenheit unschuldig ist. Die Königin machte ihr gestern härteste Vorwürfe, weil sie sich dem Erbprinzen gegenüber zu freundlich erweise und so ihre Pläne durchkreuze." Wilhelmine wirft ihm einen dankbaren Blick zu und sagt dann fest:

„Majestät, ich habe mich Ihren Wünschen gefügt. Und nun werde ich dem Erbprinzen gegenüber mein Wort unter allen Umständen halten." Sie kommt sich tapfer und edel vor und denkt doch im gleichen Moment: „Mein Gott, Papas dummes Gesicht ist umwerfend." Am liebsten möchte sie losprusten und muß sich alle erdenkliche Mühe geben, es nicht zu tun.

Da aber beginnt der König selbst lauthals zu lachen. Er schlägt sich auf die dicken Schenkel und brüllt vor Vergnügen. Erlöst stimmt Wilhelmine mit ein und Grumbkow lächelt dünn. Später reicht sie dem Minister die Hand.

„Sie haben mich gerettet", sagt sie leise, immer noch lächelnd. In Gegenwart der Königin freilich vergeht ihr das Lachen — Sophie Dorothea würdigt sie keines Blickes mehr und wird vor lauter Wut und Ärger krank. Sie legt sich ins Bett und weigert sich, die unbotmäßige Tochter auch nur zu sehen.

Die Hochzeit wird auf den 20. November angesetzt — es ist noch eine lange Zeit bis dahin. Wilhelmine sehnt den Tag herbei, an dem sie endlich frei sein wird, frei von den Querelen und Intrigen des Berliner Hofes, frei von den Launen der Königin und der Unberechenbarkeit des Königs. Im Augenblick ist er ihr sehr gewogen, läßt sie oft zu sich kommen, was ihr zugleich die Möglichkeit gibt, ihren Verlobten zu sehen, freilich niemals allein.

Das aber ändert sich, als die königliche Familie für einige Tage das Lustschlößchen Monbijou, ein Geschenk des Königs an seine damals noch junge Frau, bezieht. Die Königin hat sich, ihre Krankheit vorschützend, geweigert mitzufahren. Grumbkow gibt Wilhelmine immer wieder sein Wohlwollen zu erkennen, sie nimmt also an, daß er auch der Initiator dieser schönen Tage von Monbijou ist.

Sie liebt das luxuriös eingerichtete kleine Schloß, hat hier die einzigen wirklich schönen Tage ihrer Mädchenzeit verbracht — fern von den Exerzierübungen und Truppenparaden des Vaters. War der König mit von der Partie in Monbijou, so zeigte auch er sich von einer anderen, angenehmeren Seite. Das Lustschloß bedeutet für die Königin das gleiche wie für den König sein Jagdschloß in Wusterhausen.

Wilhelmine und Friedrich von Bayreuth spazieren im Park von Monbijou in den lauschigen Laubengängen, die den Liebenden Schutz vor neugierigen Augen gewähren. Hier küssen sie sich und zeigen sich ihre Liebe. Zwar hätte die Sonsfeld auch mitspazieren müssen, doch Wilhelmine bat sie um „Gnade". Und da die Königin weit ist, wurde sie ihr auch gewährt — sie läßt das junge Paar allein.

„Ich werde Sie immer lieben", sagt Friedrich leise. „Sie haben mir durch Ihre Haltung in den letzten Tagen bewiesen, daß auch Sie mich lieben. Niemals werde ich Ihnen das vergessen, komme, was wolle — das schwöre ich Ihnen!"

Wilhelmine ist selig. Zum ersten Mal in ihrem Leben erfährt sie die vorbehaltlose Liebe eines Mannes. Und daß es ihr eigener zukünftiger Gemahl ist, der ihr diese Gefühle entgegenbringt, rührt sie zu Tränen, die ihr

Friedrich von den Wangen küßt: „Sie werden es nicht bereuen, Liebste, daß Sie mich und nicht den Prinzen von Wales gewählt haben."

Die lichten Sommertage von Monbijou sind gezählt, man bereitet die Rückreise nach Berlin vor. Doch wünscht der König — dem Monbijou im Grunde genommen genauso verhaßt ist wie der Königin Schloß Wusterhausen —, daß man so bald als möglich ins Jagdschloß aufbreche. Wilhelmine ist alles recht, wenn nur ihr Verlobter dabei sein kann. Und dagegen hat der König nichts einzuwenden. Diesmal fährt die Königin nach Wusterhausen mit. Sie hat sich mit ihrem Mann ausgesöhnt, begegnet ihm liebenswürdig, die Tochter ist für sie jedoch nach wie vor eine „Unperson", mit der sie nicht einmal das Notwendigste spricht.

Wilhelmine hat schon in sehr jungen Jahren erkannt, daß es zuviel verlangt ist, zu erwarten, daß man von jedermann geliebt wird. Trotzdem war all ihr Sinnen und Trachten darauf gerichtet, ihrer Umgebung zu gefallen. Desto größer aber war die Enttäuschung, wenn ihr kindliches Gemüt erkennen mußte, daß oft all ihre Mühe, ihr Charme, ihre Folgsamkeit vergeblich waren — es gab Menschen, die sie nicht mochten. Sie wünschte seinerzeit so sehr, daß die Erzieherin Leti sie liebe — sie nahm ihre Launen und Wutausbrüche in Kauf in der heimlichen Hoffnung, ihre Zuneigung zu besitzen. Sie war sofort bereit, ihre Wutausbrüche zu vergessen, wenn die Erzieherin versicherte, sie liebe sie trotz allem. Ähnlich war und ist es mit ihrer Mutter. Sehnsüchtig wartet sie auch jetzt auf ein Zeichen der Versöhnung, sucht demütig immer wieder ihre Nähe, doch Sophie Dorothea bleibt hart. Wilhelmine klagt der Hofmeisterin:

„Wie kann ich denn von meiner Mutter fort und nach Bayreuth gehen, wenn sie mir nicht verzeiht? Helfen Sie mir, Fräulein von Sonsfeld!"

Die aber weiß, daß es vor allem die Gegenwart des Erbprinzen ist, die die Königin stört und in Zorn versetzt. Und so wendet sich die Hofmeisterin an Grumbkow, der es verstanden hat, sich auch mit ihr gut zu stellen.

Grumbkow lächelt: „Was dem einen sein Uhl, ist dem andern sein Nachtigall." Erst später wird die Sonsfeld verstehen, was er mit diesem orakelhaften Ausspruch meint.

Zunächst aber tritt ein weiteres Ereignis in den Mittelpunkt des Geschehens. Der König hat zur Jagd geladen, auch der Erbprinz macht mit. Er ist ein ausgezeichneter Schütze, doch da passiert ihm ein Mißgeschick, das schwere Folgen hätte haben können. Es wird ihm von einem Helfer ein geladenes Gewehr gereicht — der Erbprinz faßt so ungeschickt zu, daß sich ein Schuß löst und den König an der Schläfe streift.

Der König will aufbrausen, da trifft sein Blick den Unglücksschützen, er erkennt lähmendes Entsetzen in den jungen Zügen des Bayreuthers und schweigt, schweigt und murmelt dann: „Danken Sie dem Herrgott, Prinz!"

Doch der Erbprinz dankt auch dem König für diese Haltung. Und ein besonderer Ausdruck dieser Dankbarkeit ist, daß er Grumbkows Vorschlag annimmt und sich bereit erklärt, in die militärischen Dienste des Preußenkönigs einzutreten.

„Sie sind ja dem Herkommen nach aus brandenburgischem Geschlecht", sagt Grumbkow, „also ist es das Natürlichste von der Welt, daß Sie ein preußisches Regiment befehligen." Friedrich willigt ein.

Der König zeigt unverhohlen seine große Freude.

„Ich beglückwünsche Sie zu diesem Entschluß, mein Sohn", sagt er salbungsvoll und übergibt ihm einen riesigen goldenen Degen als Geschenk. Wilhelmine aber ahnt sofort Ungutes, wie sie in ihren Erinnerungen schreibt:

„Es war nicht schwer vorauszusehen, daß der König jetzt von seinem Schwiegersohn, ebenso wie von seinem eigenen ältesten Sohn, den absoluten militärischen Gehorsam fordern würde, daß von jetzt ab der Verwandtschaftsgrad den militärischen Pflichten untergeordnet würde..."

Der Erbprinz begreift ihre Erregung nicht. Beklommen sagt er: „Der König hat sich so gefreut, daß ich sein Offizier werden will. Und das kann uns beiden doch nur von Nutzen sein."

„Ach, Sie armer Tor! Sie sind künftig für Papa nicht mehr der Erbprinz von Bayreuth und sein Schwiegersohn, sondern der Oberst von Bayreuth-Brandenburg, der seinem königlichen Vorgesetzten unbedingten Gehorsam schuldig ist."

„Aber ich gehorche ihm gern! Ma chère, er war wirklich sehr freundlich und gnädig zu mir, und Grumbkow sagte mir, er hätte sich überaus lobend über mich ausgesprochen."

Wilhelmine lächelt halb spöttisch, halb traurig und denkt an Friedrich in Küstrin. Er hat ihr geschrieben, daß es ihm, bis auf die trostlose Eintönigkeit der Tage, gut gehe, ihm das Flötenspiel ein rechter Trost sei und er eifrig komponiere. Er sei nun mit seinem Leben recht zufrieden und erhoffe sich nicht viel mehr von seinem Schicksal. Sie hat ihm geantwortet, daß ihr der Vater versprochen habe, ihm an ihrem Hochzeitstag seine volle Freiheit zu schenken. Seine skeptische Antwort war, daß er die Botschaft wohl vernähme, aber ihr nicht traue:

„Der König haßt mich und wird in mir immer seinen Rivalen sehen. Auch ich habe große Fehler gemacht und mich, als es noch möglich gewesen wäre, viel zu wenig um seine Liebe bemüht..."

„Woran denken Sie?" fragt der Erbprinz beklommen. Wilhelmines Gesichtsausdruck ist düster.

„Ich denke an meinen Bruder. Er hätte Ihnen sicher

sehr abgeraten, sich so in die Hände des Königs zu geben. Ihn werden Sie zum Beispiel künftig fragen müssen, wenn Sie verreisen wollen, und wenn er Ihnen keinen Regimentsurlaub gewährt, müssen Sie Ihre Reisepläne in den Wind schreiben. Doch nun ist es geschehen und der König lacht sich ins Fäustchen."

Es ist tatsächlich so. Insgeheim hält Friedrich Wilhelm den sanften, friedfertigen, stets höflichen Schwiegersohn in spe für einen gutmütigen Einfaltspinsel. Doch belehrt ihn ein Vorfall kurze Zeit später eines anderen.

In des Königs Tabakskollegium entspann sich eines Abends zwischen dem Markgrafen von Ansbach, der bekanntlich mit Wilhelmines Schwester Friederike verheiratet war, und dem Erbprinzen von Bayreuth ein Streit. Der Ansbacher deutete an, daß die kürzlich verstorbene Mutter des Erbprinzen mit einem Stallburschen ein Verhältnis gehabt hätte. Sie war als junge Frau von ihrem Mann wegen ihrer anormalen Extravaganzen und Verschwendungssucht — Folgen einer geistigen Störung — auf eine Festung verbannt worden, die auf Ansbacher Gebiet lag.

Die anmaßend freche Bemerkung des Spötters ließ den Bayreuther auffahren und sich auf den Ansbacher stürzen. Nur das Dazwischentreten der übrigen Herren verhinderte eine handgreifliche Auseinandersetzung, doch der Erbprinz drohte lautstark, er werde die Verleumdung seiner Mutter blutig rächen.

Am nächsten Morgen schickte er dem Ansbacher die Forderung. Doch der Markgraf nahm sie nicht zur Kenntnis. Vergebens versuchten Grumbkow und die anderen Herren in diesem Streit zu vermitteln, der Erbprinz bestand auf Satisfaktion. Wilhelmine wußte von all dem nichts, bis sie ihre Schwester Friederike persönlich aufklärte. Sie umarmte Wilhelmine und bat sie für das Benehmen ihres Mannes um Verzeihung.

„Er hat natürlich Unrecht. Wie konnte er nur so boshaft und taktlos sein!"

Wilhelmine versicherte ihr, daß der Streit der Männer ihrer beider Freundschaft nicht stören werde, und nahm sich vor, dem Ansbacher, der täglich neben ihr zu Tische saß, selbst ins Gewissen zu reden.

Und das tat sie auch. Friederike mischte sich ein, half ihr und beschimpfte ihren Gatten. Ein Wort gab das andere, bis der Erbprinz herantrat. Wilhelmine schildert den Verlauf dieses Streites weiter:

„ ,Kommen Sie endlich', sagte der Erbprinz, ,unseren Streit zu schlichten. Hier müssen Handlungen und keine Worte entscheiden!' Der arme Ansbacher stand ganz betroffen. ,So kommen Sie doch', wiederholte der Erbprinz, ,sich zu schlagen. Oder ich werfe Sie in den Kamin, wo Sie nach Belieben rösten können!'

Diese Drohung schreckte seinen Gegner so sehr, daß er bitterlich zu weinen anfing, was eine sehr tragikomische Situation herbeiführte. Alle, die zugegen waren, brachen in lautes Gelächter aus. Der Ansbacher aber floh in seinem Schrecken in das Audienzzimmer der Königin und verbarg sich hinter einem Vorhang. Die Herzogin (Tante des Ansbachers) *tröstete ihn wie eine Amme, aber er ließ sich nicht beschwichtigen und wagte sich erst wieder hervor, als man ihm meldete, sein Gegner sei gegangen...*

Die Angst vor dem Geröstetwerden bewog ihn, daß er sich bei dem Erbprinzen in aller Form entschuldigte. Der Erbprinz nahm die Entschuldigung an, und seitdem hatten die beiden Schwäger, deren Fürstentümer aneinander grenzen, keine persönlichen Zerwürfnisse mehr..."

Abgesehen davon bewirkte diese Episode, daß man den gutmütigen Bräutigam jetzt bei Hofe mit anderen Augen sah. Offensichtlich hatte auch seine Geduld Grenzen — man behandelte ihn künftig mit mehr Respekt.

Schon beginnt man in Wusterhausen die Zelte abzubrechen — und das im wörtlichen Sinn, denn der König speist mit seiner Familie und seinem Gefolge gern in einem im Schloßhof rasch aufgebauten Zelt —, da werden Wilhelmine zwei Mädchen gemeldet, die die Sonsfeld unter Tränen um eine Audienz bei der Prinzessin gebeten haben.

Die eine Besucherin ist ein dralles, apfelbäckiges, flachshaariges Kind der Mark mit wasserhellen Augen, die andere eine dunkeläugige und dunkelhaarige kleine Dorfschönheit, die als erste spricht:

„Königliche Hoheit erlauben uns bitte, Sie mit unserem Anliegen zu behelligen." Das Mädchen stottert zwar nicht, doch in ihren Augen stehen vor Angst und Aufregung Tränen.

„Spreche Sie nur tapfer, wir sind ein wenig in Eile", ermuntert Wilhelmine. Und nun berichtet die Dunkelhaarige in einem drolligen Dialekt, daß sie schon einige Jahre die Braut des Jakob Kniebusch sei und die Prinzessin von Herzen bitte, beim König ein gutes Wort für sie und den Jakob einzulegen, damit sie die Heiratserlaubnis bekämen. Wilhelmine weiß, daß es der König wenig schätzt, wenn Angehörige seiner Leibgarde verheiratet sind, im Gegensatz zu den gemeinen Soldaten, von denen er erwartet, daß sie in einer Ehe fleißig Nachkommenschaft zeugen, die der König zum Aufbau seines Landes ja dringend braucht. Bei seinen Leibgardisten ist er jedoch der Überzeugung, die Sorge um Weib und Kind schwäche die Kampfkraft der langen Kerls. Also sagt sie der jungen Salzburgerin zwar, daß sie sich gern für ihren begreiflichen Wunsch einsetzen werde, doch bezweifle sie den Erfolg. Und sie erklärt der Kleinen die Gründe. Unbehaglich fürchtet sie, daß die Salzburgerin nun in Tränen ausbrechen werde, aber sie strafft sich und schiebt jetzt das andere Mädchen vor. Das beginnt zu stottern, und nur mühsam kann Wilhelmine erraten, was die Bittstellerin eigentlich will:

Sie möchte nur wissen, wie es dem Kronprinzen gehe.

„War Sie seine Geliebte?" fragt Wilhelmine kurz. Die Apfelbäckige wird über und über rot, stottert etwas, daß sie nicht gewußt hätte, wer der Junker gewesen sei, den sie geliebt habe. Erst später habe es ihr die Lammwirtin verraten.

„Um Gottes willen", denkt Wilhelmine, „sie hat doch nicht etwa ein Kind von Friedrich? Das fehlte gerade noch!"

„Hat Sie mir Folgen zu melden, Jungfer?" fragt sie und setzt, damit das Mädchen sie versteht, barsch hinzu: „Hat Ihr der Kronprinz etwa ein Kind gemacht?"...

Zu Wilhelmines grenzenloser Erleichterung schüttelt das Mädchen energisch den Kopf. Sie hätte nur von dem schweren Schicksal des Junkers erfahren und möchte nur wissen, ob er gesund sei und wie es ihm gehe.

„Wie heißt Sie denn?" fragt Wilhelmine, „damit ich meinem Bruder von Ihr Grüße bestellen kann."

„Wilma", sagt das Mädchen, das längst schon eine junge Frau geworden ist, schnell, „aber der Herr wird gar nicht mehr wissen, wer ich bin."

Doch da täuscht sich Wilma. Als Friedrich von Wilhelmine ihre Grüße bestellt bekommt, übersendet er ihr eine silberne Tabatière mit seinem eingravierten Monogramm...

Zehntes Kapitel

Versöhnung zwischen Vater und Sohn

Nun ist man wieder in Berlin. Gleich am zweiten Tag ihrer Ankunft erhält der Erbprinz seine Versetzung nach Pasewalk, um dort sein Regiment „auf Vordermann" zu bringen.

„Sehen Sie", klagt Wilhelmine, „das haben Sie nun davon, des Königs stolzer Offizier zu sein. Wir werden auf Monate getrennt sein. Denn sicher dürfen Sie hier erst zur Hochzeit wieder erscheinen."

Der Erbprinz ist kleinlaut. Bedrückt fragt er Grumbkow, wie lange er wohl in Pasewalk bleiben müsse. Grumbkow weicht aus und erklärt, je früher des Erbprinzen Regiment wieder in Ordnung sei, desto eher könne er mit Urlaub rechnen. Fast tut ihm der junge Mann leid, der recht geknickt davon geht, doch gehört diese Versetzung zu seinem, Grumbkows, wohlausgeklügelten Plan. Und er hat die Genugtuung, daß die Königin, wie erhofft, Wilhelmine gegenüber freundlicher wird. Da der Zankapfel, der arme Erbprinz, aus dem Weg ist, gestattet sie der Tochter huldvoll, wieder an ihrer Tafel zu speisen — freilich nicht ohne ihr immer wieder unter die Nase zu reiben, wie dumm sie war, in diese „Bettelhochzeit" einzuwilligen.

„Rechnen Sie nicht mit meiner Unterstützung. Ich werde Sie enterben, meine Liebe. Und daß der König es mit der Ihnen so großzügig versprochenen Unterstützung wirklich ernst meint — das glauben Sie doch wohl selbst nicht. Das Fürstentum Bayreuth ist nicht mehr wert als ein einziges Rittergut in Preußen, und verschuldet ist es obendrein."

Wilhelmine hütet sich, der Mutter zu verraten, daß

der König dem Bayreuther Markgrafen 260.000 Gulden Kredit zur Unterstützung zugesagt hat, womit er wohl seine Schulden würde bezahlen können.

Am Abend vor ihrer Hochzeit — der Bräutigam war tatsächlich eben erst aus Pasewalk eingetroffen — wird Wilhelmine zum König gerufen. Sie trifft eine feierliche Versammlung an. Der König erklärt ihr, daß sie nunmehr, wie alle preußischen Prinzessinen, den Allodialgütern (Besitztümer des Königshauses) feierlich zu entsagen hätte. Man liest die Eidesformel vor und sie muß sie mit dem Zusatz „So wahr mir Gott helfe" nachsprechen. Von dieser feierlichen Gepflogenheit hat sie schon gewußt, was aber anschließend kommt, das überrascht sie. Ihr wird ein Artikel vorgelesen, in dem die Rede davon ist, daß sie auf ihr gesamtes mütterliches Vermögen verzichtet, falls die Königin ohne ein Testament zu machen sterbe.

Wilhelmine stutzt, sieht den Vater hilfesuchend an, doch der meint nur kurz:

„Du mußt dich dem unterwerfen, liebe Tochter, deine Schwestern tun es auch. Es ist nur eine Förmlichkeit. Deine Mutter kann ja jederzeit ein Testament machen."

Da weiß Wilhelmine, daß die Mama ihre Drohung mit der Enterbung ernst meinte. Doch das kümmert sie im Augenblick wenig — ihre Hochzeit steht vor der Tür und damit der Eintritt in ein neues, glücklicheres Leben.

Es gelingt ihr, mit Hilfe Jakob Kniebuschs, den Erbprinzen unter vier Augen zu sprechen. Er ist mager geworden, doch guter Laune. Eben hat ihn der König überaus freundlich gelobt — er hätte sein neues Regiment zu aller Zufriedenheit und Anerkennung aufgebaut und dafür danke er ihm. Und eine Auszeichnung kündigte er ihm auch an.

Wilhelmine erkennt, daß ihrem Verlobten die Trennungszeit wohl nicht allzu schwer gefallen ist —

jedenfalls nicht so schwer wie ihr. Sie schmollt ein bißchen, doch läßt sie sich von ihm anschließend herzen und küssen. Kniebusch hält vor der Tür des Kabinetts Wache, und Wilhelmine erinnert sich vage an das Keithsche Gartenhaus, an die schöne Orszelska, mit der Friedrich angeblich immer noch in Kontakt ist. Was hat sich seitdem alles ereignet!

Die Liebenden verbringen eine selige halbe Stunde, dann muß sich Wilhelmine verabschieden, die Sonsfeld wartet schon im Audienzzimmer auf sie...

Der Hochzeitstag, der 20. November, ein trüber, naßkalter Spätherbsttag, dämmert. Wilhelmine hat eine schlaflose Nacht hinter sich, sieht blaß und müde aus, doch die Sonsfeld verhilft ihr mit Puder und Schminke geschickt zu einem blühenden Aussehen.

Die Mutter empfängt sie mürrisch — vermutlich hatte auch sie eine unruhige Nacht —, doch dann beteiligt sie sich nach altem Brauch bei der Schmückung der Braut. Wilhelmine erzählt von ihrem Hochzeitskleid:

„Es war aus silbernem Brokat, mit Goldfäden durchwebt, die Schleppe war vier Meter lang. Ich trug eine kostbare Brillantenkrone, die so schwer war, daß ich den Kopf nicht gerade halten konnte..."

In einem der schönsten Prunksäle des Schlosses wird das Brautpaar eingesegnet. Im selben Augenblick dröhnen draußen drei Kanonensalven — das erschien dem Soldatenkönig passender als simples Glockengeläute.

Der gesamte Adel ist geladen, doch eine echte Prunkhochzeit, die mehrere Tage dauert, wird diese Hochzeit nicht. „Das ersparte Geld bekommen Sie, liebe Tochter", hatte der König versichert.

Nach der Zeremonie sitzt die Braut mit der Königin unter dem Thronhimmel. Sophie Dorothea ist auffallend freundlich, Wilhelmine reserviert — schließlich hat sie die Enterbung noch nicht vergessen. Plötzlich sagt die Königin:

„Sie machen eine gute Figur, liebe Tochter, meinen Respekt." Wilhelmine weiß nicht, was die Bemerkung soll, doch da setzt die Königin schon fort: „Hätte man mir zugemutet, was ich Ihnen gestern zumutete, ich säße nicht so beherrscht da wie Sie. Aber noch ist ja nicht aller Tage abend — vielleicht bessern Sie sich. Dann werde ich Sie auch in meinem Testament bedenken."

Wilhelmine muß sich wirklich alle Mühe geben, „eine gute Figur" zu machen, sie ist zum Umfallen müde, der Körper fordert nach der schlaflosen Nacht sein Recht, der zu eng geschnürte Rokokoschnürleib gibt ihr kaum Luft zum Atmen. In den vielen riesigen Silberleuchtern flackern billige Altarkerzen, die zusätzlich Sauerstoff verbrauchen und zum Husten reizen.

Der frostige Tag verbietet ein Lüften — kurz, Wilhelmine glaubt sich ständig einer Ohnmacht nahe. Ihr junger Gemahl merkt es und leidet mit ihr, wünscht ein Ende der Festlichkeit. Während des Tanzens fühlt sich die inzwischen von ihrer schweren Hochzeitsgarderobe mit dem überdimensionalen Prunkreifrock befreite Braut etwas leichter. Sie tanzt streng nach der Etikette mit allen ihr vorgeschriebenen Tänzern, auch der Herr von Weissenfels kommt an die Reihe.

Betrübt sagt er: „Ach, Hoheit, es ist noch gar nicht so lange her, da hatte ich die Hoffnung, als Bräutigam an Ihrer Seite so einen Ehrentag zu begehen. Nun haben Sie zu meinem großen Leidwesen einem anderen Ihre zarte Hand gereicht."

Wilhelmine, die Spottdrossel, wie sie Friedrich oft nannte, lacht: „Seien Sie deshalb nicht betrübt, mein Herr, Sie kennen die Krallen dieser zarten Hand zu wenig."

Der dickliche Kavalier lächelt gequält und denkt an seine zahllosen Bemühungen um eben diese Hand, selbst

August der Starke hatte sich für ihn stark gemacht. Herr von Weissenfels war auch der Heiratsfavorit Grumbkows gewesen, der ihn allerdings letztendlich wie eine heiße Kartoffel fallen ließ, als er merkte, daß der Weissenfelser keine Chancen hatte.

„C' est la vie", seufzt er trübe, so ist das Leben, und läßt seine lange Nase hängen.

Und der Markgraf von Schwedt, auch ein Heiratskandidat, sagt mit süffisantem Lächeln zum Bräutigam:

„Ich fürchte, mein Lieber, Sie haben sich ein Brautbett aus Nesseln eingehandelt, und die Braut darin ist eine stachelige Distel."

Der Erbprinz lacht gutmütig:

„Mein Lieber, Sie erinnern mich an den schlauen Fuchs, dem die Trauben zu sauer sind, weil er sie nicht erreichen kann. Meine holde Distel blüht heute schöner als eine Rose."

Und so ist es. Sie trägt ihren Beinamen „die schöne Wilhelmine" nicht umsonst.

Bald erkennt Wilhelmine den Grund für die unverhoffte Freundlichkeit der Mama. Sie erwähnt ihn in ihren Memoiren. Die Mutter verlangt von ihr allen Ernstes, nicht zuzulassen, daß die Ehe heute nacht vollzogen wird.

„Sie müssen wie eine Schwester mit Ihrem Gatten leben, dann ist es einfach, die Ehe wieder aufzulösen. Ich habe sehr interessante Meldungen vom englischen Hof. Man ist dort sehr enttäuscht von Ihrer so hastig betriebenen Heirat."

Wilhelmine ist zu müde, um sich aufzuregen. Sie läßt sich von der Mutter — wie es der Brauch und die Etikette vorschreiben — das Nachthemd reichen. Die schwere, üppige Stickerei drückt auf der Haut. Dann endlich kann sie ihren Bräutigam empfangen. (Schon bald wird sich herausstellen, daß sie der Weisung ihrer Mutter keinesfalls folgte.)

Trotz der trüben düsteren Novembertage ist in Wilhelmine alles licht und hell. Sie hält sich an keine Etikette mehr, verbringt die nächsten Tage mit ihrem Mann allein in der Suite, die man ihnen zugewiesen hat. Das junge Paar zeigt sich nur in der Tafelrunde und sitzt dann nebeneinander, obgleich es die Etikette anders verlangt. Sie speisen abwechselnd beim König und bei der Königin. Die wirft der Tochter beredte, fragende Blicke zu, die Wilhelmine lächelnd erwidert, als wollte sie sagen: Es ist alles in Ordnung, Mama, wir leben wie von dir gewünscht als Bruder und Schwester. Zu einer direkten Frage der Königin läßt es die Tochter nicht kommen. Sie weicht ihr mit List und Geschick aus.

Während des Abschlußballes der Hochzeitsfestlichkeiten steht Wilhelmine noch eine besondere Freude und Überraschung bevor. Grumbkow zeigt sich ihr gegenüber von ausgesuchter Liebenswürdigkeit. Gerade tanzt sie mit ihm, da unterbricht er das Menuett und sagt — so berichtet es Wilhelmine:

„Mein Gott, Königliche Hoheit, sehen Sie nur! Umarmen Sie ihn doch, sehen Sie denn nicht, wer dort steht?"

Es ist der Kronprinz, der in der Nähe des Vaters an einer Säule lehnt und in das Tanzgewoge blickt. Wilhelmine läuft zu ihm, fällt ihm mit einem Freudenschrei in die Arme. Er hält sie umfangen, beide weinen.

Die Musik hat ausgesetzt, alles ist gerührt, auch der König wischt sich die Augen. Da stürzt ihm Wilhelmine in spontaner Dankbarkeit zu Füßen. Er hebt sie auf und legt den Arm um sie, mit dem anderen winkt er den Sohn heran. So stehen alle drei, und die Ballgäste sind gerührt, einer nach dem andern greift verstohlen nach seinem Schnupftuch...

Friedrich reiste einige Tage später wieder ab, um seinen Dienst in Neu-Ruppin anzutreten, er war und fühlte sich auch rehabilitiert. Der Schwester sagte er, er werde sich des neugewonnenen Vertrauens des Königs würdig erweisen.

Mit der Mutter hatte er nur das Nötigste gesprochen — sie war darüber wütend und traurig zugleich. Doch Friedrich wußte schon, was er tat. Grumbkow, der sich seit der Tragödie mit Katte als Friedrichs Freund erwies — er war es auch, der Friedrich in Küstrin großzügig mit Geld aus Österreich unterstützte —, hatte ihn gewarnt, sich auf ein Gespräch mit der Mutter einzulassen. Sie verfolge noch immer die englischen Heiratspläne und wolle ihn nach wie vor mit der englischen Prinzessin Amalie verheiraten. Dazu aber hatte Friedrich keine Lust mehr. Ihm erging es wie Wilhelmine: Er war froh, dem preußischen Hof mit seinen Intrigen entrinnen zu können. Auch dies verdankte er übrigens Grumbkow.

Den Gesinnungswandel des Ministers allerdings konnte der Kronprinz sich nicht erklären. Was hatte seinen geschworenen Feind bewogen, ihn nun derart zu forcieren und zu unterstützen? Grumbkow hätte es ihm sagen können. Er, der im Kronprinzen bisher wie der König ein verweichlichtes Herrchen nach französischem Muster gesehen hatte — Friedrich sprach außer mit dem König zum Beispiel grundsätzlich nur französisch —, erkannte während der Küstriner Tragödie, daß in diesem jungen Menschen mehr steckte als romantische Gefühlsduselei und eklatanter Widerspruchsgeist, nämlich ein starker, kluger Wille und ungeheuer viel Mut. Grumbkow war zu intelligent, die gegen ihn persönlich gerichteten Ausfälle des Kronprinzen ernst zu nehmen. Ernst nahm er jedoch einen Vorgang, der ihn endgültig auf die Seite Friedrichs zog.

Er hatte dem Kronprinzen einen Befehl des Königs in die Festung Küstrin zu überbringen, den Grumbkow allerdings in Form einer Bitte vortrug. Der König verlangte, der Kronprinz solle seine Rechte als Thronfolger an seinen jüngeren Bruder Heinrich abtreten. Friedrich aber antwortete ruhig:

„*Herr Minister, sagen Sie dem König, ich nehme den Vorschlag an, wenn er erklärt, daß ich nicht sein leiblicher Sohn sei.*"

Diese kühle, stolze Reaktion des Königssohnes brachte ihm nunmehr die Freundschaft seines ehemals härtesten Widersachers ein...

Zugleich mit Friedrich mußte auch der Erbprinz abreisen. Er hatte seinem Regiment noch den „letzten Schliff" beizubringen.

Wilhelmine nahm von ihm tränenreichen Abschied — der Erbprinz sah es gerührt.

Auf dem Weg zurück ins Schloß begegnete ihr Jakob Kniebusch, und da erinnerte sie sich an seine hübsche Braut, die sie im Trubel der Ereignisse ganz vergessen hatte. Sie erbat eine Audienz beim König und setzte sich für das junge Paar ein. Doch der König, nach einem langen Tabakkollegium — des Erbprinzen Abreise mußte doch gefeiert werden — schlecht gelaunt, wehrte mürrisch ab:

„Der Kniebusch braucht keine Frau. Er hat ja seinen Dienst. Weiber machen nur Ärger. Er soll froh sein, daß ich ihn davor bewahre."

Vermutlich trug der König der hübschen Salzburgerin die Sache mit dem Häubchen immer noch nach.

Wilhelmine, nun erfahren in der Liebe, tat das Mädchen von Herzen leid, und sie sann weiter nach einem Ausweg. Der aber zeigte sich erst einige Wochen später auf beinahe schicksalhafte Weise.

Wilhelmine wurde eines Nachts durch Getöse aus dem Schlaf geweckt. Dicker Rauchqualm drang ihr auf dem Gang entgegen: Es brannte im Schloß. Geistesgegenwärtig blieb sie in ihrem Zimmer und hörte, wie im Gang und nebenan eifrig gelöscht wurde. Als sie sich endlich hinauswagte, begegnete ihr Jakob Kniebusch mit schwarzem Gesicht. Das Feuer war gelöscht.

„Königliche Hoheit", stammelte er, „Sie sind noch hier? Oh, kommen Sie, kommen Sie!"

Da kam Wilhelmine die Erleuchtung. Sie tat, als fiele sie in Ohnmacht, und ließ sich von Jakob ins Freie tragen. Gerührt dankte sie dort ihrem tapferen Lebensretter. Natürlich machte die Geschichte schnell die Runde. Wilhelmine wurde zum König befohlen und erzählte ihm matt, daß sie nur Jakob Kniebusch ihr Leben verdanke. Zum Glück forschte der König nicht weiter und genehmigte dem Jakob zwar nicht die Heirat, doch erfüllte er — noch unter dem Schock des Ereignisses — der Tochter die Bitte, ihren Lebensretter nach Bayreuth mitzunehmen.

„Ich verschaffe Ihnen aus Bayreuth einen Ersatz für ihn, Papa, das verspreche ich Ihnen."

(Dieses Versprechen sollte ihr allerdings später großen Ärger einbringen.)

Wilhelmine bereitet in diesen Wochen eifrig ihre Übersiedlung nach Bayreuth vor, sie soll am 10. Januar vor sich gehen. Merkwürdig findet sie es, daß Grumbkow, zu dem sie inzwischen Vertrauen gefaßt hat, immer wieder in sie dringt, doch des Königs Angebot anzunehmen und in der Heimat zu bleiben.

„Der König würde Ihnen eines seiner Schlösser zu Ihrer alleinigen Verfügung überlassen. Bedenken Sie, Königliche Hoheit, Bayreuth ist nur Provinz und Ihr Herr Gemahl noch kein Souverän. Sie müßten sich dort den Wünschen des Schwiegervaters, des Markgrafen, fügen."

„Ach, Grumbkow, und hier muß ich mich den Wünschen von König und Königin fügen."

„Nun, das Schloß könnte ja in einiger Entfernung gewählt werden."

„Ach", sagt Wilhelmine da im Scherz, „da käme aber nur Monbijou in Frage. Ja, für Monbijou könnte ich vielleicht Bayreuth vergessen. Monbijou wird mir fehlen, mein Lieber. Dort verlebte ich die einzigen wirklich schönen Tage meiner Kindheit."

„Sind Sie da nicht ein wenig ungerecht, Hoheit? Ist nicht auch Charlottenburg mit seinen rauschenden Festen eine freundliche Erinnerung wert? Erinnern Sie sich noch an den Besuch des Zaren von Rußland?"

Aber ja, sie erinnert sich, wenn sie auch damals noch ein Kind war. Sie erinnert sich an den großen, düster wirkenden Zar Peter in seiner merkwürdigen Matrosenuniform, an seine dicke kleine Frau, an den Ärger der Mama, weil die Russen auf Monbijou, das man ihnen großzügig als Quartier überlassen hatte, soviel Schaden angerichtet hatten. Mamas entsetzter Schrei „Aber das sind ja Barbaren, diese Russen!" klingt ihr noch im Ohr. Der Zar hatte sie, Wilhelmine, hochgehoben und geküßt, während sie ängstlich aus seinen Armen und von seinem bärtigen Gesicht wegstrebte. Ja, die glanzvollen Feste zu Ehren des Zaren waren wohl ein Erinnern wert...

Am Abend dieses Tages befiehlt sie die Mutter zu sich. Wilhelmine erforscht ihr Gewissen, was sie wohl wieder angestellt hat, findet aber nichts. Ängstlich tritt sie ein und erschrickt, weil die Mutter allein ist; das bedeutet nichts Gutes. Und da stößt schon die Königin auf sie zu:

„Sie sind eine unglaubliche Kanaille — ich bin außer mir!"
Und das sieht man ihr an.

„Aber Mama!" ruft Wilhelmine fassungslos.

„Ich bin nicht mehr Ihre Mama! Sie wagen es, mir Monbijou wegnehmen zu wollen? Stecken sich hinter diese Kanaille von Grumbkow, stellen sich offen gegen mich, Ihre eigene Mutter? Oh, ich weiß auch, warum. Weil Sie Ihre Enterbung nicht ertragen können, weil Sie sich an mir rächen wollen, sich mit Monbijou einen Ersatz schaffen wollen. Aber, und das schwöre ich Ihnen, es wird Ihnen nicht gelingen, niemals. Ich — "

„Mama!" schreit nun auch Wilhelmine, „Sie irren sich. Das war von mir nur eine scherzhafte Bemerkung — Minister Grumbkow ist mein Zeuge."

„Ja, der Zeuge dafür, daß er nichts unversucht lassen wird, mir mein Eigentum zu nehmen — in Ihrem und des Königs Auftrag!"

Um Wilhelmine beginnt sich alles zu drehen. Sie spürt, sie ist einer Ohnmacht nahe und tut das, was sie noch nie zu tun gewagt hat, sie dreht sich einfach um und verläßt die Königin.

„Bleiben Sie", schreit diese, „ich habe Sie nicht entlassen, Sie unverschämte Person!"

Doch Wilhelmine geht weiter und hat das schreckliche Gefühl, für immer von ihrer Mutter fortzugehen. In ihrem Zimmer fällt sie in Ohnmacht.

Die treue Sonsfeld unterrichtet Grumbkow von dem Vorfall, von Wilhelmines Ohnmacht und daß die Prinzessin ihrer Meinung nach schwanger sei. „Und die Königin ist immer noch außer sich — was soll man nur tun?"

Grumbkow erbittet am nächsten Tag eine Audienz bei der Königin. Sie empfängt ihn eisig.

„Fassen Sie sich kurz, Grumbkow. Die Dinge liegen völlig klar zu Tage."

„Wie klar, Majestät?" fragt Grumbkow mit seinem überlegenen Lächeln.

„Man will mir Monbijou streitig machen. Und wie ich Sie kenne, Grumbkow, werden Sie einen rechtlichen Grund finden, auch zum Ziel zu kommen. Etwa unbotmäßiges Benehmen im Zusammenhang mit meinen Englandplänen? Ich traue Ihnen sogar zu, daß Sie mir Hochverrat in die Schuhe schieben."

„Dann müßte ich so vorgehen, wie es Majestät eben

tun, aus einem harmlosen Gespräch eine Staatsaffäre konstruieren. Glauben Sie mir, Majestät, der einzige Wunsch der Erbprinzessin von Bayreuth ist, diesen Hof so schnell als möglich zu verlassen. Und die gestrige Begebenheit hat diesen Wunsch sicher noch verstärkt."

„Der Auftritt der Erbprinzessin gestern", ruft Sophie Dorothea, „war tatsächlich der Höhepunkt ihrer Unverschämtheiten. Sie hat mich gestern einfach wie einen Lakai stehen lassen — ohne zu warten, daß ich sie entlasse."

„Um Ihnen den Anblick ihrer Ohnmacht zu ersparen."

„Ja, darin hat sie Übung, ich weiß das."

„Es war eine echte Ohnmacht, denn der Medikus bestätigte, daß die Erbprinzessin schwanger ist."

Das gerötete Gesicht der Königin verfärbt sich, sie wird blaß.

„Was sagen Sie da? Das ist doch Unsinn!"

„Der Medikus zweifelt nicht an der Schwangerschaft", erwidert Grumbkow sanft und denkt dabei: „Das tut er aber leider. Hoffentlich hat Madame Meermann recht, und es ist wirklich eine Schwangerschaft. Doch schließlich hat sie in dieser Beziehung mehr Erfahrung als der verknöcherte Medikus." Laut setzt Grumbkow hinzu: „Nun werden Majestät verstehen, daß die Erbprinzessin einen Grund hatte, sich ohne Erlaubnis Ihrer Majestät zurückzuziehen. Darf ich dies nun auch meinerseits tun?"

Die Königin winkt müde ab.

„Gehen Sie, Herr Minister. Und kein Wort zum König!"

Grumbkows Verbeugung ist knapp, sehr knapp, doch die Königin achtet nicht darauf. Sie läßt sich in einen Sessel fallen und schlägt die Hände vors Gesicht. Und Grumbkow erreicht, was er mit diesem Auftritt bezweckte: Die Königin erkennt, daß ihre ehrgeizigen Heiratspläne nun wie ein Kartenhaus zusammengefallen sind, daß eine Annullierung von Wilhelmines Ehe nicht mehr möglich wäre. Mit dieser Erkenntnis aber läßt auch die schon in Hysterie ausgeartete Spannung und Hektik ihres krankhaften Ehrgeizes nach. Sie wird plötzlich ruhig. Es ist eine Ruhe, wie nach einem überaus langen und heftigen Sturm — eine Ruhe der Erschöpfung, die zugleich auch neue Kräfte anregt.

In der Königin beginnen sich allmählich die mütterlichen Instinkte zu regen. Wilhelmine wird ein Kind haben. Und es wird ihr Enkelkind sein, vielleicht so hübsch und liebenswürdig wie Wilhelmine als Kind war? Damals galt all ihre Liebe diesem reizenden Geschöpf, ihrem ersten Kind. Und lange Zeit war es so geblieben.

Sophie Dorothea denkt an die Vergangenheit, blickt auf das Bild an der Wand, das Wilhelmine und Friedrich als Kinder zeigt: Das kleine Mädchen steht in aufrechter Haltung, steif, in ein steifes Prunkkleid gezwängt, im hübschen Gesichtchen steht der Anflug eines Lächelns. Weil dieses Bild so wohlgeraten war, hatte sie, Sophie Dorothea, es kopieren und ihre eigene Person dazumalen lassen: eine stolze Mutter mit ihren Kindern...

Wie Grumbkow gehofft hat, ist Wilhelmine tatsächlich schwanger. Sie erbricht jeden Morgen, es ekelt sie vor den Speisen und nach der ersten Ohnmacht folgen weitere. Während einer solchen Ohnmacht besucht sie die Königin. Als Wilhelmine die Augen wieder aufschlägt, erkennt sie die Mutter, richtet sich auf, Tränen strömen aus ihren Augen, Tränen der Erleichterung: „O Mama! Daß Sie zu mir gekommen sind!" Und sie versucht — nach damaliger Sitte — sich ihr zu Füßen zu werfen.

Sophie Dorothea wehrt ab, sagt milde: „Wir wollen Frieden schließen, Wilhelmine. Es wäre unnatürlich, wenn Mutter und Tochter weiterhin Feindinnen blieben. Ich vergebe Ihnen, mögen Sie glücklich werden."

Grumbkows Bemühungen, das Erbprinzenpaar zu bewegen, in Preußen zu bleiben, haben auch den Grund, dem Pasewalker Regiment den Kommandeur zu erhalten. Friedrich von Bayreuth hat sich dort innerhalb dieses knappen halben Jahres viele Freunde gewonnen, fühlt sich auch wohl unter ihnen. Doch sind für ihn die Wünsche seiner jungen Frau ausschlaggebend. Das aber trägt ihm wieder einmal die königliche Rüge, ein „Jungfernknecht" zu sein, ein. Grumbkow wünscht in dieser Beziehung keine weiteren Schwierigkeiten und vertröstet den König auf später.

„Ich bin überzeugt", sagt der Schlaufuchs, „daß das junge Paar in absehbarer Zeit recht gern wieder hierher zurückkommen wird. Wer, wie ich, die Verhältnisse am Bayreuther Hof kennt, zweifelt nicht daran."

Der König läßt sich von Grumbkow überreden und gibt dem Erbprinzen Regimentsurlaub auf unbestimmte Zeit. Wilhelmine ist erleichtert.

Nun werden die Kammerwagen und Kutschen für die Reise nach Bayreuth vorbereitet und bepackt. Es sind bitterkalte Januartage. Der Erbprinz, sehr glücklich über die Aussicht, so bald Papa zu werden, hat bis zuletzt versucht, die Abreise wegen der Reisestrapazen hinauszuschieben.

Er jammert:

„Ich würde es mir ein Leben lang nicht verzeihen, wenn Ihnen auf dieser Reise etwas zustoßen würde. Allein die schreckliche Kälte!"

Wilhelmine lächelt:

„Mein Lieber, Sie haben eben keine Ahnung, auf welch preußische Art ich erzogen wurde. *Wir Kinder mußten im Winter täglich vier Stunden und länger in den ungeheizten Räumen der Königin ausharren, konnten uns nicht einmal ein bißchen Bewegung verschaffen.* Auf unserer Reise werde ich Pelze und Wärmflaschen haben — ach, und Sie an der Seite, der Sie mich wärmen können."

Zum Glück ist der 11. Januar gar nicht so bitterkalt, sondern regnerisch trüb, der Schnee ist zerronnen und sein schmutziger Rest liegt am Straßenrand.

Wilhelmine gelingt es, den Vater noch einmal unter vier Augen zu sehen. Sie bittet ihn unter Tränen um Vergebung für den Kummer, den sie ihm oft bereitet hat. Er umarmt sie, und auch ihm strömen die Tränen übers Gesicht.

„Sie sind die einzige, die ich wirklich von Herzen geliebt habe und auch weiterhin lieben werde", sagt er erstickt. „Sie sollen an mir immer eine Hilfe und Stütze haben."

In ihren Memoiren wird Wilhelmine schreiben:

„Der König war ganz offensichtlich tief gerührt und sein wortkarger Abschied war echt und ungeheuchelt."

Nun sitzt Wilhelmine im doppelten Pelzsack eng an den Erbprinzen geschmiegt in der Kutsche und der trübe Morgen hängt für sie voller Geigen. Das neue Leben nimmt seinen Anfang, ein neues, glückliches Leben hofft sie...

Elftes Kapitel

„Wichtig ist, daß wir beisammen sind."

Als Wilhelmine zum erstenmal das Bayreuther Schloß betrat, mußte sie an die geringschätzigen Worte der Mutter vom „Rittergut" und an Grumbkows Bemerkung von der „tiefsten Provinz" denken. Das Schloß war ein schöner, geräumiger Bau, machte aber im Innern einen unaussprechlichen düsteren, ja verwahrlosten Eindruck. In ihrem Zimmer waren die Tapeten zu undefinierbarer Farbe verblaßt, voller Risse und Flekken. Der Bettvorhang zerriß ihr unter den Händen. Aber sie machte gute Miene zum bösen Spiel und lachte den Erbprinzen an:

„Und wenn ich mit Ihnen in einer finsteren Höhle hausen müßte — das wichtigste ist, daß wir beisammen sind."

Und damit war es ihr Ernst. Schaudernd dachte sie daran, daß sie jetzt auch in einem preußischen Herrenhaus, einer „Landklitsche", sitzen könnte, von ihrem Gatten, dem Regimentskommandeur, höchstens alle acht oder vierzehn Tage auf ein paar Stunden besucht. Nein, Bayreuth war kein glänzendes Fürstentum, aber sie konnte hier mit ihrem Mann uneingeschränkt beisammensein, sie hatte ihren kleinen Hofstaat, bestehend aus der Hofmeisterin Fräulein von Sonsfeld, deren jüngerer Schwester Flora und deren Nichte Dorothea von Marwitz bei sich. Lisette hatte zu beider Betrübnis in Berlin bleiben müssen, doch zwei Kammermädchen wagte Wilhelmine nicht einzustellen. Für die hübsche Salzburgerin, Zenzia, wie das Mädchen nun genannt wurde, mußte sie ja eine Zofenstelle bereit halten. Die Kleine war ihr zu Füßen gefallen und hatte ihr überschwenglich gedankt, Jakob aber hatte sie mit jenem treu ergebenen Blick angesehen, den sie an ihm kannte. Und sie wußte, daß das Ehepaar Kniebusch — die beiden hatten mit ihrer Erlaubnis schon geheiratet — für sie durchs Feuer gehen würde. So eine Gewißheit tat wohl. Denn daß es in Bayreuth, mit der Hofclique um den Markgrafen, Schwierigkeiten geben würde, das merkte sie schon in den ersten Tagen. Sie spürte, daß sie außer dem Herrn von Voigt, den sie als Begleiter des Erbprinzen von Potsdam her schon kannte, wenige weitere Freunde aus der Umgebung des Markgrafen finden würde.

Zunächst jedoch zeigte sich der Markgraf von der symphatischen Seite. Schließlich war die Schwiegertochter nicht mit leeren Händen gekommen: Die 260.000 Taler wogen schwer. Mit der ratenweisen Rückzahlung brauchte er erst in zwei Jahren zu beginnen. Und wer weiß, dachte der Markgraf, vielleicht war dem Preußenkönig ein gesunder Enkel aus dem Bayreuther Stamm eine solche Summe wert, und man erließ ihm die Rückzahlung? Wie wenig kannte der Markgraf den Schwiegervater seines Sohnes!

„Liebling, was ist Ihnen?" rief der Erbprinz erschrocken, als Wilhelmine mitten in einem — übrigens höchst langweiligen — Gespräch in der Tafelrunde aufsprang und zur Tür lief. Er entschuldigte das Benehmen seiner Frau dem Vater gegenüber:

„Die Königliche Hoheit ist guter Hoffnung, Papa. Vermutlich ist ihr wieder schlecht geworden." Der Markgraf schüttelte den Kopf. Die Erbprinzessin schwanger? Aber sie war ja zaundürr — keine Spur einer an sich bei solchen Anlässen üblichen Rundung. Fräulein von Sonsfeld jedoch bekräftigte eifrig:

„Königliche Hoheit ist wirklich im vierten Monat gesegnet, aber sie erbricht so oft und sie kann kaum etwas essen, deshalb sieht sie so schlecht aus."

Gobelin-Saal, Neues Schloß Bayreuth

Auch jetzt hatte es Wilhelmine nur bis ins Audienzzimmer geschafft. Zenzia hielt ihr den Kopf und sie erbrach in eine der Schüsseln, die in allen Räumen als Spucknäpfe aufgestellt waren. Erschöpft lehnte sich Wilhelmine nun zurück, lächelte Zenzia trübe zu:

„Hoffentlich wird es dir mit deiner Schwangerschaft besser ergehen. Ach, Zenzia, es ist eine Zeit wie im Fegefeuer. Ich glaube nicht, daß ich das Kind werde austragen können."

Den letzten Satz hörte der Erbprinz, der ihr, sobald es halbwegs schicklich erschien, nachgelaufen war, und sie jetzt in die Arme nahm.

„Ich habe erreicht, Wilhelmine, daß Sie nicht mehr an der Hoftafel sitzen müssen. Wir beide werden nun allein zusammen essen. Sicher werden Sie dann auch mehr Appetit haben."

Nun speiste das Erbprinzenpaar zwar allein, aber Wilhelmines Zustand besserte sich nicht. Der Hofarzt schüttelte den Kopf und sagte zum werdenden Vater:

„Durchlaucht, die Sache ist ernst. Wie kann die Erbprinzessin ein Kind zur Welt bringen, wenn sie fast nichts zu sich nimmt? Mir ist so etwas noch nicht vorgekommen."

Solche Reden trugen nicht dazu bei, den Erbprinzen zu beruhigen. Das tat indessen Herr von Voigt, den Wilhelmine inzwischen zu ihrem Oberhofmeister ernannt hatte:

„Durchlaucht, das ist wirklich nicht bedrohlich. Meine Mutter erzählte oft, daß es ihr genauso ging wie Ihrer Gemahlin, als sie mich trug. Die Natur hilft sich schon. Wenn nur die Prinzessin zu trinken vermag. Man möge ihr Stärkungsmittel in die Getränke rühren, am besten das Gelbe vom Ei und reichlich Honig. Ich werde mir erlauben, ihr aus der eigenen Honigernte Waldhonig zuzuschicken. Der tut wahre Wunder."

Und Wilhelmine fühlte sich tatsächlich während dieser Kur ein wenig besser. Vielleicht auch, weil ihr eine besondere Freude beschert wurde: Der Erbprinz kündigte ihr an, daß ihr künftig ein kleines Schlößchen, die Eremitage, eine halbe Wegstunde von Bayreuth entfernt, frei zur Verfügung stünde. Der Vorgänger des Markgrafen hatte es sich aus einer spielerischen Laune heraus gebaut. Er dachte dabei, wie der Name schon besagte, an eine Art Einsiedelei, die aus einem größeren Saal, zwei Zimmern und acht Kammern, Mönchszellen gleich, bestand. Hierher flüchtete nun Wilhelmine, wenn sie Ruhe suchte, oft von den beiden Schwestern ihres Mannes begleitet. Sie spürte zwar die Eifersucht der beiden — schließlich war sie, die fremde Königliche Hoheit, nun die Favoritin des geliebten Bruders —, doch zeigten sich die Prinzessinnen — bis jetzt jedenfalls — Wilhelmine gegenüber ergeben und respektvoll. Ob das aufrichtig gemeint oder Heuchelei war, wußte Wilhelmine freilich nicht.

Die eine von ihnen, bildhübsch, wenn auch nicht sonderlich klug, klarer gesagt ausgesprochen dumm, nährte die heimliche Hoffnung, ins preußische Königshaus einzuheiraten — schließlich hatte Wilhelmine noch einen Bruder, den Kronprinzen, dessen Heirat mit der englischen Prinzessin Amalie ja ins Wasser gefallen war. Als die Bayreuther Prinzessin — übrigens eine Namensschwester Wilhelmines — mit der Zeit immer deutlicher wurde und die Schwägerin schließlich ungeniert bat, Kronprinz Friedrich gegenüber vermittelnd für sie einzutreten, hätte Wilhelmine am liebsten hellauf gelacht. Sie gab der Prinzessin jetzt zu verstehen, daß so eine Hoffnung völlig vergeblich sei, und sie gut daran täte, sie nicht weiter zu nähren. Wilhelmine schreibt dazu:

„Nun war die Prinzessin Wilhelmine sehr böse auf mich. Ihre Eifersucht traf nun mit ihrer Enttäuschung zusammen, und sie suchte sich an mir zu rächen..."

Wilhelmine stand mit ihrem Bruder Fritz in ständigem Briefwechsel. Es waren sehr ausführliche, lange Briefe, ähnlich wie sie sich die Geschwister damals in Berlin geschrieben hatten. Freilich nicht mehr in der Du-Form, denn die Kinderjahre waren ja nun vorbei. Beider Bildung hatte sich vertieft. Wilhelmine las viel. Ihre Intelligenz befähigte sie, sich mit anspruchsvoller philosophischer Literatur zu beschäftigen, und auch Friedrichs reger Geist konnte sich jetzt in Ruppin ganz seinen Studien widmen. Seine Anwesenheit zog Gelehrte und Wissenschaftler nach Ruppin, der Grafschaft, die ihm der König geschenkt hatte. Die Umgangssprache war Französisch, ebenso natürlich von Anfang an auch der Briefwechsel und die Umgangssprache mit Wilhelmine. Frankreich war führend in den europäischen Geisteswissenschaften.

In seinem letzten Brief hatte er geschrieben:

"Ich habe Ihnen sehr viel zu erzählen, liebe Schwester, doch sind das Dinge, die ich keinem Brief anvertrauen kann. Ich werde Ihnen deshalb einen Freund, Alexander, einen apanagierten Prinzen von Württemberg schicken, der Ihnen alles berichten wird..."

Und nun bereitet Wilhelmine alles Nötige für die Ankunft des prinzlichen Boten vor. Sie hofft, daß es ihr gesundheitlich einigermaßen gut gehen, daß ihr an der Tafel nicht übel werden wird, es keinen unvorhergesehenen Ärger mit dem Markgrafen gibt, der ihr immer öfter seine schlechte Laune offen zeigt. Wilhelmine hat sich über eine bösartige Äußerung des Herrn Schwiegervaters besonders geärgert. Nachdem er sich hatte überzeugen lassen müssen, daß seine magere Schwiegertochter tatsächlich schwanger war, sagte er in offener Gesellschaft boshaft lachend:

"Dann kann sie nichts anderes als ein Kaninchen hervorbringen — das hätte notfalls in ihrem Bauch noch

Platz." Der Erbprinz stellte den Vater später zwar zur Rede, doch der griff nach einem Stock, und wäre Wilhelmine nicht zufällig ins Zimmer getreten, hätte er wohl zugeschlagen.

Wilhelmines Sorgen sind also nicht unbegründet. Ist der Markgraf betrunken — und das ist er täglich — benimmt er sich ohne jede Hemmung. Wie dies aber auf einen prinzlichen Gast wirkt, läßt sich denken. Und Wilhelmine ist daran gelegen, den Bruder mit ihren Bayreuther Problemen nicht zu belasten. Das aber geschähe natürlich, wenn Alexander von Württemberg Zeuge so einer Szene würde.

Der junge Mann erscheint, von Wilhelmine erfreut empfangen. Nun aber macht sie einen Fehler. In der Meinung, dies sei ihr ureigenster, persönlicher Besuch, stellt sie ihn den Schwägerinnen nicht vor, bittet ihn vielmehr sofort in ihre Gemächer. Daß die Schwägerinnen inzwischen einen hysterischen Wutanfall bekommen — immerhin könnte es sich ja bei dem jungen Herrn um einen eventuellen späteren Heiratskandidaten handeln — ahnt sie nicht.

Alexander von Württemberg teilt ihr mit, daß ihr Bruder in großer Sorge sei. Der Vater verlange von ihm, sich mit einer braunschweigischen Prinzessin zu vermählen.

„Lesen Sie selbst, Königliche Hoheit." Und der Bote reicht ihr einen versiegelten Brief.

„Bis jetzt", schreibt Friedrich, *„habe ich ruhig in meiner Garnison gelebt. Meine Flöte, meine Bücher und ein paar anhängliche Freunde gestalteten mein Leben recht angenehm. Jetzt aber will man mich herausreißen, um mich mit einer Prinzessin zu vermählen, die ich gar nicht kenne; man zwang mir mein Jawort ab, das ich schweren Herzens gegeben habe. Soll denn die Tyrannei niemals ein Ende haben? Wenn doch meine teure Schwester bei mir wäre, ich würde dann alles in Geduld ertragen..."*

Wilhelmine treibt dieser Satz Tränen in die Augen. Sie spürt die Zuneigung des Bruders wie in früheren Tagen und sie hätte sich am liebsten aufgemacht, ihn zu besuchen. Doch dem schiebt eine simple Überlegung einen Riegel vor: Sie ist finanziell sehr schlecht gestellt — eine solche Reise kann sie sich aus gesundheitlichen und geldlichen Gründen einfach nicht leisten. Der Markgraf ist noch geiziger als König Friedrich Wilhelm, und die 2000 Taler Apanage, die ihr der Papa gewährt, reichen nicht hinten und vorn. Betrübt kann sie dem Botschafter nur sagen, daß Friedrich ihr vollstes Mitgefühl habe und sie alles versuchen werde, den Papa umzustimmen.

Prinz Alexander reist am nächsten Tag wieder ab — er wurde den Bayreuther Prinzessinnen, wenn auch verspätet, noch offiziell vorgestellt. Der Gast zeigte sich uninteressiert, sprach kaum zwei Worte mit ihnen und wandte sich wieder Wilhelmine zu.

Die Prinzessinnen beklagen sich nun bei ihrem Bruder und dem Vater bitter über Wilhelmines Überheblichkeit, ihren Stolz und behaupten, daß sie von ihr wie Mägde behandelt würden.

„Das glaube ich nicht", erwiderte der Erbprinz kurz. Beim Vater finden die Mädchen mehr Gehör. Er bestellt Wilhelmine zu sich und macht ihr in gröbster Form Vorwürfe. Sie ist empört, wehrt sich gegen die „Hirngespinste" der Schwägerinnen, ein Wort gibt das andere und dem Markgraf entfährt:

„Sie haben nichts als Unheil auf meinen Hof gebracht! Ich verwünsche Sie!" Die Sonsfeld funkelt den Betrunkenen an:

„Das werden Sie bereuen, Durchlaucht, bitter bereuen!" Und führt die schluchzende Erbprinzessin aus dem Salon.

Dann gibt es großen Kriegsrat im Zimmer des Erbprinzen. Auch er ist außer sich, der Oberhofmeister

Voigt und die anderen Gefolgsleute des Erbprinzenpaares ebenso.

Die Sonsfeld verlangt, daß unverzüglich der König in Berlin verständigt werde:

„Dies ist mehr, als man einer preußischen Prinzessin zumuten kann!"

Wilhelmine wehrt matt ab: „Er war betrunken, liebe Sonsfeld." Und ihre Schwester, Flora von Sonsfeld, pflichtet Wilhelmine bei. Der Erbprinz hingegen erklärt wütend:

„Wer zwingt ihn, sich täglich zu betrinken? Wo kommen wir hin, wenn wir seine Trunkenheit ständig als Entschuldigung nehmen müssen! Der Markgraf muß einen Denkzettel bekommen."

Über diesen Denkzettel wird nun beraten, bis die Sonsfeld eine Idee hat: „Wir streuen die Nachricht aus, daß eine Stafette an den König nach Berlin abgeht. Wir wollen sehen, wie der Markgraf darauf reagiert."

Und er reagiert schnell. Er erscheint sehr kleinlaut bei Wilhelmine, bittet sie, die Beleidigung zu vergessen und den König mit dieser „Bagatelle" nicht zu behelligen.

„Ich bin ein alter, müder Mann, Königliche Hoheit, und meine Nerven sind nicht mehr zum besten. Wenn Sie mir Verzeihung gewähren, werde ich mich Ihnen sehr erkenntlich zeigen."

Er zwingt seine Töchter, sich bei Wilhelmine feierlich zu entschuldigen. Sie versuchen jammernd ihre Hände zu küssen — sie läßt es schließlich zu, sagt leise zu ihnen:

„Bedenken Sie doch, meine Lieben, daß auch ich es hier nicht leicht habe, und versuchen Sie, mich ein wenig lieb zu haben. Dann wird von selbst alles wieder gut werden."

Bis zu Wilhelmines Niederkunft herrscht nun einigermaßen Friede im Schloß — auch deshalb, weil das

Erbprinzenpaar in die Eremitage übersiedelt ist. Sie nützen dazu die augenblicklich versöhnliche Haltung des Markgrafen aus, der anfangs damit gar nicht einverstanden war, aus Sorge über die vermehrten Kosten eines getrennten Haushaltes. Nun fügt er sich drein und steuert geldlich sogar etwas bei.

Wilhelmine könnte nun uneingeschränkt glücklich sein — wären da nicht die fast unerträglichen Beschwerden der Schwangerschaft. Ohnmachten und Erstickungsanfälle wechseln einander ab. Sie sieht in den Augen ihres Mannes die große Sorge vor ihrer Niederkunft, die wie ein Damoklesschwert über beiden hängt und seine Angst steigert die ihre.

In so einer Angstphase, während Wilhelmine nach einem heftigen Brechanfall halb ohnmächtig in den Armen ihres Mannes nach Luft ringt, sagt er:

„Liebste, wenn wir dies überstehen, wenn Sie Ihre Niederkunft gut überstehen, dann schwöre ich Ihnen, daß ich Sie nie wieder in so eine schreckliche Lage bringen werde."

Dieser Schwur fiel ihm leicht, rechnete er doch fest mit der Geburt eines Sohnes und damit wäre die Erbfolge ja gesichert gewesen.

Doch es wurde eine kleine Tochter, Friederike, die Wilhelmine unter großen Schmerzen und nach dreitägiger Qual zur Welt brachte. Es ging um Leben und Tod, und das Land bangte in diesen Tagen mit, denn die junge Mutter hatte sich längst die Sympathien ihrer Untertanen erworben.

Leider ging sofort nach der Geburt der beigelegte Familienstreit weiter. Der Markgraf behauptete, man hätte ihn von der Geburt seiner Enkelin zuallerletzt verständigt. Das stimmte sogar, doch nur, weil er eigensinnig erklärt hatte, *es brauche von der Eremitage nicht eigens eine Stafette abgesandt werden — man solle ihm die Geburt durch drei Kanonenschläge kund tun.* Das tat man auch. Doch ob er die nun überhörte oder sich nicht mehr an ihre Bedeutung erinnerte — jedenfalls mußte ihn erst Flora von Sonsfeld darauf aufmerksam machen, daß er Großvater geworden war. Dieses Fräulein Flora, nicht zu verwechseln mit ihrer älteren Schwester, Wilhelmines Hofmeisterin, genoß die Sympathien des eigentlich noch gar nicht so alten Markgrafen. Er stand im neunundvierzigsten Lebensjahr, als seine Enkelin zur Welt kam. Er zeigte also unverhohlen seinen Ärger über die angebliche Nichtachtung des Erbprinzenpaares, weigerte sich, dem kleinen Mädchen ein Taufgeschenk zu geben, und verkündete, daß sich ja nun die übergroße Zimperlichkeit der Schwiegertochter offen gezeigt habe — all ihrem Lamentieren zum Trotz habe sie ihr Kind wie andere Weiber auch zur Welt gebracht.

Bitter sagte Wilhelmine:

„Wahrscheinlich wäre es ihm lieber gewesen, wenn man statt einer Taufe ein Begräbnis hätte ausrichten können."

Entsetzt verwies ihr der Erbprinz solche Gedanken. Aber sie ihr ganz auszureden, gelang ihm nicht.

Und ein weiterer Schatten fällt auf das Mutterglück Wilhelmines: Aus Berlin kommt die Nachricht des Königs, daß sein Schwiegersohn, nun da die Niederkunft seiner Frau glücklich vorbei wäre, sich wieder unverzüglich bei seinem Pasewalker Regiment einzufinden hätte.

Wilhelmine kann es nicht fassen; sie bekommt einen Weinkrampf — hilflos muß der Erbprinz zusehen, wie ihr magerer, geschwächter Körper von Schluchzen geschüttelt wird. Er ist selbst zutiefst niedergeschlagen, nur der Markgraf tönt später:

„Was für ein Getue! Es geht Hunderttausenden Soldatenfrauen genauso. Und das will nun die Tochter des eisernen Preußenkönigs sein!"

Ein Glück, daß Wilhelmine von diesen Ausfälligkeiten nichts erfährt — sie wird von der Sonsfeld sorgfältig gegen die Umwelt abgeschirmt.

Der Erbprinz fährt ab. Wilhelmines einziger Trost ist ihre kleine Tochter Friederike, der sie unter so großen Beschwerden und Schmerzen das Leben gegeben hat. Doch die Sehnsucht nach Friedrich, ihrem Mann, wird immer größer. Vom anderen Friedrich, ihrem Bruder, kommt regelmäßig Post. Er scheint sich mit seinem Schicksal, die Braunschweiger Prinzessin Elisabeth Christine zu heiraten, abgefunden zu haben. Er versteht Wilhelmines Schmerz als Strohwitwe und verspricht ihr, daß er Abhilfe schaffen werde, denn der König sei ihm, da er so schnell in die Heirat eingewilligt habe, nun sehr gewogen.

Kurze Zeit später bekommt Wilhelmine eine Nachricht aus Berlin. Sie hatte den Vater gebeten, ihn — und damit auch den Erbprinzen — in Berlin besuchen zu dürfen. Er hatte zugesagt, doch der Schwiegervater verweigerte ihr das Reisegeld. Nun schreibt der Vater:

„Meine liebe Tochter, Ihr Brief ist mir richtig zugekommen und ich bedaure, daß man weiter fortfährt, Sie zu schikanieren und man Ihnen auch nicht das Reisegeld hierher bewilligen will. Ich habe Ihrem närrischen Schwiegervater meine Meinung gesagt, daß er Ihnen die Reisekosten bewilligt."

Und das geschieht tatsächlich, so daß Wilhelmine sich mit einem Gefolge — anders darf ja nach der strengen Etikette eine Königliche Hoheit nicht reisen — auf die Fahrt nach Berlin begibt. Die Vorfreude auf das Wiedersehen mit ihrem Mann beschwingt sie so, daß die Sonsfeld lächelnd sagt:

„Sie sehen so jung und glücklich aus, Königliche Hoheit. Wie wird sich der Erbprinz freuen!"

„Wenn ihn der König nur nicht schon nach Pasewalk geschickt hat, dann war alles umsonst", meint Wilhelmine trübe. Der Erbprinz hat ihr zwar geschrieben, daß er sie in Berlin sehnsüchtig erwarte, doch das war vor mehr als einer Woche.

Aber Wilhelmines Sorgen sind unbegründet — sie trifft ihren Mann im Berliner Schloß an und ist überglücklich.

Ihre Reise verdankt sie dem Umstand, daß sich Bruder Friedrich mit dem Vater in Charlottenburg treffen wollte und der Kronprinz den Wunsch geäußert hatte, bei dieser Gelegenheit auch die Schwester zu sehen.

Er begegnet ihr in Gegenwart der Mutter. Und Wilhelmine berichtet stolz, daß er sich fast ausschließlich nur mit ihr unterhalten hätte, was die Mutter mit spitzen, eifersüchtigen Bemerkungen quittiert hätte. In Gegenwart der Königin bittet Friedrich jetzt die Schwester sogar um eine Unterredung unter vier Augen. Das ist der Königin auch deshalb nicht angenehm, weil man dem Erbprinzenpaar ein feuchtes, ungemütliches Zimmer im Erdgeschoß des Schlosses zugewiesen hat. Was Friedrich auch sofort kritisiert.

„Ach, lassen Sie nur, Friedrich, hier sind wenigstens zwei Betten und ich kann mit meinem Mann zusammensein. Anfangs hatte man uns getrennte Zimmer zudiktiert." Wenn nun auch der Umgangston zwischen den Geschwistern der Etikette gemäß steifer und förmlicher geworden ist — ihre gegenseitige Zuneigung ist die gleiche geblieben.

Jetzt schüttet Friedrich der Schwester das Herz aus, klagt, daß auch er die Heirat mit der ungeliebten Prinzessin letztendlich der Mutter verdanke, weil sie wegen einer englischen Heirat mit London nach wie vor keine Ruhe gegeben und weiterhin Intrigen gesponnen hätte.

„Um diesen Intrigen ein Ende zu machen, hat der König meine Verlobung arrangiert. Und Mama will nun — genau wie bei Ihnen —, daß ich sie wieder löse."

„Und das wollen Sie nicht, Fritz? Aber wenn Ihre zukünftige Frau wirklich so häßlich und dumm ist wie Mama behauptet — wie werden Sie dann eine Ehe mit ihr ertragen?"
Friedrich senkt den Blick:
„Ich habe sie inzwischen gesehen, sie ist nicht häßlich — im Gegenteil. Ob sie dumm ist, weiß ich noch nicht. Aber mir ist jetzt sehr wichtig, die Gunst des Königs zu erhalten. Man wird sich arrangieren — die Prinzessin wirkt gutmütig und heiter — sie ist auch beliebt. Aber jetzt erzählen Sie, Wilhelmine — wie könnte ich Ihnen helfen?"
Und Wilhelmine berichtet offen von ihren Kümmernissen. Als die Rede auf ihre knappe Apanage kommt, unterbricht sie Friedrich:
„Warum haben Sie mir darüber nicht geschrieben? Seckendorf versorgt mich mit genügend Geldmitteln. Am österreichischen Kaiserhof ist man sehr großzügig und betrachtet mich als einen Freund, dem man helfen muß, auch mit Bargeld. Dasselbe müßte auch für Sie gelten. Ich werde Seckendorf zu Ihnen schicken."
Der österreichische Gesandte, ein besonderer Günstling des Königs, kommt schon am nächsten Tag, richtet Wilhelmine die Grüße der Kaiserin aus:
„Die Majestät ist betrübt über die Nachricht, daß der Kronprinz ihrer Nichte, der Prinzessin von Braunschweig, Abneigung entgegenzubringen scheint. Und sie bat mich, Ihnen auszurichten, daß sie sehr glücklich darüber wäre, wenn Sie, Königliche Hoheit, vermittelnd eingreifen würden. Jedermann kennt Ihren großen Einfluß auf den Kronprinzen."
Da Wilhelmine irgendwie Mitleid mit der Braunschweigerin hat, sagt sie Seckendorf spontan ihre Hilfe zu.
„Berichten Sie der Kaiserin, ich hätte mich auch ohne ihre Bitte für die zukünftige Kronprinzessin eingesetzt — mir ge-

nüge, daß sie diesen Titel tragen wird, ihr meine Zuneigung zu Füßen zu legen."
Ganz so ist es allerdings nicht. Eifersucht regt sich in Wilhelmine, wenn sie an die Frau denkt, die das Glück haben wird, mit dem geliebten Bruder täglich zusammensein zu können, an seiner Seite zu leben. Ob sie wohl ein Instrument spielt? Ach, das wäre für Fritz so wichtig!

Friedrich ist abgereist — er hat ihr vorher einen Beutel mit Goldtalern zugesteckt und geraunt, soviel werde ihr nun allmonatlich zufließen...

Wilhelmines Schwester Charlotte, vier Jahre jünger als sie, legt es offensichtlich darauf an, die Ältere eifersüchtig zu machen. Wann immer es sich einrichten läßt, taucht sie in der Nähe des Erbprinzen auf und zeigt ihm unverhohlen ihre Gunst. Noch nach vielen Jahren schreibt Wilhelmine in ihren Erinnerungen:

„Meine Schwester Charlotte, die auf die Liebe, die mein Bruder mir bezeugte, eifersüchtig war, konnte ihre Neigung für meinen Gatten nicht verheimlichen. Sie fiel allen auf. Er scherzte mit ihr und stellte sich so, als bemerke er die Neigung nicht, die sie für ihn hegte."

Hatte Wilhelmine insgeheim gehofft, in Berlin eine für sie angenehme und erfreuliche Atmosphäre vorzufinden, sah sie sich bitter enttäuscht. Es war alles wie früher — mit dem einen Unterschied, daß ihr Mann von der Königin nun geradezu hofiert wurde. Und dies, weil Charlotte sich so für ihn einsetzte. Längst hatte Charlotte mit Hilfe ihrer Mutter jenen Rang in der Hofhierarchie eingenommen, der eigentlich Wilheline, der Ältesten, zugestanden wäre.

Und das Intrigenspiel ging weiter. Je freundlicher und huldvoller die Königin dem Erbprinzen begegnete, desto mürrischer wurde der König ihm gegenüber. Während einer Abendgesellschaft bei General Glasenapp erklärte der König in Gegenwart der Offiziere:

„Mein Schwiegersohn ist ein Dummkopf. Ich habe auf ihn einzuwirken gesucht, doch es ist vergeblich. Er hat nicht einmal soviel Mumm, um ein großes Glas austrinken zu können. Und an nichts hat er Spaß."

Wütend konterte der Erbprinz:

„Ich wollte, der König wäre nicht mein Schwiegervater, um ihm zu zeigen, daß jener Schwiegersohn, den er meint, ihn nötigen würde, eine andere Sprache zu führen."

Der König wurde rot vor Zorn, verließ die Gesellschaft und fuhr ohne den Erbprinzen zurück. Er mußte in einem stundenlangen Marsch, alkoholisiert, zu Fuß zum Schloß zurückkehren.

War es der Ärger oder eine Infektion, der Erbprinz erkrankte, hatte Fieber, hustete und magerte erschreckend ab. Wilhelmine bangte um ihn, weil man den Beginn einer Schwindsucht diagnostizierte. Auch der König schien jetzt in Sorge und sagte zu Wilhelmine zerknirscht:

„Ich weiß sehr wohl, was an der Krankheit Ihres Mannes Schuld trägt. Er hat sich über ein paar Worte, die ich ihm sagte, als wir damals bei Glasenapp saßen, geärgert. Und auf meinen Befehl hin haben ihn auch einige Offiziere mit ihren Bemerkungen sehr erzürnt. Ich war im Unrecht, doch tat ich alles in guter Absicht und Freundschaft für Sie beide. Ich wollte ihn ein wenig selbständig machen, ein junger Mann soll lustig und leichtsinnig sein, nicht immer wie ein Cato herumgehen. Meine Offiziere eignen sich alle sehr gut dazu, ihn aufzumuntern."

Wilhelmine war über den Freimut des Vaters erfreut und erleichtert, und auch der Erbprinz zeigte nun wieder eine zuversichtlichere Miene. Trotzdem war den Ehegatten klar, daß ihre heimliche Hoffnung, hier am königlichen Hof bleiben und die ihnen gebührende Stellung einnehmen zu können, zerronnen war.

Die Königin erklärte Wilhelmine unverhohlen:

„Ein Daueraufenthalt am preußischen Hof kommt für Sie nicht in Frage. Sie sind verheiratet und Ihr Platz ist

nun in Bayreuth." Das aber war ganz und gar nicht die Meinung des Königs. Ihm wäre es lieb gewesen, Wilhelmine in seiner Nähe zu wissen, allerdings ohne eigene Hofhaltung und nur als eine Art bessere Hofdame der Königin. Der König besaß genügend Menschenkenntnis, um zu wissen, daß Wilhelmine ihn, trotz allem was er ihr schon angetan hatte, aufrichtig liebte und gutherzig genug war, ihn, sollte es einmal notwendig sein, auch töchterlich zu pflegen und zu umsorgen.

Zwölftes Kapitel

Die Kronprinzessin

Fast auf jedem Fürstenhof gab es zahlreiche Nachkommenschaft, und die Taufen und Hochzeiten waren den Herrschaften eine höchst willkommene gesellschaftliche Abwechslung, die half, der Langeweile wenigstens auf ein paar Tage zu entrinnen.
Da der König eine spartanisch einfache Hofhaltung vorlebte und sie auch dem Adel empfahl, wagten die Fürsten, Grafen und Barone es selten, aus der Reihe zu tanzen und kostspielige Feste zu veranstalten. Allerdings folgte der König, wenn es ihn nichts kostete, gern Einladungen jedweder Art. Sie zu erwidern, wie es der gute Ton vorschrieb, dazu konnte er sich freilich nur selten entschließen. Überhaupt hielt er nach wie vor wenig von der Etikette, betonte das auch immer wieder. Er fühlte sich als preußischer Gutsherr und Landedelmann, trug nie modische Kleidung, immer nur die Uniform seiner Soldaten und machte sich lustig über den „bombastischen Firlefanz" — schließlich lebte man ja mitten im Rokokozeitalter — der anderen.
Einiges von dieser Geisteshaltung färbte natürlich auch auf seine Kinder ab. Die jüngeren Prinzessinnen liefen in altmodischen Kleidern („wie zu Großmutters Zeiten" klagte Wilhelmine einmal) herum, andererseits machte sich gerade auch Wilhelmine in ihren Aufzeichnungen über die Putzsucht so mancher Zeitgenossen lustig:
„Sie kam daher, aufgeputzt wie ein Pfau mit Spitzen, Bändern, Rüschen, Maschen, behängt mit Glitzersteinen, daß sie ihr Prunkgewand kaum zu tragen vermochte", schildert sie das Auftreten einer Herzogin. Sie selbst verschmähte

später allerdings keinesfalls prunkvolle Roben, wie ja auch die zeitgenössischen Bilder beweisen, auf denen sie uns als vornehme Rokokodame entgegenlächelt. Besonders prunkvoll erscheint ihre Robe bei jenem „Flötenkonzert in Sanssouci" (von Adolph Menzel gemalt), das Friedrich II. im Vordergrund, Schwester Wilhelmine in der Mitte des Hintergrundes zeigt. Man erkennt an ihrer Robe genauso üppige Kaskaden feinster Spitze, zarte Seide, bunte Schleifen und Rüschen, worüber sie sich sonst lustig machte...

Schwester Charlotte kam zu Wilhelmine auf ihr Zimmer.

In ihren Memoiren beschreibt Wilhelmine die Schwester so:

„... Sie war diejenige meiner Schwestern, die ich am meisten liebte. Sie hatte mich durch ihr einschmeichelndes Wesen, ihre Munterkeit und ihren Geist betört. Ich kannte ihr Innerstes nicht, sonst hätte ich meine Freundschaft einem würdigeren Gegenstand zugewandt. Sie gehört zu jenen Charakteren, die sich um nichts als sich selber kümmern; ohne Halt, maßlos spöttisch, falsch, eifersüchtig, etwas kokett und sehr eigennützig. Doch stets nur freundlich, gefällig und sanft. Sie spielte mir bei der Königin allerlei üble Streiche. Meinen Mann, den Prinzen von Bayreuth, fand sie nach ihrem Geschmack; er war schöner, besser gewachsen und lebhafter als ihr Bräutigam Karl von Bevern-Braunschweig."

Charlotte betrat also Wilhelmines Zimmer, flötete:

„Mein Gott, wie können Sie es hier aushalten! Hier hat man doch noch nicht renoviert, und der Schimmel blüht an den Wänden. Liebste, ich werde Mama bitten, daß Sie ein Zimmer neben meinem bekommen."

Wilhelmine erwiderte kühl:

„Nein, bemühen Sie sich nicht. Ich fühle mich durchaus wohl, und in der augenblicklichen Hitze ist es hier kühl und angenehm. Was haben Sie für Wünsche, Charlotte?"

„Nun, ich wollte Ihnen die Übersiedlung vorschlagen. Da ja der Erbprinz in den nächsten Tagen in seine Garnison fährt, dachte ich, Sie würden sich in meiner Gesellschaft wohler fühlen als hier allein."

Wilhelmine gab es einen Stich, als sie aus Charlottes Mund als erstes von der baldigen Abreise ihres Mannes — mit der sie allerdings gerechnet hatte — erfuhr. Sie antwortete nicht.

Charlotte setzte sich, zierlich ihren Reifrock um sich drapierend, und machte es sich offensichtlich bequem. Wilhelmine ahnte auch, warum — jeden Augenblick konnte ihr Mann von der Besprechung beim König zurückkommen.

„Es tut mir leid", sagte Charlotte und blickte Wilhelmine seelenvoll an, „daß Mama nicht wünscht, daß Sie hier in Berlin bleiben. Ich fände es nett. Mir hat sie angeboten, mit Karl in Potsdam Dauerquartier zu nehmen. Aber das möchte ich nicht, der Braunschweiger Hof ist mir lieber. Aber wenn Sie wollen, Wilhelmine, so können Sie mit dem Erbprinzen bei uns in Braunschweig leben. Es würde Ihnen dort sicher besser gefallen als in Berlin oder Bayreuth."

Ja, das glaubte Wilhelmine auch. Charlottes zukünftiger Schwiegervater, Herzog Ferdinand Albrecht (und auch der des Kronprinzen Friedrich, denn Charlottes Bräutigam Karl und Prinzessin Christine, die Braut Friedrichs, waren ja Geschwister), galt als ein überaus jovialer und sympathischer Mensch, was sich schon dadurch zeigte, daß er sich mit dem schwierigen Friedrich Wilhelm, den er schon von Jugend auf kannte, noch nie gestritten hatte.

Der Braunschweiger Hof stand allgemein in hohem Ansehen. Und die Königskinder beider Höfe heirateten gern untereinander, so später auch August Wilhelm von Preußen, ein jüngerer Bruder Wilhelmines, und Amalie von Braunschweig-Bevern.

Wilhelmine sagte trübe: „Sie haben eben Glück mit Ihren Braunschweiger Verwandten. Auch Karl ist ein liebenswerter Mensch."

„Ach ja? Dann nehmen Sie ihn doch — tauschen wir, Wilhelmine", spottete Charlotte. „Ich bin der Meinung, daß Ihr Erbprinz alle Mängel seiner Verwandtschaft aufwiegt. Und Sie sind undankbar, wenn Sie so viel lamentieren. Vielleicht liegt es auch an Ihnen, daß Sie überall Ärger haben, hm?"

Wilhelmine wurde einer scharfen Antwort enthoben, weil der Erbprinz eintrat. Er begrüßte seine hübsche, muntere Schwägerin zuerst und küßte ihr galant die Hand. Schon wollte Wilhelmine in tiefes Gekränktsein fallen, als er sie vor der Schwägerin heftig umarmte und ungeniert zärtlich küßte. Charlotte wurde rot und hatte es nun eilig, das Paar zu verlassen.

Friedrich, der es psychologisch ausgezeichnet verstand, mit Wilhelmine umzugehen, hielt sie immer noch im Arm. So gefangen, sagte er ihr, daß er morgen nach Pasewalk aufbrechen müsse. Er war erleichtert, als er erfuhr, daß schon Charlotte ihr die unangenehme Botschaft überbracht hatte.

„Zu den Hochzeiten aber bekomme ich Urlaub", tröstete er sie. Es standen ja in diesem Sommer gleich zwei ins Haus, also beinahe Doppelhochzeiten, zwischen dem Königshaus und dem Hause Braunschweig-Bevern.

Die Väter hatten ihre Kinder seinerzeit sozusagen „kommod" zwischen zwei Humpen Bier und einigen Tabakpfeifen verlobt. Auch Wilhelmine war Karl von Bevern-Braunschweig schon einmal angeboten worden, doch stand damals die englische Hochzeit noch mehr im Vordergrund.

Daran dachte sie während der Vorbereitungen zu Charlottes Hochzeit am 12. Juni 1733. Aber zunächst wurde ja Kronprinz Friedrich im Prunkschloß Salzdahlum-Wolfenbüttel verheiratet. Sie wäre so gern dabei

gewesen! Doch die Königin sprach ein sehr energisches Nein. So konnte Wilhelmine nur durch Berichte Näheres über Friedrichs Hochzeit erfahren. Sie wußte, daß sie ihm durchaus nicht gar so unangenehm war, wie er tat. Aber der Papa sollte wissen, welch großes Opfer er ihm durch seinen Gehorsam bringe. Grumbkow berichtete:
„Er hielt sich sehr tapfer, zeigte aber dauernd eine leidende Miene und verursachte dadurch dem König Schuldgefühle."

Zu Charlottes Hochzeit wurde der gesamte Braunschweiger Hofstaat nach Berlin eingeladen. Wilhelmine würde so die Schwägerin Christine bald kennenlernen. Und vor allem — das war ihr das wichtigste — hatte ihr Mann als Hochzeitsgast seine Ankunft aus Pasewalk angekündigt.

„Mein Schwiegersohn", sagte der König in Gegenwart anderer zu Wilhelmine, „macht sich ganz prächtig. Ich bin mit ihm sehr zufrieden, er ist ein vorzüglicher Kommandeur geworden. *Ich meine, er wird mir noch der liebste der Schwiegersöhne, ja noch lieber als meine eigenen Kinder!"*

Wilhelmine wußte nicht, wie ihr geschah, doch meinte es der König ganz offensichtlich ernst, und so erwiderte sie strahlend:

„Majestät, Sie machen mich zur glücklichsten Ihrer Töchter."

„Nu", schmunzelte der König, „da machen Sie ja Lollote" (das war Charlottes Kosenamen) „in ihrem frischen Brautglück Konkurrenz."

Charlotte lächelte säuerlich, die Königin sagte spitz:

„Die Erbprinzessin ist bescheiden geworden und mit recht wenigem glücklich zu machen."

Wilhelmine schrieb nach dem Bericht über diese kleine Szene:

„Tags darauf war mir endlich die Freude vergönnt, den Erbprinzen wiederzusehen und ich vergaß darüber alle meine Leiden."

Der hochsommerlich heiße Hochzeitstag bereitet der Weiblichkeit am Berliner Hof in ihren schweren, engen Miedern mit den ausladenden Reifröcken manche Unannehmlichkeit. Wilhelmine in ihrer Schlankheit hat es leichter als die anderen dicklichen Damen – sie ist jetzt so schmal, daß ihr die Schnürung wenig ausmacht. Sie hat, wie Charlotte neidvoll zugeben muß, eine „superbe" Taille, und durch das geschickte Schminken der Sonsfeld wirkt ihr schmales Gesicht frisch und jung. Sie ist sehr hübsch, und das findet auch ihr Bruder Friedrich, als er ihr seine junge Frau zuführt.

Zeitgenossen berichten, daß Kronprinzessin Christine außergewöhnlich anziehend wirkte, und auch Wilhelmine schreibt:

„Die Kronprinzessin ist groß, ihre Taille nicht sehr schlank (vermutlich im Vergleich zu ihrer eigenen), *sie ist sehr weiß* (das damalige Schönheitsideal) *und diese Weiße wird durch lebhafte Farben noch mehr zur Geltung gebracht* (damit meint Wilhelmine geschicktes Schminken), *ihre Augen sind blaßblau, ihre Züge sind zierlich, ohne schön zu sein* (sicher ein subjektives Urteil), *der Mund ist klein, und der ganze Kopf so kindlich und reizend, daß man ihn für den eines zwölfjährigen Kindes halten könnte. Ihre blonden Haare fallen in natürlichen Locken..."*

Doch um das Bild der Schwägerin nicht gar so blendend zu zeichnen, betont Wilhelmine die *schlechten unregelmäßig stehenden Zähne* der Kronprinzessin. Diesen Kummer hatten allerdings sehr viele Menschen dieser Zeit. Und selten sieht man auf Bildern die Herrschaften lächeln und so die Zähne zeigen.

Die Kronprinzessin wird nun allen Familienmitgliedern und dem Hof offiziell präsentiert. Verständlich, daß sie an diesem heißen Tag später „echauffiert" wirkt. Der Kronprinz merkt es und vertraut sie seiner Schwester Wilhelmine an.

Sie berichtet von dieser Szene:

„*Der Kronprinz sagte: ‚Hier ist meine Schwester, die ich über alles liebe und der ich unendlich verpflichtet bin. Sie hatte die Güte, mir zu versprechen, daß sie sich Ihrer annehmen wolle. Sie soll Ihnen mehr als der König und die Königin gelten, und Sie dürfen nicht das Geringste unternehmen, ohne vorher Ihren Rat eingeholt zu haben. Verstehen Sie mich?'"*

Wie diese kategorische Forderung auf die braunschweigische Prinzessin gewirkt haben mag, läßt sich denken. Und da wundert sich Wilhelmine:

„*Ich umarmte sie und sagte ihr alles erdenklich Liebe, aber sie blieb wie eine Statue ohne ein Wort zu sagen. Da ihre Leute noch nicht gekommen waren, puderte und richtete ich sie selbst wieder zurecht, ohne daß sie sich dafür bedankte, noch auf meine Freundlichkeiten eine Antwort gab. Mein Bruder wurde zuletzt kribblig und sagte ganz laut:*

‚*Zum Teufel mit der Gans. Danken Sie doch meiner Schwester!' Daraufhin machte sie eine Verbeugung und ich führte sie zur Königin zurück. Ich war recht wenig erbaut...*"

Auch an anderer Stelle ihrer Memoiren spricht Wilhelmine von der Dummheit der späteren preußischen Königin, auch davon, daß die Ehe in der Hochzeitsnacht nicht vollzogen wurde. Nun, letzteres mag dahingestellt bleiben, doch von Dummheit konnte bei Christine keine Rede sein. Sie wirkte vielleicht unbeholfen in ihrer Ausdrucksweise, weil sie die französische Umgangssprache nicht vollendet beherrschte. So bleibt zu hoffen, daß sie auch Friedrichs Ausfälligkeiten nicht verstand — vorausgesetzt, es hat sich alles tatsächlich so zugetragen, wie Wilhelmine es schildert. Immerhin wird in späteren Annalen berichtet:

„*...Die Gemahlin Friedrichs II. von Preußen, eine Prinzessin von Braunschweig-Wolfenbüttel, erwarb sich durch ihren edlen Charakter, ihre Tugenden und ihren gebildeten Verstand allgemeine Achtung. Friedrich hatte bis zum Tode seines Vaters von ihr getrennt gelebt. Nachdem er den Thron* *bestiegen, gab er die unzweideutigsten Beweise, wie sehr er die ausgezeichneten Eigenschaften seiner Gemahlin verehre, obgleich sie nie seine Zärtlichkeit besaß. Er schenkte ihr das Schloß Schönhausen, und bewies ihr sterbend noch seine Verehrung, indem er ihr außer dem herkömmlichen Witwengeld eine jährliche Rente von zehntausend Talern bestimmte: ‚denn sie hat während meiner ganzen Regierungszeit mir nicht die mindeste Veranlassung zum Mißvergnügen gegeben und ihre unerschütterliche Tugend verdient Ehrfurcht und Liebe', schrieb er in seiner Begründung.*

Ihr Leben war eine ununterbrochene Reihe von Wohltaten. Die Hälfte ihrer Einnahmen verwendete sie für Almosen und Renten für bedürftige Familien. Sie teilte das Interesse, das ihr Gemahl an den Wissenschaften nahm, in hohem Grade und war selbst Schriftstellerin..." (Allgemeine deutsche Real-Encyklopädie für die gebildeten Stände, Leipzig 1852).

Immerhin vervollkommnete Christine ihre Französischkenntnisse so, daß sie später sogar Übersetzungen zu schreiben vermochte, von der damaligen Geisteswelt gelobt und anerkannt.

Man sieht, so wenig Sympathien Wilhelmine und erst recht die Königin der jungen Kronprinzessin entgegenbrachten, so eifrig flocht die Nachwelt ihr Kränze. Wilhelmine schreibt weiter:

„... *Die Königin schmähte endlos die Kronprinzessin und deren Mutter, wobei meine Schwester Charlotte das Echo abgab und nicht einmal ihren zukünftigen Gemahl, den Prinzen Karl, verschonte...*"

Und dies am Morgen ihrer Hochzeit!

Charlottes Hochzeit verlief nicht viel anders als die Wilhelmines vor zwei Jahren: Die Einsegnung im schönsten Prunksaal, festliche Tafelrunden und ein Ball nach dem andern. Wilhelmine aber fühlte sich krank, nicht zuletzt deshalb, weil ihr Mann einige Tage später wieder zu seinem Regiment zurückfahren mußte. Als das Fieber stieg, mußte sie sich niederlegen.

In der Herzogin von Braunschweig-Bevern, der Schwiegermutter Friedrichs, fand Wilhelmine wider Erwarten eine liebevolle, kluge Freundin, die sich ihrer eifrig annahm. Sie besuchte sie an ihrem Krankenbett, und die Sonsfeld sorgte dafür, daß die Herzogin die wahre Ursache von Wilhelmines Zustand erfuhr: Sie hatte offenbar Angst vor kriegerischen Auseinandersetzungen, weil es zwischen den Großmächten Frankreich und Österreich wegen der Thronfolge in Polen Streit gab. Und Krieg — das bedeutete den Einsatz ihres Mannes im Felde. Die einzige Hoffnung, dem auszuweichen, wäre die Rückreise des Erbprinzen nach Bayreuth, von der aber der König leider nichts wissen wollte. Ob nicht die Herzogin von Braunschweig beim König ein gutes Wort für die Erbprinzessin einlegen könnte?

Die Herzogin versprach, sich für Wilhelmines Wünsche beim König einzusetzen, und tat es auch alsbald. Zuerst erwähnte sie Wilhelmines Erkrankung. Mürrisch erwiderte er:

„Die Erbprinzessin kann sich auch in Monbijou erholen, wenn es der Arzt für notwendig hält. Hier, lesen Sie die Briefe, Herzogin, die sie mir aus Bayreuth schrieb — wo sie sich so unglücklich fühlte — und nun will sie auf einmal dahin wieder zurück? Erkennen Sie in so einem Verhalten einen vernünftigen Sinn?"

Die Herzogin las und wunderte sich auch. Wilhelmine erschien ihr nun tatsächlich irgendwie exzentrisch und sprunghaft. Doch wie dem auch sei — sie hatte versprochen, ihr zu helfen. Im rechten Augenblick fiel ihr ein:

„Majestät, Sie können nicht ermessen, wie einer jungen Mutter zumute ist — Ihre Tochter hat große Sehnsucht nach ihrem Kind. Sie hat es seit Monaten nicht gesehen. Lassen Sie sie ziehen — es ist ja nicht für immer."

Der König willigte schließlich ein. Doch niemand ahnte, daß dieser Abschied von Wilhelmine einer für immer sein würde. Wilhelmine sollte den Vater vor seinem Tod nicht mehr wiedersehen...

In Bayreuth erwarten das heimgekehrte Erbprinzenpaar allerlei unangenehme Neuigkeiten. Während Wilhelmine ihre kleine Tochter herzt, steht deren Gouvernante Flora von Sonsfeld merkwürdig verlegen und steif herum, setzt zum Sprechen an, schweigt aber, und ihre Gesichtsröte vertieft sich.

„Was haben Sie denn, liebe Flora? Ist Ihnen nicht gut?" fragt die Erbprinzessin, das Kind auf dem Schoß. „Ich muß Ihnen danken, ich bin sehr zufrieden mit Ihnen — Friederike ist ja prächtig gediehen. Sie haben mich in den langen Monaten würdig vertreten."

Da stürzt die Gouvernante aus dem Zimmer, ein Taschentuch vor dem Gesicht. Wilhelmine geht mit dem Kind auf dem Arm zu ihrer Hofmeisterin, Floras Schwester.

„Liebe Sonsfeld, was hat die Flora? Irgend etwas stimmt mit ihr doch nicht. Wissen Sie Näheres?"

O ja, sie weiß Näheres — Flora hat es ihr vorhin gestanden: Sie wäre über alle Maßen in den alten Markgrafen verliebt und er in sie. Und sie gedächten bald zu heiraten:

„Königliche Hoheit, mir fehlen die Worte! Ich kann mir keinen Reim auf diese Verrücktheit machen. Doch Zenzia bestätigte mir, daß Flora während unserer Abwesenheit ständig beim Markgrafen gewesen sei und sie selbst, die Kammerzofe, hätte die kleine Friederike betreuen müssen." Die sonst so schlagfertige und intelligente Sonsfeld ist wütend und ratlos. Bitter setzt sie hinzu: „Verläßt die Katze das Haus, tanzen die Mäuse. Hätten wir Flora nur mitgenommen!"

Wilhelmine fühlt sich wie vor den Kopf geschlagen, nur der Erbprinz, der vom König drei Monate Regimentsurlaub erhalten hat, bewahrt einen kühlen Kopf:

„Zunächst muß man mit meinem Vater reden. Vielleicht nährt Flora nur ein Hirngespinst und der Markgraf schüttelt sich aus vor Lachen."
Nun, das tut der Markgraf nicht. Er setzt eine feierliche Miene auf:
„Eigentlich sollten Sie diese Nachricht von mir selbst erfahren. Aber da Sie es nun einmal wissen — ja, wir lieben uns, und wir werden in Kürze heiraten."
„Papa, Flora ist doch nicht ebenbürtig! Wie können Sie eine kleine Baronin heiraten wollen!"
„Ganz einfach. Ich werde sie in den Reichsgräfinnenstand erheben."
„Aber das können Sie nicht. Das kann nur der Kaiser."
„Nun gut, dann wird es eben der Kaiser tun. Ich werde ihm schreiben."
Der Erbprinz findet, daß dies keine schlechte Idee ist, zumindestens wird man einige Monate Zeit gewinnen, denn der Kaiser ist in Kriegshändel wegen des zukünftigen Polenkönigs verwickelt. Nach König Augusts plötzlichem Tod streiten sich zwei Anwärter um den Thron, sein Sohn, der Kronprinz, und ein Pole, Stanislaus Leszczyński.
Als der Erbprinz über den Ausgang der Audienz beim Vater berichtet, ruft Wilhelmine enttäuscht:
„Aber da haben Sie ja gar nichts ausgerichtet, Friedrich. Sollen wir denn dieser Liaison einfach tatenlos zusehen? Flora hat mir eben erklärt, sie werde die Eremitage verlassen und ins markgräfliche Schloß ziehen — sie hat mir also den Hofdienst aufgekündigt und hat der Zenzia erklärt, bald schon würde sie höher gestellt sein als ich. Dann werde sie hier den Ton angeben und nicht ich, die Königliche Hoheit. Die müsse dann von ihrem hohen Roß steigen."
Der Erbprinz versucht seine Frau zu besänftigen, was ihm nach einigen Zärtlichkeiten auch gelingt:

„Laß uns beide glücklich sein, Liebste, nun da wir wieder beisammen und allein sind. Überlassen wir diese ganze Affäre dem Schicksal — mir kommt das alles noch so widersinnig und abnorm vor — mein kranker Vater, der mehr sein Krankenlager hütet, als am Stock herumzuhumpeln, der ständig betrunken ist — und dann diese Heirat! Nein, ich kann es nicht glauben, daß es wirklich dazu kommt."

Während das Erbprinzenpaar in der Zurückgezogenheit und Stille der Eremitage glücklich ist — Zenzia betreut Friederike, und Fräulein von Sonsfeld hat sich stillschweigend in die Nähe ihrer Schwester Flora ins Markgräfliche Schloß begeben, um sie zu beobachten —, nehmen die Ereignisse ihren Lauf.

Erstaunlich, mit welch psychologischem Verständnis Wilhelmines Hofmeisterin Flora gegenüber vorgeht. Zunächst beginnt sie behutsam Flora vorzustellen, wie lächerlich sie sich durch diese unstandesgemäße Heirat machen würde — kein Mensch würde ihr abnehmen, daß sie den kranken, schrulligen und um viele Jahre älteren Markgrafen aus Liebe heirate.

„Es wäre gewiß nicht Ihr Glück. Sie würden überall in der Gesellschaft geschnitten, meine Liebe. Ich kenne Sie doch, Sie haben einen guten Charakter und ein gutes Herz. Sie würden in so einer Atmosphäre und in der Ungnade der Erbprinzessin nicht leben können."

„Warum ist die Erbprinzessin auch nicht in Berlin geblieben", klagt Flora. Und die Sonsfeld erkennt, daß die Schwester sehr gut über die Vorkommnisse in Berlin unterrichtet ist. „Ich weiß es doch, sie fuhr nach Berlin, um dort zu bleiben. Es war vor ihrer Abreise schon ausgemacht, daß ich mit dem Kind im August nachkommen sollte. Und statt dessen kam sie selber einfach wieder hierher zurück." Um Floras Mundwinkel zuckt es. Gleich wird sie wieder zu heulen beginnen, denkt die Sonsfeld unbehaglich. Sie liebt ihre gutmütige Schwe-

ster, die keinerlei Fähigkeit oder gar Ambitionen zur Intrigantin hat und trotzdem ist es jetzt schwer, mit ihr zurechtzukommen — ihr diese verrückte Heirat auszureden. Wütend ruft sie schließlich:
„Sie legen es darauf an, den Namen Sonsfeld in den Schmutz zu ziehen und ihn lächerlich zu machen. Ich würde mich nicht wundern, wenn wir beide schon in den nächsten Tagen vom König den Befehl erhielten, nach Berlin zurückzukehren."
„Oh", wehrt sich Flora, „das kann er nicht. Dazu wäre nur die Erbprinzessin berechtigt."
„Sie Schaf! Und wer sollte die Erbprinzessin hindern, die Order nicht zu bestätigen und uns den Laufpaß zu geben? Glauben Sie im Ernst, sie würde mit dieser närrischen Heirat, die einer Enterbung gleichkäme, einverstanden sein? Würden Sie das vielleicht an ihrer Stelle?"
„Aber ja", schluchzt Flora, „aber gewiß! Der arme Markgraf verdient ein bißchen Liebe und Freude. Ich würde sie ihm gönnen, wäre ich die Erbprinzessin." Und die Sonsfeld glaubt das sogar.

In die Idylle der Eremitage platzte eine neue unangenehme Nachricht:
Der König wünschte, daß ihn sein Schwiegersohn auf einen Feldzug an den Rhein begleite. Immer noch stritten sich Frankreich und der Kaiser im Zusammenhang mit dem zukünftigen Herrscher von Polen. Stanislaus Leszczyński, der Schwiegervater des französischen Königs Ludwig XV., der schon einmal kurze Zeit Polenkönig gewesen war, wurde von Frankreich als neuer Polenkönig anerkannt. Und König Augusts Sohn, jener dickliche, sympathische Kronprinz, den Wilhelmine ja gut kannte, beanspruchte gleicherweise die polnische Königswürde. Das aber war Wilhelmine egal, sie wünschte nur eines, ihren Mann nicht in Gefahr zu wissen. Der aber dachte darüber anders, er wollte den

König und den Kronprinzen nicht im Stich lassen, er wollte die Kampagne mitmachen.

Diese Sorgen trugen dazu bei, daß sie sich sehr zusammennahm und ihre Krankheiten — sie litt an schmerzhaftem, quälendem Husten und fieberte fast ständig — in den Hindergrund rückte. Sie bestürmte den Markgrafen, seine väterliche Autorität dem Sohn gegenüber einzusetzen und ihm die Teilnahme an den Kriegshändeln zu verbieten.

Der Markgraf fügte sich schließlich dem Wunsch der Schwiegertochter, weil er hoffte, ihr durch Entgegenkommen in dieser Angelegenheit das Einverständnis zu seiner Heirat abzuringen. Er schrieb sogar dem Preußenkönig einen geharnischten Brief: er denke nicht daran, seinen Erben, den künftigen Souverän des Landes, in ein Kriegsabenteuer hetzen zu lassen, an dem Bayreuth, das ja neutral sei, nicht das geringste Interesse hätte.

Diesem markgräflichen Brief folgte eine ebenso geharnischte Antwort und Absage des Königs: Da in diesem Feldzug alle Edlen des Landes an der Seite des Königs und Kronprinzen für Recht und Gerechtigkeit kämpfen würden, wäre es Feigheit, wenn sich der Erbprinz als preußischer Regimentskommandeur dem Einsatz entziehe. Und er, der König, wüßte außerdem, daß sein Schwiegersohn geradezu darauf brenne, seine Pflicht zu tun und seine Tapferkeit unter Beweis zu stellen. Wilhelmine mußte nachgeben. Der Erbprinz ritt im August ab, und kehrte mit Wintereinbruch wohlbehalten nach Bayreuth zurück. Denn im Winter gönnten sich die Kämpfer auf beiden Seiten eine Ruhepause.

Dreizehntes Kapitel

Die kleine Tochter

Der Erbprinz schäkert und scherzt mit seiner kleinen Tochter, die ihm mit ihren strammen Beinchen wie ein Hündchen überallhin nachläuft. Er liebt das Kind sehr, es ist immer heiter, weint kaum, und die Sonsfeld meint:

„Sie kommt auf ihre Tante heraus, auf Prinzessin Charlotte. Auch die war ein Kind Sanssouci, wie die Königin sie immer nannte."

Diese Äußerung ist Wilhelmine nicht ganz genehm — ihr Verhältnis zu Charlotte ist sehr kühl —, aber sie schweigt.

Im Kamin brennt ein kräftiges Feuer. Wilhelmine friert leicht, doch geht es ihr jetzt gesundheitlich wieder besser. Die Kleine legt müde den Kopf an die Wange des Vaters, und der ruft erschrocken:

„Riecke hat ja Fieber, ihr Köpfchen ist ganz heiß."

In der Nacht weint das Kind und Fräulein Marwitz trägt sie im Zimmer umher. Sie betreut Friederike jetzt statt Flora von Sonsfeld, die im Markgrafenschloß lebt. Die Marwitz möchte die Mutter nicht stören, doch als das Fieber immer höher steigt, wagt sie es doch. Noch in der Nacht wird der Arzt geholt. Im Mund Friederikes bilden sich immer mehr weißliche Beläge — kleine bläschenartige Flecken. Wilhelmine ist außer sich vor Angst. Die Hebamme hatte ihr behutsam zu verstehen gegeben, daß dieses Kind wohl ihr einziges bleiben werde — die schwere Geburt hätte ihre Organe zu sehr geschwächt und geschädigt. Ihre Sorge um das Kind steigert sich deshalb immer mehr. Sie weiß sich keinen Rat mehr und schickt gegen Mittag eine Stafette an die Königin nach Berlin. In ihrer Not schrumpfen die Mißhelligkeiten und Auseinandersetzungen zwischen ihnen. Sie sieht in der Königin nur noch die Mutter, die ihr als Kleinkind soviel Mutterliebe gab, die so viele Kinder gebar und deshalb auch Erfahrung mit Kinderkrankheiten haben muß.

Und postwendend langt die Stafette aus Berlin wieder in Bayreuth ein. Der Brief der Königin ist in mütterlich beruhigendem Ton gehalten, er zählt die Krankheiten auf, die zu dem Bericht Wilhelmines passen könnten.

"Doch ich glaube, es ist die Mundpest, liebe Tochter, eine Krankheit, der Sie mit Borsäure, mit der Sie den Mund auspinseln müssen, beikommen werden. Sagen Sie meine Meinung auch dem Arzt. Inzwischen müßte sich schon ein sehr übler Geruch eingestellt haben, deshalb der Name. Aber seien Sie ohne Sorge, auch Sie hatten diese Krankheit, und Sie sind, wie wir wissen, wieder gesund geworden. Also befehle ich mein Enkelkind der Güte Gottes..."

Obgleich das Fieber immer noch hoch ist, Friederike schwach und matt in ihrem Bettchen liegt, nichts zu sich nimmt und nur leise vor sich hinjammert, fühlt sich Wilhelmine nun irgendwie beruhigt. In ihre Erleichterung mischt sich auch zaghaft die Freude über den freundlichen Ton des Briefes.

Und sie schreibt in ihr Tagebuch:

"Die Königin hat keinen schlechten Charakter. Sie ist gutherzig und voll christlicher Nächstenliebe — es ist nur ihr schlimmer Ehrgeiz, der ihr immer wieder so übel mitspielt..."

Friederike ist nach zwei Wochen zu aller Erleichterung wieder gesund. Der Papa hat sich in dieser Zeit sehr an die Kinderstube gewöhnt, in der Wilhelmine und Dorothea von Marwitz die Kleine betreut. Das Hoffräulein ist der zukünftigen Markgräfin, ihrer Lehr-

Wilhelmine von der Marwitz

meisterin, sehr ergeben. Und Wilhelmine mag das bildhübsche Mädchen, das mit Friederike wie mit einer kleinen Schwester spielt...

In der großen Erleichterung über Friederikes Genesung wird ein rauschendes Maskenfest veranstaltet, dessen künstlerische Organisation ganz in den Händen der „kleinen Marwitz", wie sie allenthalben genannt wird, liegt. Als Kulisse werden in einem riesigen Saal echte Waldbäume und Baumrindenhütten aufgestellt. Diesen „Wald" sollen kostümierte Gäste des Adels als Holzhauer, Fischer, Nixen, Elfen, Waldschrate, Jäger und Jagdherren bevölkern.

Zu Wilhelmines großer Freude hat der Kronprinz ihre Einladung angenommen und wird jeden Augenblick erwartet. Der Februartag ist verhältnismäßig mild, also werden seine Reisestrapazen erträglich gewesen sein. Und da hält auch schon die leichte Kutsche, und Friedrich springt mit Knobelsdorf vom Wagen. Wilhelmine kommt der Bruder verändert vor, ein wenig korpulenter, was ihm aber gut steht. Sie begrüßt ihn mit Freudentränen, sie hat nicht geglaubt, daß er tatsächlich kommen würde.

Dann sitzt man im Salon beisammen. Auch Fräulein von Marwitz ist dabei und wendet kein Auge vom Kronprinzen. Wilhelmine sieht es mit Unbehagen — hat Friedrichs Kommen etwa einen galanten Grund? Er lebt ja von seiner Frau Christine getrennt, was alle Welt weiß. Doch man verurteilt deswegen nicht etwa den Kronprinzen, sondern einhellig seinen Vater, der ihn zu dieser Heirat gezwungen hat.

Ob der König ein schlechtes Gewissen hat? Jedenfalls schenkte er ihm, quasi als Entschädigung, die reiche Stadt Rheinsfeld samt Schloß und hohen Einkünften. Friedrich ist schon dorthin übersiedelt und schwärmt in einem Brief:

„*Die Bevölkerung ist außerordentlich angenehm. Es vergeht kein Tag, an dem man mir nicht Geschenke schickt. Es wurde soviel, daß ich verlauten lassen mußte, daß sie allesamt den Armen zugeführt würden. Doch das hinderte die guten Leute nicht, mir weiterhin Aufmerksamkeiten zu erweisen.*"

Jetzt bringt die Marwitz die kleine Rieke ins Zimmer. Es ist ein hübsches Bild: Das schöne junge Mädchen mit dem aufgeputzten Kind im Arm.

„Warum lassen Sie Rieke nicht laufen?" fragt Wilhelmine. „Sie soll ihrem Onkel zeigen, daß sie es schon kann." Doch Rieke fühlt sich auf dem Arm der Marwitz wohler und strebt wieder hoch.

Da steht der Kronprinz auf und nimmt das Kind an sich. Es spielt mit den Knöpfen seiner französischen Tracht und läßt sich von ihm schaukeln. Wilhelmine denkt bedrückt: „Er braucht doch ein eigenes Kind! Wie soll das denn weitergehen mit ihm und Kronprinzessin Christine?"

Als errate Friedrich ihre Gedanken, verdüstern sich jetzt seine Züge und er reicht die Kleine der Mutter, Wilhelmine. Doch Friederike strebt von ihr fort in die Arme des Vaters. So wandert sie rundum und bleibt ein paar Minuten der erfreuliche Mittelpunkt der kleinen Gesellschaft.

Am Abend trifft man sich im riesigen Ballsaal. Wilhelmine erscheint als Fee der Nacht, die Sonsfeld als Junker, Flora mimt eine Schäferin und Wilhelmine Dorothea von der Marwitz flattert als Schmetterling umher. Ihre übergroßen Flügel sind zwar beim Tanz hinderlich, aber das stört sie nicht. Sie gaukelt von Gruppe zu Gruppe, läßt sich kurz nieder und landet schließlich in der unmittelbaren Nähe des Kronprinzen.

„Warum tanzen Sie nicht, mein Fräulein?" fragt er, nur um etwas zu sagen.

„Mein Flügelkleid hindert mich. Aber es macht mir nichts aus. Ich unterhalte mich lieber, Königliche Hoheit."

„Und worüber?"

„Über alles, und sei's über Tod und Teufel. Ich höre die Leute gern reden, man kann dabei immer etwas lernen."

„Sind Sie denn so lernbegierig?"

„O ja, fragen Sie nur die Erbprinzessin. Sie ist meine Lehrmeisterin."

„Nun, mein kleines Fräulein, dann lernen Sie nur recht fleißig. Wissen ist des Lebens bester Halt", erwidert Friedrich ironisch. Und damit wendet er sich zu Wilhelmines Erleichterung vom schillernden Schmetterling ab. Ohne gekränkt zu sein, flattert die Marwitz davon.

Nach einem Tusch der Musikkapelle heben die Gäste verwundert die Köpfe. Eine klare, helle, wenn auch ungeschulte Frauenstimme hebt zu singen an. Auf einem künstlichen Felsblock steht eine hübsche Sennerin. Es ist Zenzia in ihrer kleidsamen alpenländischen Tracht, und Friedrich schiebt sich durch die Umstehenden nach vorn. Ach, die schöne Salzburgerin! Und plastisch steht die Szene im Lammwirtshaus zu Wusterhausen vor ihm. Diesmal trägt sie kein Häubchen, ihre schwarzen Haare sind zu einem Krönchen aufgesteckt. Sie steht da und singt, wie sie in Wusterhausen gesungen hat.

Friedrichs Platz ist nun so nah vor ihr, daß sie ihn sieht. Ihr Lied klingt in seiner Melodie sanft und traurig:

„Wann i durchgeh durchs Tal,
he Bua, jauchz noch a mal,
daß i dich nochmal hör,
vielleicht nachher nix mehr.

Wann i juchaz und schrei,
und du hörst mi net glei,
nachher muaß i verstehn,
daß i weiter soll gehn.

I hör nix mehr lispeln,
i hör nix mehr schrein,
mei Bua wird scho über die
Granizn (Grenze) sein."

Der Applaus braust auf und Zenzia singt als Zugabe: „Zwoa schneeweiße Täuberln fliagn über mein Haus..." Dann hüpft sie mit einem graziösen Sprung von ihrem Felsen und geht, ohne sich um den lautstarken Beifall zu kümmern, zurück in die Kulissen. Knobelsdorf, der sich Friedrich inzwischen zugesellt hat, meint: „Superb, wie die Kleine singt. Wer ist das?"

Friedrich antwortet nicht, seine Gedanken sind weit fort. Später erfährt er von Wilhelmine, weshalb er der kleinen Dorfschönheit so unvermutet hier in Bayreuth begegnen konnte. Er ist den Rest des Abends nachdenklich. Zunächst ist er versucht, die Salzburgerin zu sprechen, doch ist sie wie vom Erdboden verschwunden und nirgends zu finden. Also gibt er es auf, er hätte auch gar nicht gewußt, was er ihr sagen sollte. Er weiß, seine einstige Verliebtheit ist heute nicht mehr nachvollziehbar. Die Gefühlswelt, in der er jetzt lebt, ist eine andere als damals, keine bessere, er weiß es...

Langsam klingt das Fest aus. Da aber wird man noch einmal munter. Die kleine Marwitz tanzt mit ihren schon recht zerknitterten Schmetterlingsflügeln einen Solotanz — nicht sehr kunstvoll, doch daran ist zu dieser vorgerückten Stunde der süße Wein schuld — der ihre schlanken Beine weit höher als bis zum Knie zeigt.

Oh, Wilhelmine ist schockiert. Die Sonsfeld muß einschreiten und willig ergibt sich der Schmetterling, Kußhände werfend, der Autorität der Tante.

Am nächsten Morgen nimmt Wilhelmine die knapp Siebzehnjährige ins Gebet.

„Ihre gestrigen Aufdringlichkeiten waren wenig schicklich. Sie gehören zu meinem Hofstaat und das verpflichtet." Die Marwitz ist zerknirscht und bittet flehend um Vergebung. Bei ihrer Tante aber beschwert sie sich: „Was hab' ich denn getan? Darf man denn nicht ein bißchen lustig sein?"

Doch auch die Tante zeigt kein Verständnis, sie hat eben selbst eine Standpauke erhalten, die sie sich Floras wegen vom Erbprinzen zugezogen hatte. Er wünschte, sie sollte sich mehr um die Flora kümmern, die gestern gar zu offen ihre Liebesgefühle gegenüber dem Markgrafen zur Schau gestellt habe. Flora war den ganzen Abend über an seiner Seite gesessen, hatte das Plaid über seinen Beinen zurechtgezupft, geprüft, ob der Wein nicht zu kalt, die Croquetten nicht zu hart seien, und die übrige Zeit hatte sie seine kalten Hände in den ihren gewärmt.

Das Thema Flora von Sonsfeld beherrscht denn auch Wilhelmines Unterhaltung mit dem Bruder. Der Erbprinz hat sich diskret zurückgezogen — er will die Geschwister nicht stören. Doch hätte er ruhig anwesend sein können, denn Friedrich vermeidet es, persönliche oder gar brisante Themen anzuschneiden. Vergebens macht Wilhelmine in dieser Richtung einen Vorstoß:

„Und wie geht es Ihrer lieben Frau Gemahlin?" Er weicht aus: „Ich muß Sie enttäuschen, ich weiß es nicht."

„Bedeutet das, daß Sie mit ihr in keiner Verbindung sind?"

„Ja. Aber nun sagen Sie mir, was gibt es denn da für Sonderlichkeiten um Ihren Schwiegervater? Ich hörte so einiges. Ist's denn die Möglichkeit — er und die dicke Flora?"

Nun ist seine Ehe, die Wilhelmine als Gesprächsstoff doch am meisten interessiert hätte, leider vom Tisch, und sie berichtet über die peinliche Liebesaffäre.

Der Kronprinz, wie immer von scharfem Verstand, sagt ihr auf den Kopf zu, daß sie selbst und der Erbprinz schuld an der Misere seien. „Alte Menschen brauchen Zuwendung, die ihm eigentlich der Erbprinz hätte geben sollen — er oder Sie. Nun ist jemand gekommen, der vorgibt, ihn zu lieben. Wie sollte da der Markgraf, der sich einsam und unverstanden fühlt, widerstehen? Nehmen Sie meinen Rat an, meine Liebe, messen Sie dieser Sache nicht allzuviel Bedeutung bei und reizen Sie den Markgrafen nicht. Sie werden es erleben, es erledigt sich alles von selbst. Sofern man keine Staatsaffäre daraus macht. Ihr Widerspruch würde den seinen nur noch mehr herausfordern. Die Zeit arbeitet für Sie beide, meine Liebe."

„Vermutlich haben Sie recht", meint Wilhelmine nicht ganz überzeugt.

Friedrich sieht Wilhelmine aufmerksam an und sagt dann merkwürdig steif: „Verzeihen Sie, wenn ich Ihnen noch etwas sage, was Ihnen wenig gefallen wird. Ich begreife nicht, daß Sie als preußische Königstochter so wenig Verständnis für die Notwendigkeit von Recht und Gerechtigkeit zeigten. Ich meine Ihre mir unverständlichen Schritte gegen die Teilnahme Ihres Gatten an der Kampagne gegen Frankreich. Das paßt nicht zu Ihnen, Ihrem Charakter, Ihrer Erziehung. Es gehört nun einmal zu den Aufgaben und auch zum Schicksal von Fürstensöhnen, Waffen zu tragen und sie zu gebrauchen. Ich —"

Wilhelmine wirft ein:

„Fritz, was hat denn Bayreuth mit Polen zu schaffen?" Und sie setzt spitz hinzu: „Ich verstehe Ihr Interesse, mein Lieber. Verknüpfen Sie mit dem polnischen Königshaus ja gewisse Bande, aber meinen Mann?"

Friedrichs Stimme wird scharf:

„Es geht nicht um gewisse Bande, meine Liebe, sondern um Gerechtigkeit. Der sächsische Kronprinz wurde zum Herrscher erzogen und bringt für diese Stellung ausgezeichnete Fähigkeiten mit. Er wurde durch eine Wahl zum Nachfolger seines Vaters bestimmt. Wenn Frankreich glaubt, seine eigene Suppe in Polen kochen zu können, muß man diesem Frankreich eben auf die Finger klopfen. Nicht wir wünschten den Krieg, sondern Frankreich. Doch darauf kommt es, was Ihren Mann betrifft, gar nicht an. Er muß Disziplin bewahren und der Ordre des Königs gehorchen. Ich bin nur betrübt darüber, daß sich meine geliebte Schwester so verändert hat. Sie war immer sehr stolz darauf, eine preußische Prinzessin zu sein — hat die Feldzüge ihres Vaters und wohl jetzt auch meine, ohne Vorbehalt akzeptiert. Und jetzt? Sie glauben nicht, wie böse Papa über Ihre Briefe war — ich hatte alle Mühe, ihn halbwegs zu besänftigen."

Wilhelmine begreift plötzlich: Nicht die Liebe zu ihr oder das Karnevalvergnügen hat Friedrich veranlaßt, ihre Einladung anzunehmen — es war die Standpauke, der er sie jetzt unterzieht.

Leise antwortete sie:

„Es tut mir leid, Fritz, es war unbedacht von mir."

Er ist sofort besänftigt, steht auf, umarmt sie stumm.

„Bleib mir meine geliebte Schwester — nicht nur dem Blut, mehr noch dem Geist nach", sagt er im altvertrauten geschwisterlichen Ton.

Nachdem man den Tee genommen hat, fragt Wilhelmine so nebenbei und wird dabei rot:

„Wie geht es eigentlich der Gräfin Orszelska? Wie steht der polnische Kronprinz zu ihr?"

Friedrich führt die Teetasse zum Mund, lächelt:

„Neugier, dein Name ist Weib. Aber Sie sollen die Antwort haben. Die Gräfin lebt wieder in Warschau bei ihrer Mutter."

„Wurde sie dahin vom Kronprinzen nach dem Tod Augusts verbannt?"

„Nein. Sie ging freiwillig, und es geht ihr gut. Sie hat ja genügend Vermögen."

Wilhelmine spürt, daß Friedrich ihr nur widerwillig antwortet, entschließt sich jedoch trotzdem zu der raschen, leisen, intimen Frage:

„Stehst du noch mit ihr in Verbindung, Fritz?"

Friedrich antwortet schroff:

„Wo denken Sie hin, Wilhelmine! Ich bin verheiratet."

Ist er das wirklich? fragt sich die Schwester bedrückt.

Friedrich wünscht, vor seiner Abreise die kleine Rieke noch einmal zu sehen. Die Marwitz bringt das Kind in den Salon. Ihre Augen glänzen, sie hat Rouge aufgelegt und Wilhelmine sagt sich: „Sie wird immer hübscher..."

Der Kronprinz ist abgereist. Wilhelmine denkt an seine Mahnung und nimmt sich vor, der Affäre des Schwiegervaters mit Flora nicht allzuviel Bedeutung einzuräumen.

Doch jetzt liest sie einen Liebesbrief, den der Markgraf seiner Angebeteten schrieb. Die Marwitz hat Flora, ihrer Tante, den Brief stiebitzt. Sie drängt nun:

„Bitte, Königliche Hoheit, ich muß ihn gleich wieder zurück in den Sekretär legen, bevor ma tante wieder abschließt."

Wilhelmine liest:

Alle meine Absichten, Holdeste, gehen auf die Moral der Ehe. Meine übergroße Liebe ist schon ganz von der Materie befreit...

In diesem Stil geht es zwei Seiten lang weiter. Das Hoffräulein erwartet einen Heiterkeitsausbruch, doch Wilhelmine gibt den Brief mit starrem Gesichtsausdruck der Überbringerin zurück.

„Lassen Sie künftig das Spionieren, das gehört sich nicht. Sie dürfen das Vertrauen Ihrer Tante nicht mißbrauchen." Wilhelmine unternimmt nichts, stellt auch Flora nicht zur Rede, wartet einfach auf die kaiserliche Nachricht. Sollte sie tatsächlich die Erhebung Floras in den Reichsgräfinnenstand beinhalten, würde sie dies als Schicksalsfügung ansehen und nichts mehr dagegen unternehmen.

Doch das Schicksal will es anders. Im Mai erkrankt der Markgraf, und diesmal können ihm auch die heißen Fichtennadelbäder, die nach Meinung des Arztes *„mumifizierend und somit lebenserhaltend"* wirken, nicht mehr helfen. Mit bewundernswerter letzter Willenskraft verabschiedet er sich vor seinem Tod von allen Familienmitgliedern, dem Staatsrat, den Hofdamen bis hinunter zum letzten Diener.

Wilhelmine versichert er mit Tränen, er habe sie immer herzlich geliebt, und bittet sie, dem Erbprinzen immer eine gute Gattin zu sein und ihn stets zu *„einer hohen moralischen Haltung"* zu ermahnen. Dann segnet er beide.

Wilhelmine ist gerührt und sehr beeindruckt, wie hier ein Sterbender mit letzter Anstrengung Größe und Haltung beweist. Der Markgraf übergibt noch feierlich und in Anwesenheit des Staatsrates offiziell die Regierungsgeschäfte an den Sohn.

Flora wünscht er neben sich und bittet sie, ihm, wenn es soweit sei, die Augen zuzudrücken. Sie weint ununterbrochen – ihr Gesicht ist ganz verschwollen. Wilhelmine empfindet mit ihr herzliches Mitleid und zeigt es ihr auch.

„Ach, Königliche Hoheit", schluchzt sie, „Sie werden mich nach seinem Tode verstoßen. Ach Gott, ich wollte, ich könnte mit ihm sterben!"

Wilhelmine versichert ihr, sie trage ihr ganz gewiß nichts nach, denn was aus großer Liebe geschehen sei,

sei verzeihlich. Fräulein von Marwitz steht im Hintergrund und wischt sich über die feuchten Augen. Später küßt sie Wilhelmine die Hand.

„Warum?" fragt diese erstaunt.

„Weil ich Sie so verehre", stottert die Marwitz.

Nun sind die Begräbnisfeierlichkeiten vorüber. Von Friedrich kam ein steifer Kondolenzbrief, dem ein Zettel — wie üblich in französischer Sprache — beilag, in dem er die Schwester unverblümt zur Änderung ihrer Verhältnisse beglückwünschte.

Und es änderte sich nun tatsächlich vieles. Der junge Markgraf ging mit Elan an die Regierungsgeschäfte, beschnitt als erstes dem Staatsrat die Kompetenzen, was diesen Herren natürlich wenig paßte. Vergeblich hatte man versucht, Markgräfin Wilhelmine gefällig zu sein, indem man zu ihr schickte und ihr die Bewilligung höherer Einkünfte mitteilte. Sie erklärte den Herren kühl: „Darüber kann nur der Markgraf verfügen." Nun wußte man, wieviel es geschlagen hatte, und machte sich auf das Schlimmste, die Auflösung des Staatsrates, gefaßt. Doch Markgraf Friedrich ging zum Ärger Wilhelmines sehr behutsam vor und das dankten ihm die Herren.

Nicht nur der Markgraf, auch Wilhelmine war voll Schaffensdrang. Friedrich hatte ihr das Schlößchen Eremitage geschenkt, nun dachte sie an An- und Umbauten — lagen ihr doch alle Künste, einschließlich der Architektur, so sehr am Herzen. Der Gatte erlaubte Wilhelmine zudem, ihren Hofstaat zu vergrößern — sie tat das geschickt, holte geistreiche Leute in ihre Nähe, deren Belesenheit und Intelligenz ihr imponierten. Gäste wurden eingeladen, Korrespondenzen mit berühmten Zeitgenossen, darunter Voltaire, geführt — kurz, das triste Leben am Bayreuther Hof änderte sich schlagartig.

Dazu kam, daß sich durch den Einsatz eines preußischen Beamten die finanzielle Situation der Markgrafschaft stark besserte — die Staatskasse war ja nunmehr zugleich die Markgräfliche Geldschatulle —, das arme Erbprinzenpaar fühlte sich nunmehr reich, und es genoß diesen Reichtum. Als erstes wurde die Inneneinrichtung des Bayreuther Schlosses prunkvoll erneuert — Pläne zum Umbau erwogen. Doch wichtiger war Wilhelmine die Pflege der Künste, vor allem der Musik. Sie selbst komponierte und freute sich nun darüber, wenn gute Musiker ihre Werke aufführten. Auch der Markgraf war musikalisch, spielte gut die Flöte und besaß wertvolle Instrumente. Die kleine Marwitz, wie das Hoffräulein immer noch allgemein genannt wurde, musizierte ebenfalls und vertrat Wilhelmine im Duo, wenn sie verhindert war.

Und sie war so manches Mal verhindert. Ihre Schwester in Ansbach machte ihr große Sorgen. Obgleich sie zu ihr kein besonders gutes Verhältnis hatte, tat sie ihr nun leid. Der Ansbacher Markgraf behandelte sie schlecht, hielt sich einige Mätressen, und als nun gar die Nachricht kam, daß Wilhelmines hoffnungsvoller Neffe, gerade vierjährig, plötzlich gestorben war, reiste sie sofort an den Hof der Schwester. Sie war entsetzt, als sie die ehemals bildhübsche Friederike wiedersah. Aus dem jungen, übermütigen Mädchen war eine verbitterte, magere ungepflegte Frau geworden, von Depressionen und tiefstem Mißtrauen geplagt. Sie klagte Wilhelmine, in wie grausamer Weise der Markgraf sie behandle, daß sie sogar um ihr Leben fürchte.

Wilhelmine suchte ein Gespräch mit ihm, was ihr nach einigen Mühen auch gelang, doch bestand es schließlich aus nichts anderem als in heftigsten Vorwürfen des Ansbachers gegenüber seiner Frau: sie sei streitsüchtig, impertinent, arrogant, sei am Tod seines kleinen Sohnes schuld, weil sie sich um ihre Mutterpflichten nicht geschert hätte. Wilhelmine reiste einige Tage später nun selbst tief deprimiert ab. Wie war es möglich, daß zwei Menschen, die sich doch einmal geliebt hatten, sich so verändern konnten!

In dieser Stimmung erreichte sie Bayreuth und suchte sofort den Markgrafen auf. Er musizierte gerade mit der Marwitz — sah kurz auf, als Wilhelmine eintrat, erhob sich jedoch nicht, spielte den Satz zu Ende und begann — Wilhelmine merkte es mit gekränktem Befremden — sofort den nächsten. Erst als die Marwitz die Geige sinken ließ, wandte er sich seiner Frau zu, begrüßte sie frostig, griff jedoch sofort wieder zur Flöte.

Wilhelmine, durch die Erlebnisse in Ansbach hochgradig empfindsam, fühlte sich durch das sonderbare Benehmen Friedrichs verletzt. Sie verließ das Musikzimmer, ließ die Tür temperamentvoll ins Schloß fallen und hörte noch einen ärgerlichen Ausruf Friedrichs. Bei Tisch unterhielt sich ihr Mann mit den Sonsfeld-Schwestern, beantwortete zwar Wilhelmines Fragen, doch sichtlich nur, um in der Gesellschaft nicht unhöflich zu erscheinen.

Man ging sich aus dem Weg — Wilhelmine tief gekränkt, Friedrich aus unbekanntem Grund verärgert. Von der Sonsfeld erfuhr Wilhelmine schließlich, daß man den Markgrafen offensichtlich gegen sie aufhetze, ihr Herrschergelüste, Verschwendungssucht und krankhaften Ehrgeiz vorwerfe.

„Das sagen die Minister des Staatsrates, Königliche Hoheit, sie haben erfahren, daß Sie dem Markgrafen rieten, den Staatsrat aufzulösen. Nun hat der Markgraf wohl Sorge, sich eine Blöße zu geben, wenn er Ihren Wünschen nachkommt."

Wilhelmine sucht Rat bei Doktor Daniel von Superville. Er ist ein noch junger gut aussehender Arzt, sehr intelligent und belesen und zugleich tüchtig in seinem Beruf. König Friedrich Wilhelm I. hatte ihn von Berlin nach Bayreuth gesandt, weil er von den Unpäßlichkeiten Wilhelmines und ihrer vergeblichen Hoffnung auf einen Erbprinzen wußte. Superville brachte auch Nachrichten aus Berlin — keine erfreulichen.

Dem König ginge es gesundheitlich recht schlecht, die Königin lebe immer noch ihren Intrigen, auch wenn die nun nichts mehr mit einer geplanten englischen Hochzeit zu tun hätten. Sie versuche, auf den Kronprinzen Einfluß zu nehmen, doch der kümmere sich nicht darum, im Gegenteil, er gäbe sich große Mühe, mit dem Vater gut auszukommen.

Die Gespräche mit dem Arzt bringen Wilhelmine auf andere Gedanken. Doch — vielleicht als Reaktion auf die Aufregungen und Erlebnisse während ihrer Ansbacher Reise — in einer der nächsten Nächte bekommt Wilhelmine hohes Fieber, und Superville diagnostiziert schließlich Ruhr.

Seit der Geburt ihrer Tochter ist Wilhelmine immer wieder von Unpäßlichkeiten verschiedener Art geplagt worden, doch diesmal scheint es eine ernsthafte, lebensbedrohliche Erkrankung zu sein, die schließlich auch Markgraf Friedrich an ihr Bett führt. Sie erkennt erleichtert, daß er sich ernsthafte Sorgen um sie macht. „Mein Gott, ma chère, was sind das für Geschichten!" sagt er verlegen. „Bestimmt haben Sie den Keim der Krankheit von Ansbach mitgebracht."

Diese harmlose Bemerkung bekommt für Wilhelmine plötzlich einen doppelten Sinn. Das Wissen um die Ehezerwürfnisse der Schwester mündet in die durch die Krankheit noch genährte Angst um die eigene Ehe, um die Liebe Friedrichs. Sie sind nun sieben Jahre verheiratet, glücklich verheiratet, denn nichts trübte bisher die eheliche Gemeinschaft. Nun aber spürt sie, daß sich das Freundschafts- und Liebesband zwischen ihnen lockert. Ach, und sie empfand es doch sieben Jahre hindurch als unzerreißbar, sie war sich der Liebe Friedrichs so sicher gewesen!

Als spüre Friedrich ihre angstvollen Gedanken, streicht seine Hand jetzt über ihre schweißfeuchte Stirn, und er sagt leise: „Werden Sie schnell wieder gesund, meine Liebe. Wir wollen beide auf Reisen gehen, unser Leben genießen, nun da es für uns endlich sorgenfrei ist." Dann fragt er nach ihren Eindrücken am Ansbacher Hof. „Dort feiert man Sie ja jetzt geradezu als Friedensstifterin."

Da erzählt ihm Wilhelmine von den Mätressen des Markgrafen, von der Veränderung Friederikes.

Friedrich ist das Gespräch sichtlich peinlich. Er antwortet schließlich unbehaglich:

„Ich glaube, Sie sehen die Dinge zu schwarz, Wilhelmine. In jeder Ehe gibt es Krisen."

Wilhelmine hätte gern gesagt: „Aber nicht in unserer!" Doch sie schweigt.

Der Markgraf will eine lang geplante Südlandreise, nun da Wilhelmine wieder auf den Beinen ist, in die Tat umsetzen. Montpellier ist das Ziel, doch die Reise steht unter keinem guten Stern. Schon in Erlangen erkrankt Doktor Superville, hat hohes Fieber und man muß pausieren. Kaum hat sich der Arzt etwas erholt, muß sich der Markgraf legen. Rasende Kopfschmerzen plagen ihn, und man bereitet einen Aderlaß vor. Doch der Erlanger Arzt wehrt sich gegen diese Therapie, behauptet, dies könne der Tod des Kranken sein. Wilhelmine ist ratlos. Bis sich der kranke Superville selbst die Ader öffnen läßt, und die Umstehenden erkennen, daß ihm der Aderlaß offensichtlich nicht schadet, ja Erleichterung bringt. Also wird auch am Markgrafen die gleiche Prozedur vorgenommen, und siehe da, auch er fühlt sich wesentlich besser.

Trotzdem wird an eine Fortsetzung der Reise nicht gedacht. Man hält sich weiterhin im Erlanger Schloß auf, und Wilhelmine drängt umsonst auf die Rückreise nach Bayreuth — Friedrich möchte den Aufenthalt hier im schönen Schloß offensichtlich verlängern. Der Grund wird Wilhelmine erst einige Tage später klar.

Es ist lange nach Mitternacht. Wilhelmine liegt wach, lauscht in die Dunkelheit. Da vermeint sie von nebenan, dem Zimmer des Markgrafen, Flüstern zu vernehmen. Die Kerze auf ihrem Nachttisch ist mehr als zur Hälfte niedergebrannt — es müßte also etwa drei Uhr morgens sein. Mit wem unterhält sich der Markgraf zu dieser nächtlichen Stunde? Sie steht auf, das Herz schlägt ihr bis zum Hals, als sie an der Verbindungstür steht und horcht. Zweifellos — jemand flüstert mit dem Markgrafen — jetzt hört sie sogar ein unterdrücktes Kichern. Ihre Hand, die den Leuchter hält, zittert so sehr, daß sie mühsam zum Bett zurückwankt und ihn wieder auf den Nachttisch stellt. Sie fällt zurück in die Kissen, preßt die Hände an die Ohren, um das Wispern nebenan nicht mehr zu hören. Sie liegt steif in stummer Verzweiflung, bis sie die Hände wieder sinken läßt. Vielleicht ist es inzwischen nebenan still geworden. Doch das Flüstern ist immer noch da, leiser zwar, doch ihrem angespannten Lauschen unüberhörbar.

Da springt sie in einem plötzlichen Entschluß auf, nimmt den Leuchter, öffnet mit hartem Ruck die Tür und starrt ins dunkle Zimmer. Der dünne Schein der Kerze beleuchtet ausreichend die Szene: Am Kopfende des Bettes sitzt die Marwitz, in ihrem Schoß streichelt sie den Kopf des Markgrafen. Sie springt erschrocken hoch, der Markgraf setzt sich auf.

Wilhelmine wundert sich, wie fest ihre Stimme klingt:

„Was haben Sie um diese Stunde hier zu schaffen, Marwitz?"

„Ich — ich —", beginnt die Hofdame zu stottern, „ich brachte Seiner Durchlaucht nur ein Glas Wasser." Das Glas steht, offensichtlich unberührt, tatsächlich auf dem Tablett.

Friedrich hat sich gefaßt, streicht über sein schütteres, wirres Haar, sagt:
„Was fällt Ihnen ein, Prinzessin, so in mein Zimmer zu stürmen! Ich bin krank, ich brauche meine Ruhe."
„Das merke ich seit mehr als einer Stunde. Haben Sie sich gut unterhalten, Sir? Ihre Unterhaltung mit meiner Hofdame hat mich jedenfalls im Schlaf gestört — auch ich bin noch rekonvaleszent."
„Das weiß ich. Eben deshalb bat ich Fräulein von Marwitz und nicht Sie um ein Glas Wasser."
„Es auszutrinken, dazu benötigten Sie mehr als eine Stunde — ich sehe es."
Röte steigt dem Markgrafen ins blasse Gesicht. Finster erklärt er:
„Ich wünsche zu schlafen und bitte Sie zu gehen."
Die Marwitz hat sich inzwischen entfernt. Auch Wilhelmine verläßt nun innerlich leer und wie zerbrochen das Zimmer.

Es beginnt eine überaus quälende Zeit. Friedrich genest, ist seiner Frau gegenüber von starrer Kälte und bevorzugt die Marwitz ganz offen, auch im Beisein Außenstehender. Wilhelmine verlangt heimzukehren, während der Markgraf auf die Fortsetzung der Südlandreise drängt. Ihm scheint die Aussicht, auf dieser Reise mit Fräulein von Marwitz mehr als sonst üblich unkonventionell zusammen sein zu können, offensichtlich verlockend.
Doch Wilhelmine bleibt fest, man tritt schließlich doch die Rückreise an.
In Bayreuth versucht Wilhelmine auf die Marwitz Einfluß zu nehmen. Schließlich hat sie das Mädchen wie eine Tochter geliebt und erzogen — sie kann es nicht glauben, daß sie ihr das mit einem Ehebruch lohnt. Je weniger Wilhelmine nun ihren Mann zu Gesicht bekommt, desto mehr bemüht sie sich um seine Favo-

ritin. Die Marwitz geht auf dieses ungleiche Kräftespiel ein, hört sich Wilhelmines Ermahnungen scheinbar beeindruckt an, und hat doch nichts anderes im Sinn, als dem Markgrafen möglichst oft nahe zu sein.
Auch er ist erfindungsreich in dem Bemühen, sich heimlich mit der bildhübschen Hofdame zu treffen. Immer kann ja Wilhelmine nicht auf der Lauer liegen. Dazu kommen schlechte Nachrichten aus Berlin — der König sei erneut an der Wassersucht erkrankt. Man befürchte das Schlimmste. Superville, Wilhelmines verständnisvoller Freund und Arzt, muß zurück nach Berlin ans Krankenbett des Königs. Wilhelmine will ihn begleiten und den Vater besuchen, doch Markgraf Friedrich verwehrt ihr die Reise. Sie ahnt den Grund — die Marwitz würde sie ja begleiten und das paßt ihrem Ehegemahl nicht...

Der König starb am 31. Mai 1740, von Wilhelmine ehrlich betrauert. Einige Monate später wurde das Markgrafenpaar von seinem Nachfolger Friedrich II. offiziell nach Berlin und anschließend auf Schloß Rheinsberg eingeladen. Natürlich mußte man dieser Einladung folgen, und Wilhelmine tat dies mit hohen Erwartungen.
Nun war ihr geliebter Bruder König von Preußen, zugleich ihr Schirmherr und Gebieter. Denn letztendlich wurde ja doch in Berlin über Wilhelmines Leben und Schicksal entschieden, war sie ja als älteste Prinzessin von Preußen nach ihrer Mutter und der Königin Christine die ranghöchste weibliche Verwandte des Preußenkönigs. Sie hoffte, im Zusammensein mit Friedrich Trost und Verständnis für ihren persönlichen Kummer — die Untreue des Markgrafen — zu finden. Am Berliner Hof war die Affäre zwar einige Zeit Tagesgespräch, doch Friedrich nahm sie auf die leichte Schulter, gab der Schwester zu verstehen, sie mache

sich mehr Sorgen, als die ganze Sache wert sei. Außerdem, das spürte Wilhelmine, waren Friedrichs Gedanken bei ganz anderen und zwar hochpolitischen Dingen. Kaiser Karl VI. war gestorben, und zum ersten Mal bestieg eine junge Frau den Habsburgerthron, Maria Theresia. Und Friedrich stellte darüber seine Spekulationen an.

Wilhelmine war wie alle andern aufs äußerste überrascht, als man während eines glanzvollen Maskenballes erfuhr, daß sich die Truppen des Königs soeben in Richtung schlesische Grenze in Bewegung gesetzt hätten. Hastig verabschiedete sich noch in der gleichen Stunde Friedrich von der Schwester:

„Mein Platz ist nun bei meinen Soldaten."

Wilhelmine weinte. Sie hatte Angst um ihn und begriff ihn nicht. Soldatentum und Ruhm bedeuteten ihr wenig. Dazu kam, daß sie große Sympathien für die blutjunge Maria Theresia hegte, sozusagen Sympathien von Frau zu Frau. Vielleicht spürte sie verwandte Strömungen in ihrer beider Wesen. Die Königin von Ungarn und Böhmen war klug, lebhaft, belesen, liebte ihren Mann — Eigenschaften, die auch auf Wilhelmine zutrafen.

Man kehrte nach Bayreuth zurück. War Wilhelmine in den vergangenen Wochen von ihrer Ehekrise ein wenig abgelenkt — sie hatte weiterhin versucht, ihre Hofdame Marwitz in ihrem Sinn zu beeinflussen —, so traten ihre Sorgen und Ängste nun wieder hart in den Vordergrund.

Stundenlang saß sie am Fenster ihres Zimmers und starrte hinaus, ohne etwas zu sehen. Sie war so ratlos. Sollte sie des Bruders Rat befolgen und die Affäre ihres Mannes tolerieren, in der Hoffnung, er käme dann zu ihr zurück, sollte sie um ihr Glück kämpfen, sich ihrer Nebenbuhlerin entledigen, sie entlassen? Aber würde das überhaupt noch möglich sein? Allzu ungeniert zeigten sich doch die beiden jetzt auch in aller Öffentlichkeit. Sprach Wilhelmine vorsichtig mit der Marwitz, so beschwor die wortreich ihre Unschuld und Wilhelmine war — gegen alle Vernunft — dann nur allzusehr bereit, ihr zu glauben.

„Es ist nur reine Freundschaft, Königliche Hoheit, ich werde mehr nie zulassen. Bitte glauben Sie mir!"

Was blieb Wilhelmine anderes übrig? Sie erkannte entsetzt, daß sie selbst auf das Verhalten der Marwitz angewiesen war, daß es allein in ihrer Macht lag, sie, die Ehefrau, zu betrügen oder nicht. Mit dem Markgrafen kam Wilhelmine nur noch gesellschaftlich zusammen. Er war ihr gegenüber indifferent freundlich und höflich. Das aber hatte Wilhelmine Fräulein von Sonsheim zu verdanken, die dem untreuen Ehemann heftige Vorwürfe gemacht und ihn beschworen hatte, seiner Frau gegenüber gerechter und liebenswürdiger zu sein. Wilhelmine aber glaubte in Friedrichs Freundlichkeiten ein hoffnungsvolles Zeichen zu erkennen. Sie begriff seine Handlungsweise immer noch nicht. Hatten sie beide nicht aus Liebe geheiratet, aus Liebe so viele Widerstände überwunden? Hatte er ihr nicht aus freien Stücken immer wieder ewige Liebe geschworen? Waren sie sich nicht in den vergangenen schweren Jahren in Liebe und Freundschaft verbunden gewesen? Und jetzt, wo das Leben leicht und schön für sie sein könnte, jetzt, wo sie ihr Dasein genießen könnten, gerade jetzt bereitete er ihr so heftigen Kummer.

Aber war er glücklich dabei?

Wilhelmine war überzeugt, daß auch ihr Mann litt. Doch tat er das wirklich? Die Meermann, Wilhelmines alte Kinderfrau, die auch auf dem Bayreuther Hof lebte, sagte:

„Königliche Hoheit, ich kenne das Leben. Männer sind sonderbare Wesen, vielleicht von der Natur so geschaffen. Sie empfinden in Liebesdingen keineswegs wie wir Frauen. Ihnen ist ein Liebesabenteuer nicht mehr als die angenehme Bestätigung ihrer Männlichkeit. Glauben Sie mir, Königliche Hoheit, im Grunde liebt Sie der Markgraf immer noch wie damals, als er um sie warb."

Es fiel Wilhelmine schwer, dies der alten Meermann zu glauben.

Erfreulich empfand Wilhelmine die Rückkehr ihres Arztes Superville. Sie hatte schon gefürchtet, er bleibe bei Bruder Friedrich in Berlin.

Gerade an diesem Tag kam die Marwitz zu Wilhelmine und erklärte ihr (Wilhelmine hielt diese Unterredung in den Memoiren fest):

„ ,Ich sehe wohl, daß ich Eure Königliche Hoheit verlassen muß. Die Gerüchte, die in Berlin über mich umliefen, haben nur zu bereitwillig Glauben gefunden. Ich kann die Welt nur zum Schweigen bringen, wenn ich mich nun vom Hofe zurückziehe. Ich werde namenlos unglücklich sein, denn ich fühle, daß ich die Trennung von Ihnen nicht ertragen kann, und zu meinem größten Unglück will mich mein Vater verheiraten.'*

Ich war von ihren Tränen und Gefühlen lebhaft gerührt. Wie konnte ich nach solcher Unterredung dieser Person nur mißtrauen? Sie wich jetzt fast nie von meiner Seite..."

Ja, und Wilhelmine freute sich, daß nun auch ihr Mann wieder häufig in ihrer und der Marwitz Nähe war. Daß sie sich in der Folgezeit immer wieder durch die beiden täuschen ließ, war wohl das Merkwürdigste an dieser üblen Geschichte. Schließlich war Wilhelmine doch überdurchschnittlich intelligent, von glasklarem Verstand, der sich oft genug in ihrer Spottlust äußerte. Unbegreiflich, daß sie sich von ein paar Tränen und heuchlerischen Beteuerungen so betören ließ!

Trotz ihrer seelischen Misere trat in diesen Herbsttagen des Jahres 1743 ein gesellschaftliches Ereignis in den Vordergrund, das Wilhelmines heimlichen Kummer für einige Zeit überdeckte.

Ihr Bruder kündigte seinen Besuch mit Gefolge in Bayreuth an. Zu diesem Gefolge gehörte Voltaire, den Wilhelmine verehrte und der ihr den Hof machte. Wilhelmine fühlte sich ein paar Tage lang als gefeierter Mittelpunkt. Ein glanzvolles Fest löste das andere ab, man erging sich in geistvollen Gesprächen, denen der Markgraf mit seinem mangelhaften Französisch kaum zu folgen vermochte. Man spielte Theater, und der Markgraf erkannte seine, wie er sich ausdrückte, „griesgrämige Gattin" kaum wieder. Sie spielte auf der Bühne eine lebenssprühende, verliebte Roxane, und Markgraf Friedrich ahnte dunkel, daß er seiner Frau keineswegs das bot, was ihr eigentlich zustand.

Um Schlesien wurde immer noch gekämpft — die junge Habsburgerin auf dem Wiener Thron wehrte sich, sie nahm die Niederlagen nicht einfach hin, und der Sieger von Glogau, Friedrich, ahnte, daß ihm Schlesien noch lange zu schaffen machen würde. Doch davon war in diesen festlichen Bayreuther Herbsttagen nicht die Rede. Zwischen ernsthaften Gesprächen tafelte, tanzte, flirtete man und trällerte französische pikante Liedchen, zur Freude der hübschen Marwitz, die sich in ihrem Element fühlte und sich geschickt ins rechte Licht zu setzen wußte. In all dem Trubel fanden Friedrich und seine Schwester trotzdem die Gelegenheit zu einem vertraulichen Gespräch.

„Hast du deinen ehelichen Kummer nun überwunden, Minchen?" fragte er herzlich. Wilhelmine wirkte sehr schmal und blaß, mädchenhaft zart und zerbrechlich, der Bruder sah es mit Sorge. Doch wieder einmal beschönigte Wilhelmine die Zustände und tat, als sei alles in annehmbarer Ordnung, statt ihm die traurige Wahrheit zu sagen. Doch Friedrich ließ sich nicht täuschen, längst pfiffen es ja die Spatzen von den

Dächern der europäischen Fürstenhöfe, daß der Markgraf sich in der Marwitz eine Mätresse halte, die fast ständig in seiner Nähe sei. Und war sie es nicht, so erfreute sich der Liebhaber an einem gelungenen Konterfei der Geliebten, das er von einem berühmten Künstler hatte malen lassen.

Verständlich, daß sich Friedrich darüber ärgerte. In seinen Augen war der Markgraf ein Niemand, der das große Glück hatte, eine preußische Königstochter zu ehelichen. Und was tat dieser bornierte Dummkopf? Er machte seine, Friedrichs geliebte Schwester unglücklich und zum Klatschobjekt.

Finster betrachtete er Wilhelmine, die tapfer lächelte und Beispiele aufzählte, wie freundlich und liebenswürdig ihr der Gemahl wieder begegne. Friedrich wäre ihr gern in die Parade gefahren, aber schließlich unterließ er es. Doch würde er die Augen offen halten, das schwor er sich, zu hilfsbedürftig und verletzbar wirkte seine sonst so spottlustige Schwester.

Er reiste ab, doch ließ er Wilhelmine Voltaire zurück. Dem machte es offensichtlich Freude, sich in langen Gesprächen mit der klugen, weltgewandten Fürstin zu messen, ihr seine Philosophie vorzutragen, ihre Kritik zu hören.

Der Markgraf sah dies befriedigt — desto mehr Gelegenheit bot sich ihm, mit der Hofdame Marwitz zusammen zu sein...

Wilhelmine plante die Gründung einer Universität und wählte als Standort Erlangen. Der Markgraf kümmerte sich wenig um ihre Ambitionen — ihm genügte das Plaisier mit seiner Mätresse. Superville dagegen verordnete der Markgräfin Ablenkung von ihrem Kummer — ganz wie ein moderner Seelenarzt. Er forcierte ihre Pläne und unterstützte sie in jeder Beziehung.

Und Daniel Superville war es auch, der während der feierlichen Eröffnung der neuen Universität im November 1743 zwar abseits stand, doch kein Auge von der Markgräfin ließ. Und erleichtert erkannte er in ihren Zügen Freude, Genugtuung und Stolz auf etwas, das im Grunde genommen zwar sein Werk war, das in erster Linie aber der Markgräfin Ehre, Anerkennung und Ruhm einbringen sollte. Er wollte Wilhelmines Selbstbewußtsein stärken, das sie die Ehemisere nach Möglichkeit vergessen, zumindest leichter ertragen lassen würde.

Ganz gelang ihm das natürlich nicht. Es wird ein Rätsel bleiben, weshalb diese so kluge, hübsche, hochgeborene Prinzessin bis an ihr Lebensende derart an ihrem Ehemann hing, ihn selbst in ihren Memoiren schonte, ihm mit keinem bösen Wort vergalt, was er ihr an seelischen Schmerzen zufügte. So bestand sie auch darauf, daß die eben eingeweihte Universität seinen Namen trage.

Er aber saß während des feierlichen Aktes zwischen Wilhelmine und der Marwitz, beugte sich immer wieder hinüber zu seiner Mätresse und tuschelte mit ihr. Superville in seiner Ecke wurde rot vor Zorn. Sicher war er nicht der einzige bei Hofe, der Wilhelmine wegen ihres Charakters so verehrte und bewunderte — wie sie es verdiente. Darüber hinaus aber half er ihr. Er war es auch, der sie anregte, ihre Memoiren zu schreiben — so war sie lange Stunden des Tages beschäftigt und abgelenkt.

Und der Nachwelt blieb dadurch ein sehr genaues Bild dieser bedeutendsten Frau ihrer Zeit und ihrer Umgebung.

So klug und vielseitig gebildet Wilhelmine auch war — ihre Liebe verteilte sie nur mit ihrem Herzen. Deshalb konnte sie auch Enttäuschungen eben nur mit dem Herzen erleiden, der Verstand blieb ausgeklammert...

Superville sitzt Wilhelmine gegenüber. Sie ist blaß, auch wenn die Schminke eine nicht vorhandene Gesundheit vorspiegelt. Ihr Gesicht ist immer noch schön — vielleicht deshalb, weil geschickte Kosmetik ihre eingefallenen schmalen Wangen voller erscheinen läßt.

Sie ist sorgfältig und vorteilhaft gekleidet und der Leibarzt ahnt den Grund dieser Sorgfalt — sie möchte neben der Rivalin, der Mätresse ihres Mannes bestehen. Und das tut sie auch. Das junge leere Puppengesicht der Marwitz neben ihrem wirkt wie der nichtssagende Kopf einer kleinen Putte neben dem edlen Antlitz einer Madonna.

Doch wenn einem verliebten Galan ein rundbäckiges Engelsgesicht eben besser gefällt, dann ist guter Rat teuer. Das weiß auch Superville. Er ist dazu verurteilt, diese Misere mitansehen zu müssen, ohne ernsthaft einschreiten zu können.

„Wie weit sind Sie mit Ihren Memoiren, Königliche Hoheit?"

„Wollen Sie sie lesen, Superville? Ich beschreibe gerade das Tabakskollegium des Königs. Ich bin mitten in meiner sonderbaren Jugend. Vielleicht ist die für Sie aber interessant — vielleicht gibt Ihnen die Lektüre Aufschluß über meine heutigen vielen Wehwehchen. Können Sie sich vorstellen, Doktor, daß man ein kleines Mädchen zwang, täglich vier Stunden in einem eiskalten Raum stillzusitzen und den Gesprächen der Erwachsenen zuzuhören?"

Der Leibarzt fühlt sich durch Wilhelmines Vertrauen, ihre geheimen, zu Papier gebrachten Gedanken lesen zu dürfen, geehrt.

Nach einigen Tagen bringt er der Prinzessin die Blätter zurück.

Er lächelt:

„Königliche Hoheit sind ja eine Dichterin."

„Meinen Sie, weil ich übertreibe? Mag sein, ein wenig, aber ich will ja auch kein Protokoll zu Papier bringen."

„Nun, das ist Ihr Werk ganz gewiß nicht. Ich habe während der Lektüre gelacht, war aber auch erschreckt und schockiert. Was hat man diesem kleinen Mädchen alles angetan!"

„Bedauern Sie mich nicht zu sehr. Ich war ein sehr spottlustiges, keckes Geschöpf, gewiß kein Engelchen", erwidert Wilhelmine trübe. „Wenn ich an früher zurückdenke — und das muß ich ja jetzt —, dann weiß ich erst, wie gut es mir heute geht. Ich kann tun und lassen, was ich will, sitze an Ihrer Seite, der Sie mir erst kürzlich wieder meine Gesundheit zurückgegeben haben, spüre, daß ich Freunde habe und einen Bruder, den ich über alles liebe und um den ich mir nicht mehr so viele Sorgen machen muß. Ich habe eine gesunde Tochter, die zwar auch kein Engelchen ist — wie könnte es anders sein bei dieser Mama —, die mir aber trotzdem viel Freude macht."

Ja, die kleine Friederike. Wenn sie auch, seit sie den Kinderschuhen entwachsen und eine neunjährige junge Dame ist, nicht mehr im Mittelpunkt der mütterlichen Fürsorge steht, so versäumt doch Wilhelmine nie, sich mit ihr wenigstens eine halbe Stunde am Tag zu beschäftigen. Die Mutter ist sogar ein wenig auf die greise Madame Meermann eifersüchtig, an der Friederike so hängt. Die Markgräfin hat es endlich auch erreicht, daß die Marwitz aus der Nähe des Kindes verbannt wurde; trotzdem ahnt Wilhelmine, daß sich ihre Tochter zu der leichtlebigen, munteren Hofdame sehr hingezogen fühlt, deren loses, lockeres Wesen immer mehr den Umgangston bei Hofe bestimmt.

Tochter Friederike aber ist das Hauptbindeglied zwischen den entfremdeten Eltern.

Jetzt sagt Superville:

„Stimmt es, Königliche Hoheit, daß man Prinzessin Friederike mit dem Herzog Karl Eugen von Württemberg verloben will? Eine Neunjährige?"

„Mein Gott, wäre das so schlimm? Verlobt ist noch nicht verheiratet, doch gibt eine Verlobung die Gewähr, daß beide nicht erst weiteren Spekulationen ausgesetzt werden."

Superville erkennt, aus der Markgräfin sprechen eigene Kindheitserlebnisse, und wechselt das Thema. Doch unterläßt er es auch weiterhin nicht, vor dieser frühen Bindung zu warnen — mit Erfolg. (Erst als bildhübsche Dreizehnjährige wird sich Friederike von Bayreuth mit Karl Eugen, Herzog von Württemberg verloben.)

Die beiden Menschen, Superville und Wilhelmine, sitzen einander in der Eremitage — immer noch Wilhelmines liebstem Aufenthaltsort — gegenüber. Sie sind allein, denn die Sonsfeld fühlt sich nicht wohl, Fräulein von Marwitz aber betreut die Tante. Nun wäre Gelegenheit zu einer Aussprache, und Superville versucht auch, sie herbeizuführen.

„Sie sehen besser aus, Königliche Hoheit — fühlen Sie sich auch so?"

„Lieber Freund, wenn ich mein nacktes, ungeschminktes Gesicht sehe, erschrecke ich oft. Bin ich es wirklich? frage ich mich dann. Nein, ich fühle mich nicht gut. Aber Medizinen helfen da nicht. *Wenn man sein Glück auf die Gegenliebe geliebter Menschen gegründet hat, wird alles andere, wird aller Flitterglanz gleichgültig. Und ein kleiner Beweis von Freundschaft macht mehr Eindruck als alles Gepränge.*" (Wilhelmine hat diese Sätze wörtlich in ihre Memoiren übernommen.)

„Und erhielten Sie so einen Beweis, Königliche Hoheit?"

Wilhelmine sieht in ihren blauseidenen Schoß, sagt leise:

„Vielleicht. Fräulein von Marwitz hat sich erboten, ihre greise Tante zu pflegen. Das bedeutet, daß sie nicht mehr soviel Zeit für — für Allotria haben wird."

Superville möchte am liebsten auffahren. Das bedeutet doch nur, daß die raffinierte Person sich als unabkömmlich erweisen will.

Er sagt rasch:

„Es wird eine viele Monate währende Pflege der alten Dame sein. Wäre es nicht klüger, ihr eine gewissenhafte Pflegerin, vielleicht die treue Zenzia, zur Seite zu geben?"

„Oh, die Marwitz hat sich auch schon des öfteren als treu und gewissenhaft erwiesen", erwidert Wilhelmine leise.

Und Superville denkt verärgert, es ist ihr einfach nicht zu helfen. Warum, um des Himmels willen, nützt sie nicht ihren Einfluß, die Nebenbuhlerin aus ihrer und des Markgrafen Nähe zu vertreiben? Jedermann hätte doch Verständnis dafür. Jedermann — doch natürlich nicht der Markgraf. Aber das Volk stünde auf ihrer Seite. Warum nur ihr verdammtes Zögern, ihr sich Dreinschicken, als wäre diese Ehekonstellation Gottes Ratschluß!

Ach, was weiß der Arzt von der Tiefe der Zuneigung, die Wilhelmine immer noch ihrem Mann gegenüber empfindet! Was weiß er von ihren zärtlichen Aufwallungen, wenn Friedrich ihr ehrfurchtsvoll die Hand küßt, verlegen und rot im Gesicht, ängstlich, wie ein Junge mit schlechtem Gewissen! Wie sanft und freundlich ist er ihr gegenüber, wie dankbar, daß sie ihm keine Vorwürfe macht, ihm sein liebstes Spielzeug läßt. Und das alles soll sie aufs Spiel setzen, sich freiwillig seinem Unwillen und Zorn ausliefern, nur um der Gewißheit willen, die Stärkere gewesen zu sein? Was nützt das ihrer Liebe, ihrem Verhältnis zu Friedrich? Sie kennt ihn besser, als er sich selbst. Und sie weiß, das heißt sie hofft, eines Tages wird er zu ihr zurückkehren und dann darf nicht mehr zwischen ihnen stehen als diese Liaison, kein Haß, keine Verachtung, keine Intrigen...

Doch dies alles Superville zu erklären, findet sie sich außerstande. Niemand kann ihr helfen als der Markgraf selbst. Der aber ist im Augenblick noch so von den Qualitäten — auch den moralischen — seiner Geliebten überzeugt, daß für Wilhelmine von dieser Seite sicher nichts zu erwarten ist. Und das weiß sie. Gerade Dorotheas Bemühen um die alte Tante von Sonsfeld hebt wieder ihren Ruf, ihren Ruf als barmherzige Samariterin. Und um nichts anderes ging es dieser Frau.

Außer Superville gibt es natürlich noch andere Leute bei Hofe, die der Marwitz nicht gerade wohlgesinnt sind. Das weiß sie. Und geschickt beginnt sie, sich einen Freundeskreis zu schaffen. Was liegt näher, als ihre „Gefolgsleute" politisch dort zu suchen, wo Wilhelmines Einfluß nicht hinreicht — bei der „österreichischen Partei". Heimlich hat Wilhelmine immer noch ein Faible für die junge Regentin in Wien, Maria Theresia, doch zeigen darf sie es nicht. Schließlich ist die Königin von Ungarn und Böhmen ja die Feindin des Bruders. Wilhelmine also ist der Österreichfreundlichkeit ihres Mannes und eines Teiles des Bayreuther Hofes durchaus nicht abgeneigt, doch als preußische Prinzessin hat sie eben preußisch zu fühlen und zu handeln.

Die Marwitz aber betont bei jeder sich bietenden Gelegenheit, obgleich ebenso Preußin wie Wilhelmine, daß alle ihre Sympathien der armen, jungen Königin gehören, deren Land vom preußischen Regenten überfallen wurde. Ostentativ greift sie den Preußenkönig an, schilt ihn einen herzlosen Eroberer, gewinn- und ruhmsüchtig.

„Noch ist dieser Herr aber Ihr König und Gebieter", erwidert während eines Tafelgesprächs Superville der

Hofdame. „Oder fühlen Sie sich nicht mehr als Preußin, etwa als Österreicherin?"

Die Marwitz würdigt den Arzt keiner Antwort, lächelt dem Markgrafen zu und sagt zu ihm:

„Meinen Herrn und Gebieter bestimme ich."

Friedrich ist verlegen — er fürchtet die scharfe Zunge Supervilles, der ihm längst ein Dorn im Auge ist. Er lenkt ab und fragt die Marwitz nach ihrem kranken Vater, der als Friedrichs General verwundet in Breslau liegt.

„Papa geht es immer noch nicht besser. Aber immerhin gut genug", sagt Dorothea spöttisch lächelnd, „daß er für mich Heiratspläne schmiedet." Dieses Thema freilich ist dem Markgrafen erst recht nicht genehm, doch seine Geliebte redet schon weiter: „Ich soll den Grafen von Pohdewils heiraten. Aber ich kenne ihn nicht einmal."

„Man wird Sie nicht zu dieser Heirat zwingen", erklärt der Markgraf plötzlich erregt. Offensichtlich erfährt er erst in diesem Augenblick, wovon längst der Hof spricht. Seine raffinierte Geliebte hat es so eingerichtet, daß er impulsiv vor versammelter Gesellschaft dazu Stellung nehmen muß. Die Marwitz strahlt, manche aus der Tafelrunde grinsen hämisch. Friedrichs Blick trifft den Wilhelmines — er erkennt ihre Blässe unter der Schminke, sieht wie ihr Mund zu einem schmalen roten Strich wird. Sie sagt nichts, dafür nimmt Superville rasch wieder das Wort:

„Was haben Sie an dem Grafen auszusetzen, Gnädigste? Er gehört zu den besten Männern des Königreiches und erfreut sich der besonderen Gunst seines Königs. Im Augenblick ist er preußischer Gesandter in Holland, aber er wird es noch weit bringen. Da Sie ihn nicht kennen — ist es nicht vielleicht verfrüht, ihn als Gatten abzulehnen?"

Wieder kommt keine direkte Antwort der Hofdame.

Und der Markgraf hat es plötzlich eilig, die Tafel aufzuheben.

Wenig später wird Wilhelmine die Marwitz gemeldet. Wortlos sinkt sie vor der Markgräfin in die Knie, schluchzt und bittet tränenüberströmt um ihren Schutz gegen diese unerwünschte Ehe.

Wilhelmine ist verlegen und unschlüssig. Sie weicht aus:

„Zunächst einmal beruhigen Sie sich, liebe Marwitz. Es wird nichts so heiß gegessen, wie es gekocht wird."

Später bittet sie Superville zu sich und fragt nach seiner Meinung.

„Königliche Hoheit, es zeigt sich hier ein Ausweg, und ich glaube, Sie haben ihn dem König zu verdanken. Ihr Bruder hat diese Heirat arrangiert — die Mätresse des Markgrafen wird sich fügen müssen."

Den Rest des Tages verbringt Wilhelmine in Hochstimmung. Längst hat auch sie auf eine Heirat der Nebenbuhlerin gehofft, und jetzt scheint sich ihr heimliches Hoffen zu erfüllen. Es wird alles gut, sagt sie sich an diesem Abend. Doch in ihre freudige Zuversicht mischt sich auch Angst. Wie, wenn der Markgraf diese Ehe hintertreibt? Sie, Wilhelmine, braucht Verbündete, solche, die der zukünftigen Braut nahe stehen. Da fällt ihr das greise Fräulein von Sonsfeld, die Tante der Marwitz, ein. Hatte die nicht seinerzeit die eigene Schwester Flora so zu beeinflussen gewußt, daß sie auf eine Ehe mit dem alten Markgrafen zu verzichten bereit war? Wilhelmine verbringt den nächsten Vormittag bei ihrer alten Getreuen und schüttet dieser ihr Herz aus.

Fräulein von Sonsfeld, sehr gebrechlich und pflegebedürftig, doch geistig noch völlig klar, streichelt die Hand der Königlichen Hoheit. Sie erinnert sich mit der Klarsicht des Alters all jener Episoden, die sie an der Seite der jungen Wilhelmine erlebte: Die Intrigen um ihre Heirat, die Sorgen um den geliebten Bruder, die

Liebe zu Friedrich von Bayreuth, die vielen Kümmernisse an diesem Hof.

Jetzt sitzt ihr ehemaliger Schützling wieder hilfebedürftig an ihrem Krankenlager. Und die Greisin erkennt, wie wenig sich die Welt ändert. Es ist immer das gleiche: Ängste, Leid, Liebe, Glück — ein steter Kreislauf. Aber sie wird versuchen, der Prinzessin zu helfen. Schließlich ist ja die Nichte häufig in ihrer Nähe, auch schläft sie nebenan.

Wie oft sie nicht nebenan schläft, weiß die Sonsfeld freilich nicht, denn für die Nachtwache ist Zenzia zuständig, Zenzia, die immer noch in unverbrüchlicher Treue an ihrer Herrin hängt, und sich immer wieder in heftigste Gewissensqualen gestürzt sieht, wenn sie erkennen muß, wie oft die Marwitz nächtlicher Weile unterwegs ist. Soll sie das der Markgräfin melden? War das nicht ihre Pflicht? Doch die Scheu vor einem Skandal hielt und hält Zenzia bisher immer wieder zurück. Zudem meinte Jakob, ihr Mann, daß die Herrin sowieso Bescheid über diese Dinge wisse.

Anfangs hat die Marwitz versucht, Zenzia auf ihre Seite zu ziehen, doch diese Absicht schon bald fallenlassen. Zenzia stellte sich ihren Sirenenklängen gegenüber taub, tat als begreife sie nicht, was die Mätresse von ihr wollte — nämlich, daß sie gegen Wilhelmine Spitzeldienste leiste. Vielleicht besorgte dies später eine andere Dienerin, ein anderer Lakai, waren doch beide, der Markgraf und Dorothea, sehr an den Tagesablaufplänen der Markgräfin interessiert. Nur so konnte man sich Stunden der ungestörten Zweisamkeit ausrechnen.

In den nun folgenden Tagen wich die Marwitz der Begegnung mit Wilhelmine aus. Das ließ sich mit der Pflege ihrer Tante begründen, und als Fräulein von Sonsfeld Wilhelmine in einem Billett mitteilte, sie hätte die Nichte tatsächlich so weit gebracht, daß sie in die Verlobung mit Herrn von Pohdewils einwillige, war Wilhelmine selig.

General von Marwitz bat die Tochter zu sich nach Breslau, um die Verlobung offiziell zu feiern. Wilhelmine Dorothea ging mit Leidensmiene umher, trug sie insbesondere vor der Markgräfin zur Schau.

Zwei Tage vor ihrer Abreise nach Breslau erschien die zukünftige Braut unangemeldet vor Wilhelmine, warf sich ihr wieder einmal tränenüberströmt zu Füßen und bat schluchzend:

„Ich kann den Grafen nicht heiraten. Oh, helfen Sie mir, Königliche Hoheit! Sie sind der einzige Mensch, der mir noch helfen kann. Ich flehe Sie an, verurteilen Sie mich nicht zur Heirat mit diesem Menschen. Ich liebe ihn nicht. Ich liebe einen anderen."

Wilhelmine erstarrte, doch da fuhr die Marwitz schon fort:

„Ich liebe nur meinen Vetter, den Grafen von Burghaus."

Wilhelmine war aufs äußerste überrascht. Sie hob die Kniende auf, nötigte sie zum Sitzen und zur Aussprache. Die Marwitz behauptete, ihren Vetter schon seit Jahren heimlich zu lieben, und daß er sich nun, da die Gefahr bestehe, sie an Pohdewils zu verlieren, „erklärt" habe. Ihn, nur ihn wolle sie heiraten.

Nun, wenn dem so war, sah Wilhelmine keine Veranlassung, der Marwitz die Hilfe zu versagen. Superville warnte:

„Vertrauen Sie ihr nicht, Königliche Hoheit. Wie viele Enttäuschungen muß sie Ihnen eigentlich noch zufügen, daß Sie diese Intrigantin richtig einschätzen? Ich weiß nicht, was dahintersteckt, aber ich traue ihr nicht über den Weg. Lassen Sie sie den Grafen Pohdewils heiraten — damit ist sie in Holland und weit von hier. Graf Burghaus ist Österreicher, sie wird in Ihrer Nähe bleiben."

Wilhelmine wurde unsicher, doch dann siegten — unbegreiflicherweise — wieder einmal die Tränen und Beteuerungen der Marwitz, und sie versprach ihr Unterstützung.

Die bestand zunächst darin, daß sie dem alten, kranken General nach Breslau schrieb und ihm vor Augen hielt, wie unglücklich seine Tochter in einer Ehe mit einem ungeliebten Mann würde. Sie beschwor ihn, nicht auf dieser Verbindung zu bestehen und den Bräutigam dadurch zu trösten, daß er ihm Wilhelmine Dorotheas jüngere Schwester, die auch hier auf dem Bayreuther Hof lebte und sehr gerne bereit wäre, ihn zu heiraten, zur Frau gebe. Sie liebe ihn und sähe ihr Glück in dieser Verbindung.

Der Vater ließ sich überreden, und einige Zeit später heiratete tatsächlich die jüngere Marwitz den gutaussehenden, wohlhabenden Gesandten von Pohdewils. Von dieser Seite drohte Wilhelmine Dorothea also keine Gefahr mehr, wohl aber von einer anderen.

Der verstorbene König Friedrich Wilhelm I. hatte ein Gesetz erlassen, das reichen preußischen Erbtöchtern des Lehensadels verbot, ins Ausland zu heiraten, damit ihr Vermögen in Preußen bleibe. Natürlich wußte das die Marwitz. Und ihr Vetter, Graf Burghaus, war ja Ausländer, Offizier in einem österreichischen Regiment. Es stand dieser Heirat also ein preußisches Landesgesetz entgegen. Auch Wilhelmine hatte auf ihr Erbe hochoffiziell verzichten müssen, sie wußte also genau Bescheid. Trotzdem forcierte sie diese Verbindung, allerdings nicht ahnend, welchen Ärger in vieler Beziehung sie dadurch heraufbeschwören würde. Mit verdächtiger Eile wurde diese Heirat betrieben.

„Königliche Hoheit", strahlte an ihrem Hochzeitstag die Marwitz, „Sie machen mich heute zum glücklichsten Menschen der Welt", und küßte Wilhelmine demütig die Hand. Auch der Markgraf wirkte zufrieden, Wilhelmine erkannte es beglückt. Ganz offensichtlich störte ihn Dorotheas Heirat nicht. Nur der getreue Superville stand wie üblich mit spöttischem Gesichtsausdruck abseits. Er glaubte nicht an den so plötzlich ausgebrochenen Frieden am Bayreuther Hof — er wartete auf den Pferdefuß, der sich zeigen werde.

Zunächst zeigte er sich in Form eines überaus heftigen Briefes des Königs, in dem er Wilhelmine beschuldigte, ihre Hofdame Marwitz gegen seinen Willen, ohne sein Einverständnis mit einem Ausländer verheiratet zu haben.

Wilhelmine liest die kühle Anrede:

„*Verehrte Frau Schwester...*" und dann folgt eine Flut von schriftlichen Vorwürfen. „... *ihr Vermögen* (das der Marwitz) *wird selbstverständlich konfisziert. Doch dies schafft den Gesetzesbruch nicht aus der Welt...*"

Noch nie erhielt Wilhelmine von Friedrich einen ähnlich schroffen Brief. Sie ist entsetzt, als ob sie ahnte, daß dies der Beginn einer ernsthaften, jahrelangen Verstimmung der Geschwister werden würde. Einer Verstimmung, die Wilhelmine besonders traf, weil sie sich frei von Schuld wähnte. Wie hätte sie auch ahnen können, daß ein Gesetz ihres geizigen Vaters auch für Friedrich noch Gültigkeit hätte! Wie viele Gesetze waren doch von ihm aufgehoben oder geändert worden...

Wilhelmine hatte aus ihrer eigenen Privatschatulle Dorotheas Aussteuer bezahlt. Nun hoffte sie, daß die Braut endlich ihren Kammerwagen richte, um dem Gatten in seine Garnison zu folgen.

Doch nichts geschieht — im Gegenteil. Die junge Gräfin Burghaus hat nun noch mehr Zeit für sich und ihr Pläsier als früher, denn die Pflege ihrer Tante obliegt jetzt ganz Zenzia, der Salzburgerin. Und Zenzia wüßte zu berichten, wie oft das Himmelbett der Marwitz unbenützt bleibt, wie oft sie ungeniert erst zu früher

Morgenstunde ihr Appartement wieder betritt. Als Zenzia einmal erkennen muß, daß die Jungverheiratete zusammen mit dem Markgrafen in ihr Schlafzimmer kommt, entschließt sich die Zofe endlich, Wilhelmine zu unterrichten.

Die Markgräfin starrt der Getreuen ins immer noch jugendlich hübsche Gesicht, erkennt am tränenschweren Blick ihrer dunklen Augen, wie schwer es Zenzia wird, hier vor ihr, der Herrin zu stehen, um auszusagen.

Längst hat Wilhelmine gelernt, sich zu beherrschen — weder ihren Zügen noch ihrer leisen Stimme merkt man die Erregung an, als sie fragt:

„Bist du ganz sicher, Zenzia, daß es der Markgraf war, der die Gräfin begleitete? Der die restliche Nacht in ihrem Zimmer verbrachte?"

„Ich schwöre es."

„Es ist gut, meine liebe Zenzia. Es war sehr gut, daß du zu mir gekommen bist."

War es wirklich gut? Als die Zofe gegangen ist, schlägt Wilhelmine die Hände vors Gesicht und weint hemmungslos. Sie ist völlig verzweifelt und ratlos. Was soll sie tun? Was kann sie tun?

Ihr ist rätselhaft, was das Verhalten der Burghaus bedeutet. Hat sie nicht behauptet, Graf Burghaus zu lieben?

Da kommt ihr plötzlich eine Szene zu Bewußtsein: Das zufriedene Lächeln ihres Mannes während der Trauungszeremonie des Burghaus'schen Paares. Warum hatte es der Graf so eilig, seine junge Frau wieder zu verlassen, und warum zeigte die so gar keine Sehnsucht, ihm zu folgen?

Diesmal handelt Wilhelmine ohne den Zuspruch und Rat ihres Arztes. Noch am gleichen Abend erklärt sie der Burghaus an der Abendtafel, sie wünsche, daß sie Bayreuth noch in dieser Woche verlasse.

„Es werden Ihnen vier Wagen zur Verfügung stehen, meine Liebe, und das dazugehörige Personal."

Die rundlichen Wangen der Gräfin färben sich unter der Schminke rot. Sie stottert, aufs äußerste überrascht:

„Aber ich habe gar nicht die Absicht, den Hof zu verlassen. Es gibt auch gar keinen Grund, Königliche Hoheit."

„Jetzt gibt es für Sie einen Grund: meinen Befehl!" klirrt Wilhelmines Stimme.

„Durchlaucht!" schrillt nun die Burghaus, sich an den Markgrafen wendend. „Wer hat hier Befehle zu erteilen? Muß ich mir das bieten lassen?"

Der Markgraf, nicht mehr nüchtern, springt vom Stuhl auf und schreit: „Sie gehen zu weit, Markgräfin. Wer auf diesem Hof bleibt oder geht, das bestimme immer noch ich. Folgen Sie mir!"

Der Skandal ist komplett. Doch Wilhelmine, bebend vor Zorn, innerlich aber ratlos und wie zerbrochen, denkt nicht daran, dem markgräflichen Befehl Folge zu leisten. Sie erhebt sich von der Tafel erst, als ihre Damen sie verlegen und forschend ansehen und auf ihr Zeichen zum Aufbruch warten. Sie geht eilig an der Tür des Salons, hinter der sie ihren Mann weiß, vorüber, läßt anspannen und fährt hinaus in die Eremitage. Sie verbringt eine schlaflose Nacht, sehr allein, nur Zenzia hat sie begleitet. Sie weiß nicht, wie es weitergehen soll, weiß nicht, wie sich ihr weiteres Leben gestalten wird. Sie spürt, ihre eigene Handlungsfähigkeit ist vorbei — sie wird gehorchen müssen, wo sie ehedem befehlen durfte. Aber sie empfindet keine Reue, kein Bedauern, daß sie den Streit vom Zaun brach. Gegen Morgen schläft sie endlich ein und schläft bis in den Mittag, wacht erst auf, als sie eine zornige Stimme hört, eine Stimme, die sie kennt. Es ist die Marwitz, verehelichte Burghaus, die Zenzia anschreit:

„Ich habe keine Lust, noch länger zu warten. Du gehst jetzt sofort und weckst deine Herrin, oder ich tue es selbst."

Zu dem folgenden Auftritt schreibt Wilhelmine später ihrem Bruder August Wilhelm:

„... sechs Wochen nach ihrer Hochzeit lüftete die Burghaus ihre Maske...", und das tut sie sehr gründlich.

Wilhelmine erfährt, daß alles, die Weigerung der Marwitz, Graf von Pohdewils zu heiraten, ihre Behauptung, in ihren Vetter Burghaus unsterblich verliebt zu sein, nichts als ein abgekartetes Spiel war, ein Spiel, in dem auch der Markgraf seinen Part hatte. Fassungslos starrt Wilhelmine in die hübsche Larve der jungen Frau — ist es möglich, daß jemand so falsch und verdorben sein kann?

„Meine Ehe mit dem Burghaus ist nur eine Scheinehe. Das weiß mein Mann ebenso wie der Markgraf. Ich liebe nur ihn, den Markgrafen! Da Sie mich dazu zwingen, sollen Sie hiermit die volle Wahrheit erfahren. Im übrigen habe ich nichts dagegen, wenn Sie weiterhin am Hof in Bayreuth bleiben, aber es wäre für alle Teile besser, Sie wählten die Eremitage zu Ihrem künftigen Wohnsitz."

Damit rauscht die Burghaus aus dem Salon, Wilhelmine sprachlos, fassungslos, zurücklassend.

In einem Brief einige Zeit später schreibt sie zu ihrer Situation:

„... ich verdiene alles, was mir jetzt begegnet: ich habe mir aus Dummheit diese Suppe eingebrockt..." Damit meint sie die Tatsache, ihrer Hofdame Marwitz-Burghaus so lange und töricht vertraut zu haben. Es beginnt für Wilhelmine eine sehr bittere Zeit.

Natürlich bleibt sie im Stadtschloß, weicht ihrem Mann jedoch nach Möglichkeit aus, auch er meidet nun ostentativ ihre Nähe. Die Burghaus ist seine ständige Begleiterin, beide geben sich keine Mühe mehr, die

Liaison zu verheimlichen. Insofern herrschen nun in den folgenden eineinhalb Jahren klare Verhältnisse am Bayreuther Hof — ähnlich jedenfalls wie an den meisten europäischen Fürstenhöfen, Verhältnisse, die auch der Markgräfin nicht unbekannt sind. Sie braucht ja nur an die schöne Orszelska zu denken, von der freilich kein Mensch mehr spricht, obgleich sie bis zum Tode König Augusts bei ihm lebte und seine Favoritin war.

Wird es auch der Burghaus gelingen, ihre jetzige Stellung bei Hofe ihr Leben lang zu halten? Wilhelmines Herz weigert sich, das zu glauben. Es war doch Liebe, ehrliche, große Liebe, die sie und den Markgrafen einmal verband, kein Heiratszwang, wie ihn die meisten Herrscher zum Vorwand nehmen, wenn sie sich in erotischer Beziehung anderweitig trösten. Kann eine ehemals so harmonische Liebe wirklich sterben? Wenigstens ein Rest müßte doch noch übrig geblieben sein! Und auf diesen Rest hofft die Markgräfin, das läßt sie ihre entwürdigende Lage in zäher Geduld ertragen...

Friedrichs spärliche Briefe bleiben weiterhin kühl und reserviert. Wilhelmine versucht das zu ändern, doch es gelingt ihr nicht. So fehlt ihr in der bedrückendsten Zeit ihres Lebens auch noch die Zuneigung des geliebten Bruders. Nur Superville hält zu ihr, weiß als ihr Arzt, wie sehr sie leidet. Er ist zwar nicht in zweideutigem Sinn ihr „Seelentröster", wie sich der Markgraf einzureden versucht, aber er zeigt ihr Hochachtung, Verehrung und Respekt, heitert sie auf und betreut sie während ihrer jetzt häufigeren Krankheiten. Sie beruhen wohl auf einer allgemein erhöhten Anfälligkeit, besonders der Lunge, doch läßt sich Wilhelmine weder körperlich noch seelisch unterkriegen. Auch das bewundert ihr Arzt.

Das nächste Jahr, 1745, sollte Wilhelmine in besonderer Erinnerung bleiben. Allmählich ebbt die große Enttäuschung und der Schmerz um ihre verlorene

Liebe ab — sie beginnt sich wieder für andere Dinge zu interessieren, und, wie könnte es bei einer so kunstbegeisterten Frau anders sein, besonders für die Belange von Kunst und Wissenschaft. Sie holt Gelehrte für ihre Universität ins Land, ebenso Künstler, mit denen sie persönlich Theaterstücke und eigene Singspiele einstudiert und aufführt. Braucht sie Geld, so wendet sie sich an den Markgrafen. Aufrichtig, wie sie ist, gesteht sie sich ein, daß seine Nähe ihr wohl tut, und sie erkennt traurig, daß sie ihn immer noch liebt. Er gibt sich Wilhelmine gegenüber nun betont freundlich, sorgt dafür, daß die Burghaus nicht anwesend ist, wenn er seine Frau empfängt.

Inzwischen ist der Einfluß der Burghaus bei Hofe mit Hilfe der „österreichischen Partei" gewachsen. Doch da nimmt ihr Wilhelmine den Wind aus den Segeln, als sie erklärt, sie beabsichtige der österreichischen Regentin ihre Aufwartung zu machen.

Maria Theresia wird auf der Reise nach Frankfurt zur Krönung ihres Mannes Franz von Lothringen zum neuen deutschen Kaiser Bayreuther Hoheitsgebiet passieren, so daß sich ein Treffen der beiden Frauen fast von selbst ergibt.

Daniel Superville rät Wilhelmine zu und übernimmt die Vorbereitung für diese Begegnung.

„Prinzessin, was wird Ihr erlauchter Bruder dazu sagen?" fragt der Markgraf seine Frau.

Wilhelmine erwidert ruhig: „Er ist mir böse ohne Grund. Gut, so wird er eben jetzt einen Grund haben."

Sie hat gehofft, daß sich auch der Markgraf diesem Höflichkeitsbesuch anschließen werde, doch er entschuldigt sich und bittet seine Frau, der Regentin seine „Ehrerbietung zu Füßen zu legen".

Die Begegnung findet im Oktober 1745 in Emskirchen während einer kurzen mittäglichen Rast des hohen Paares statt. So stehen sich also die beiden Für-

Herzogin Friederike von Württemberg

stinnen gegenüber, die junge zukünftige Kaiserin, kaum achtundzwanzig Jahre alt, groß, blond, schlank, sehr hübsch, und die Lieblingsschwester ihres großen Widersachers.

Maria Theresia ist voll überströmender Herzlichkeit und unkonventionellen Charmes. Wilhelmine ist von ihr begeistert und sagt zu Superville:

„Wäre nur mein Bruder heute anwesend, er würde sich mit Maria Theresia auf der Stelle versöhnen."

„Ach, Königliche Hoheit, in der Politik zählen persönliche Sympathien wenig. Sie ist ein bitteres, hartes Brot, an dem sich schon andere als die preußische Majestät die Zähne ausgebissen haben", erwidert Superville vage. Er ist auf Friedrich nicht gut zu sprechen. Er hat ihm als Arzt vor einigen Wochen über den schlechten Gesundheitszustand der Schwester berichtet — es kam nur ein nichtssagender Brief seiner Majestät, in dem Friedrich erklärte, er sei der Überzeugung, er, Superville werde die Markgräfin schon heilen — sie sei ja bei ihm in den besten Händen. Und augenblicklich geht es ihr auch tatsächlich besser. Beschwingt und fast heiter kehrt sie aus Emskirchen zurück nach Bayreuth, doch wenige Tage später erreicht, wie befürchtet, ein zorniger Brief Friedrichs die Schwester, in dem er ihr heftige Vorwürfe wegen ihrer Aufwartung bei Maria Theresia macht.

Sie antwortet ihm zurückhaltend und traurig:

„...Was die Königin von Ungarn betrifft, so habe ich nie eine Vorliebe für sie, noch besondere Anhänglichkeit für ihre Interessen gehabt. Ich werde ihren Vorzügen gerecht und halte es für erlaubt, alle Menschen zu schätzen, die solche besitzen. Meine Freundschaft und Anhänglichkeit für Sie, lieber Bruder, ist darum nicht minder ehrlich, und obwohl Sie mir hinreichend zeigen, daß Sie nicht daran glauben, habe ich wenigstens den Trost, mein möglichstes getan zu haben, um in dieser Hinsicht nichts zu wünschen übrigzulassen."

Doch Wilhelmine ahnt, daß dieser Rechtfertigungsversuch wenig nützen wird — zu verbittert ist Friedrich, zu mißtrauisch und nervös ist er geworden...

Mehr als ein Jahr ist inzwischen wieder vergangen. Wilhelmine vermeidet weiterhin jede Szene, jeden Streit mit der Burghaus, akzeptiert ihre Stellung bei Hofe, doch immer noch in der heimlichen Hoffnung, daß sich das Blatt eines Tages wendet.

Und dann scheint es tatsächlich soweit zu sein. Sie erfährt, die Burghaus hätte Reisepläne, Wien soll ihr Ziel sein, denn dort hat sich seit einem Jahr ihr Mann niedergelassen.

Superville erklärt voll Spott:

„Die Dame hat Ehrgeiz. Als Gräfin Burghaus will sie offensichtlich nun auch die Wiener Gesellschaft erobern. Bleibt nur zu hoffen, daß ihr das gelingt und sie uns möglichst lange mit ihrer Anwesenheit verschont. Doch bei dieser Dame ist stets alles offen."

Auch Wilhelmine bleibt neben aller freudigen Überraschung skeptisch. Erst als ihr der Markgraf einen Strauß rotflammender Tulpen, ihre Lieblingsblumen, schickt, glaubt sie an eine Änderung der Verhältnisse. Wilhelmine dankt mit einem freundlichen Billett, und als Antwort darauf erscheint der Markgraf persönlich. Er ist überaus verlegen. Sie ist es nicht, geht ihm vielmehr unbefangen entgegen und reicht ihm die Hand. Sie ist sorgfältig geschminkt, die roten Damastvorhänge am Fenster tauchen den Salon in ein warmes Licht, das sie gesünder und frischer erscheinen läßt. Längst hat sie es sich zur Pflicht gemacht, allen Aufregungen aus dem Weg zu gehen, weil sie weiß, daß sie ihrer Gesundheit schaden. So hält sie es nun auch mit dieser erfreulichen Aufregung. Vielmehr als ein zerknirschtes „Pardon" bringt Friedrich, der sonst so Redegewandte, diesmal nicht hervor. Sie schneidet ihm das Gestammel ab und legt die Arme um seinen Hals. Erleichtert küßt er sie behutsam und ängstlich, doch als sie seine verlegene Zärtlichkeit erwidert, ist er wieder obenauf und der Alte. Er hebt sie, wie früher oft, hoch, erschrickt, wie leicht sie geworden ist und sagt an ihrem Ohr:

„Ich werde Sie nie mehr betrüben, Liebste, nie mehr."

Sie streicht über sein Haar, zaust es ein bißchen und denkt:

„Wie jung er noch ist, wie jung und töricht. Natürlich wird er mich wieder betrüben, vielleicht nicht so kraß wie in den letzten Jahren, aber er wird es tun. Doch ich werde künftig gewappnet sein, ich werde mich zu wehren wissen..."

Was Wilhelmine selten tut — nach dem Besuch ihres Mannes lehnt sie sich zurück in die Kissen und träumt mit wachen Augen. Sie fühlt sich so leicht, ähnlich wie nach einer schweren, fieberhaften Krankheit, wenn man beglückt spürt, daß die Lebensgeister wieder zurückkehren, die Welt ihre drückende Schwere verliert und hell und freundlich wird. Sie weiß, die Bewältigung der neuen Situation wird all ihre Kräfte brauchen, denn ihr Mann gibt sich, das hat sie eben erfahren, von einer robusten Lebensfreude und Vitalität, der sie sich nicht gewachsen fühlt. Er merkt nicht, wie müde sie ist, daß sie Zeit braucht, mit dem Neuen fertig zu werden. Er hat tausend Pläne, rauschende Feste sollen ihr und der Welt zeigen, wie sehr er sie immer noch liebt.

Wilhelmine lächelt. So findet sie Superville, der sich diskret zurückgezogen hatte. Jetzt küßt er ihre Hand und schmunzelt:

„Der verlorene Sohn oder besser der verlorene Ehemann ist also zurückgekehrt." Er verrät ihr nicht, wieviel Mühe es ihn mit Hilfe eingeweihter Freunde gekostet hat, die Burghaus zu überzeugen, daß Wien der richtige Ort für eine Persönlichkeit wie sie sei. Doch fürchtet er zugleich, daß nicht von Dauer sein wird, was die Markgräfin jetzt so glücklich lächeln läßt...

Zunächst jedoch scheint sich die Burghaus in Wien wohlzufühlen. Trotz der strengen Moralbegriffe der jungen Kaiserin geht es in der Wiener Gesellschaft alles andere als moralisch zu. Nur wenige verübeln der Gräfin ihr Vorleben, doch zu diesen wenigen gehört Maria Theresia — der Zutritt zum Hofe bleibt der Gräfin verwehrt. Natürlich erfährt Wilhelmine davon und freut sich. Diese Freude vertieft sich, als sie kurz darauf Post von Friedrich erhält. Sie hat im vergangenen Jahr, nicht ohne Hilfe des Markgrafen, für Bayreuth ein Opernhaus zu bauen begonnen. Es wird ein Bau von barocker Pracht, großzügig ausgestattet, denn die Finanzen der Markgrafschaft stehen im Augenblick einigermaßen günstig. Oft hat sie den Eindruck, ihr Mann bewillige ihr nur zu gern jede erforderliche Summe, um ihr gefällig zu sein — was sicher nicht im Sinn seiner Mätresse lag. Nun schreibt ihr der Bruder und gratuliert nebenbei zu ihrer Initiative und Tatkraft, ein solches Projekt in Angriff zu nehmen. Der Brief Friedrichs ist die Antwort auf ein umfangreiches Schreiben, in dem Wilhelmine versuchte, mit dem Bruder wieder ins reine zu kommen.

„Teure Schwester", antwortet er, *„wenn eine Entfremdung zwischen uns eingetreten ist, so habe ich jedenfalls nicht den Anfang damit gemacht, sondern die skandalöse Heirat jenes nichtswürdigen Geschöpfes* (Marwitz) *hat den Zankapfel zwischen uns beide geworfen, die wir uns stets zärtlich geliebt haben...*

Ferner zeigte der Markgraf stets eine ausgesprochene Parteilichkeit für alles, was Österreichisch ist und endlich haben Sie selbst meiner grausamsten Feindin, der Königin von Ungarn, zu einer Zeit, wo sie meinen Untergang vorbereitete, in tausendfacher Art Ihre Unterwürfigkeit gezeigt...

Bei niemand habe ich mich über Sie beschwert. Ganz Deutschland, das Zeuge des mir von Ihnen angetanen Unrechtes war, hat auch die Mäßigkeit bezeugen müssen, von der ich niemals abgewichen bin. Ich bitte Sie, setzen Sie sich keine Grillen in den Kopf, was man über Sie sagt... (Wilhelmine befürchtete in ihrem Brief, Friedrich hätte sich negativ über sie geäußert.)
Mit einem Wort, liebe Schwester, Sie gelten weder für ehrgeizig noch ränkevoll. Wer Ihnen diese Eigenschaften angedichtet hat, ist mit seinen Geschenken allzu freigebig gewesen. In Berlin hat kein Mensch diese Anschauungen gehabt... Der Mensch kann nur den lieben, der ihn wieder liebt; der Kummer, der uns durch geliebte Verwandte verursacht wird, ist stets der empfindlichste..."

Diesem irgendwie doch versöhnlichen Brief folgten weitere, und als Wilhelmines Bruder August Wilhelm die Schwester nach Berlin einlud, nahm sie die Einladung mit großer Freude an.

Es waren heiße Hochsommertage, deren Schwüle in der großen Stadt brütete, als Wilhelmine im August 1747 müde und überanstrengt in Potsdam ankam. Doch hatte sie kaum Zeit, sich frisch zu machen, als ihr Friedrich schon gemeldet wurde. Er schloß sie bewegt in die Arme — die Überraschung und Versöhnung war dem braven August Wilhelm vollauf gelungen. Als Wilhelmine sah, daß in den Augen Friedrichs Tränen standen, begann auch sie zu weinen. Friedrich aber war gerührt, weil er in den Zügen der Schwester ihre große Liebe wiedererkannte, in der er sich einmal so behütet und geborgen gefühlt hatte...

Die kunst- und baubegeisterte Wilhelmine war vom neuen Schloß des Bruders begeistert. „Hätte ich es entworfen, es wäre bestimmt nicht so schön geworden", versicherte sie. Dabei wirkte Sanssouci auf die meisten Besucher wohl zunächst befremdlich — ein ebenerdiger Hangbau, der sich in Terrassen gliederte, die, mit Glas überdacht, Treibhäusern glichen, in denen südliche Früchte und Blumen gezogen wurden. Aus jedem dieser „französischen Fenster" konnte man direkt in den Garten treten.

Wie vieles hatte sich seit des Vaters Tod hier geändert! Als die Geschwister durch den Park schritten, erinnerten sich beide der Kinderzeit, der Spiele in der Taxushecke, der schweren Jugendjahre, die ihre Bitterkeit nun fast verloren hatten. Nur wenn Wilhelmine die Königinmutter besuchte, wurde sie wieder lebendig, die trübe Vergangenheit. Königin Sophie Dorotheas Wesen hatte sich mit den Jahren kaum geändert. Jetzt schalt sie über den Sohn, wie sie ehemals über ihren Mann gescholten hatte. Sie verübelte Friedrich, daß er sie an seiner Politik nicht teilhaben ließ, sie nicht um Rat fragte. Ihr Ehrgeiz überwucherte immer noch alle anderen erfreulicheren Eigenschaften — Wilhelmine erkannte es bedrückt.

Die Zeit der „langen Kerls" war längst vorüber, doch merkte Wilhelmine, daß Friedrich vieles vom Vater, vielleicht unbewußt, übernommen hatte. Wie sein Vater fühlte er sich als Soldat, trug längst keine „französische Tracht" mehr, sondern wie er am liebsten die Uniform. Er schuf einen klaren, geregelten Tagesablauf, gönnte sich nur abends sein Vergnügen (das der Vater im Kreis Gleichgesinnter im Tabakskollegium gefunden hatte). Friedrich fand Entspannung und Freude beim Musizieren in einer geistvollen Freundesrunde. Und er ließ Wilhelmine als einzige Frau daran teilnehmen, richtete oft fragend das Wort an sie und freute sich an ihren gescheiten Antworten.

Noch eine Begegnung während der Berliner Tage blieb Wilhelmine in besonderer Erinnerung — die mit Friedrichs Frau, der Königin Christine, ihrer Schwägerin, im Berliner Schloß.

Sie war immer noch schön, Wilhelmine mußte es zugeben — und Christine begegnete ihr in formvollendeter Repräsentation. Trotzdem spürten beide, daß sie sich nichts zu sagen hatten — der Besuch war kurz, regte aber vielleicht gerade deshalb Wilhelmines nachdenkliche Überlegungen an. Was war das für ein Leben, das die doch noch junge Frau führen mußte! Und wider Willen regte sich in Wilhelmine eine Art Bewunderung für die Königin, die so gelassen und zu jedermann freundlich ihre Lebenspflicht erfüllte. Sie hätte den Bruder gern gefragt, warum er sich nicht wenigstens den Wunsch nach Kindern erfüllte, doch ihre frauliche Scheu hielt sie davon zurück. Das böswillige Gerücht, der Bruder fühle sich zu Knaben hingezogen, lehnte Wilhelmine als unsinnig ab — sie wußte ja besser als andere von seiner Liebe zum anderen Geschlecht, zur Orszelska und zu weiteren Frauen, gerade zu der Zeit, in der sich sonst eine solche Veranlagung am ehesten zeigt. Nein, eher glaubte sie an ein gewisses Unvermögen seiner Männlichkeit, das ihn Frauenliebe nicht vermissen ließ.

Die Tage in Berlin vergingen für die Geschwister ungetrübt und getragen von gegenseitiger Zuneigung und Sympathie. Von heiterer, selbstsicherer Ruhe erfüllt, trat Wilhelmine schließlich die Rückreise nach Bayreuth an. Dort aber erwartete sie eine böse Überraschung: Die Burghaus war zurückgekehrt und trat ihr entgegen. Was war geschehen? Die Gräfin erwies sich einmal mehr als die ausgekochte und raffinierte Schauspielerin, die sie war. Sie erzählte unter Tränen, wie elend es ihr in Wien ergangen sei. Man habe ihrem Gatten zwei Jahre kein Gehalt gezahlt, man habe buchstäblich am Hungertuch genagt und sie sei nur zurückgekommen, krank und elend, um hier in Ruhe sterben zu können. Sie wirkte tatsächlich krank, und in Wilhelmine regte sich schon wieder *„das fatale Mitleid mit dieser unwürdigen Kreatur",* wie Superville sich wütend ausdrückte. Er erklärte schroff, wenn diese Person weiter bei Hofe bleibe, dann gehe er. Er hätte keine Lust, sich wegen ihr ein Gallenleiden anzuärgern. Außerdem bedürfe die Markgräfin seiner nicht mehr — sie sei gesund und munter. Anderwärts, wie zum Beispiel in Braunschweig, erwarte ihn eine ehrliche ärztliche Aufgabe.

Wilhelmine ahnte, daß sich der Getreue von ihr übergangen und zurückgesetzt fühlte, nun da sie wieder bei ihrem eigenen Mann Liebe und Anteilnahme fand. Und sie ahnte auch, daß die Rückkehr der Burghaus für Superville nur ein Vorwand war, Bayreuth zu verlassen. So wenig er die Burghaus auch mochte, war er doch wie sie ein Verfechter der österreichischen Sache gewesen. Er war es ja auch, der Wilhelmine zur Begegnung mit Maria Theresia geraten und sie vorbereitet hatte. Nach außen hin war der Niedergang der österreichischen Partei am Markgrafenhof für Superville der Grund, Bayreuth den Rücken zu kehren. Der wesentlichere Grund aber war die Aussöhnung Wilhelmines mit ihrem Bruder König Friedrich II., dem Superville insgeheim sehr kritisch gegenüberstand. Deshalb war er ja seinerzeit auch so gern dem Ruf nach Bayreuth gefolgt.

Wilhelmine bedauerte seinen Fortgang. Als Zeichen ihrer Verbundenheit überließ sie ihm ihre Memoiren zur Einsicht und Aufbewahrung. Er dankte ihr gerührt für dieses Zeichen des Vertrauens...

Das Ehepaar Burghaus hatte das Schloß verlassen müssen und bezog im Gesandtschaftspalais eine Wohnung. Der Markgraf kümmerte sich wenig um seine ehemalige Mätresse — er hatte keine Lust, das gute Einvernehmen mit seiner Frau aufs Spiel zu setzen. Doch dachte die Gräfin nicht im entferntesten daran, sich endgültig ins Abseits drängen zu lassen.

Wilhelmine ärgerte sich, als sie erfuhr, daß die Burghaus sich durch undurchsichtige Beziehungen eine Einladung zu der bevorstehenden Hochzeit ihrer Tochter Friederike mit dem Herzog von Württemberg zu verschaffen gewußt hatte. Und darüber hinaus drängte die Burghaus ihren ehemaligen Schützling Friederike, die Brautschleppe tragen zu dürfen.

Friederike erschien bei der Mutter und bat:

„Wenn es doch ihr größter Wunsch ist, Mama! Sie war eine Zeitlang meine Betreuerin und ich möchte sie bei meiner Hochzeit dabei haben — das werden Sie doch verstehen, Mama."

Nein, das verstand Wilhelmine nicht. Schließlich war Friederike alt genug, um zu begreifen, was ihr diese Frau angetan hatte. Ihr Vorgehen war eine Herausforderung, der sie, Wilhelmine, mit aller Energie zu begegnen gedachte.

Die Burghaus war eine immer noch blendend schöne Frau, mit einem Teint, der weder Schminke noch Puder brauchte, einer vollschlanken Figur, strahlenden Zähnen, die sie stets in einem Lächeln zu zeigen wußte, und einem unterwürfig-liebenswürdigen Charme — jetzt ohne den früheren Hochmut —, dem allmählich einer nach dem anderen ihrer ehemaligen Freunde bei Hofe wieder zu erliegen drohte. Noch war sie vom Geld und der Gunst des Markgrafenpaares abhängig — doch wie lange? Eine wie die Burghaus gab sich nicht geschlagen, und konnte sie vielleicht auch keinen wesentlichen Einfluß mehr gewinnen, so war sie noch durchaus in der Lage, Unfrieden zu stiften und Intrigen zu spinnen.

In dieser Situation wandte sich Wilhelmine noch einmal um Rat an Superville. Er schrieb ihr aus Braunschweig:

„Es gibt nur eine Möglichkeit, Ihr königlicher Bruder lockt die Burghaus mit dem Versprechen nach Berlin zurück, ihr das konfiszierte Vermögen wieder zu überlassen."

Der Rat war gut. Friedrich erkannte die seelische Not, in der sich seine geliebte Mine befand. Zugleich wußte er, daß das Ehepaar Burghaus in der Bayreuther österreichischen Partei früher großen Einfluß besaß, der wieder wachsen konnte. Es war also auch in seinem persönlichen Interesse, wenn er der Schwester half.

Dem Österreicher Graf Burghaus, der eine Spielernatur war, das Marwitzsche Vermögen zu überlassen, kam für den König zwar nicht in Frage, doch bewilligte er der Burghaus die Auszahlung der Zinsen des Marwitzschen Vermögens. Zugleich setzte der Markgraf seiner ehemaligen Geliebten zusätzlich eine nicht geringe Apanage unter der Bedingung aus, daß sie und ihr Mann für immer aus Bayreuth verschwänden.

Die Burghaus willigte ein. Und damit war ein wichtiges Kapitel — wohl das wichtigste überhaupt in Wilhelmines Leben — abgeschlossen.

Die Hochzeit Friederikes fand schon ohne die Anwesenheit der Burghaus statt. Und bezeichnend für Friederike war, daß sie der Mutter deswegen Vorhaltungen machte. „Warum konnten Sie nicht ein wenig großzügiger sein, Mama!"

Wilhelmine erwiderte ernst:

„Mein Kind, ich wünsche für dich nichts mehr, als daß dir in deiner Ehe erspart bleibe, was mir zustieß."

(Es wurde der jungen, schönen Friederike nichts erspart. Ihr Mann betrog sie schon in den ersten Ehejahren und sie kehrte später gedemütigt und verbittert in ihr Elternhaus zurück.)

Wilhelmine hat viel Schweres und Trauriges erlebt, ihr Glück hatte lange Schatten, doch jetzt beginnt für sie eine Zeit der Harmonie und Liebe, der wieder erstarkten Liebe dem Bruder und dem Ehemann gegenüber. Sie erholt sich zusehends, und Jahre später wird sich der Kammerherr Graf Lehndorf in einem Bericht über sie äußern:

„... *Die Markgräfin sah ich um 12 Uhr. Ich finde sie mit viel aufgelegtem Weiß und Rot, viel Steinen und sehr geputzt, ihrem Aussehen nach wie eine Person von 26 Jahren* (Wilhelmine war 44) ..."

Kein Wunder, wenn sich der Markgraf aufs neue in sie verliebte und sich in ihrer immer noch starken, ungebrochenen Liebe wohlfühlte...

Der Herbst nahte mit seinen ersten Stürmen, der noch ungewohnten Kälte und dem Feuer im Kamin. Der Markgraf saß mit Wilhelmine an einem kleinen Tisch und teilte die Karten zum L'hombre aus. Wilhelmines schmale Hände ordneten sie zum Blatt, dann traf ihr Blick den seinen. Er sah sie mit so einem innigen Ausdruck in den dunklen Augen an, daß sie die Karten sinken ließ. Er lächelte, sein ganzes frisches, rundliches Gesicht strahlte geradezu.

„Ich bin glücklich", sagte er mit heller Stimme, „glücklich, weil wir uns wieder haben. Wir sind noch jung, Liebste, das Leben liegt vor uns, wir werden nachholen, was wir durch meinen Unverstand versäumten, ich werde alles wieder gutmachen, glauben Sie mir. Noch ist es nicht zu spät. Es ist mir heute unbegreiflich, daß ich Sie so beleidigen konnte, ich verstehe es einfach nicht. Ich war verhext — wie verhext. Aber es ist vorbei. Niemals mehr —"

„Er redet zu viel", dachte Wilhelmine heiter, „wie immer, wenn er gerührt oder verlegen ist. Aber ich bin sicher, er meint es ehrlich. Er ist ehrlich davon überzeugt, daß man — daß ich — die schlimmen Jahre auslöschen kann, als wären sie nie gewesen. Er selbst kann es, davon bin ich überzeugt. Und von mir erwartet er es. Ich muß es wenigstens versuchen — das bin ich ihm schuldig. Hätte nicht auch alles anders, viel schlimmer ausgehen können? Ich muß mir nur die eigene Angst zurück ins Gedächtnis rufen, die Angst davor, er würde an der anderen festhalten. Ach, ich bin ihm dankbar, daß er es nicht tat! Natürlich ist es absurd, einem Mann, der einem soviel Leid zugefügt hat, auch noch dankbar zu sein. Aber es ist so. Ich bin ihm dankbar und ich liebe ihn."

Sie stand auf, ging um den kleinen Tisch herum, trat hinter ihn und strich über sein Haar. Es zeigte schon graue Strähnen. Er wandte sich um und zog — jetzt stumm geworden — die streichelnde Hand an die Lippen. Vor den Fenstern wirbelten im Sturm welke Blätter.

„Wie gut", dachte sie, „daß ich jetzt nicht allein in der Eremitage sitzen muß, daß jemand meine Hand hält, da der Herbst kommt..."

Wilhelmine von Bayreuth

Kurzbiographie

Am 3. Juli 1709 wurde die spätere Markgräfin von Bayreuth Friederike Sophie Wilhelmine als preußische Prinzessin in Berlin geboren. Sie war die Älteste von dreizehn Geschwistern und ihrem Bruder Friedrich — allein schon altersmäßig bedingt, er war nur drei Jahre jünger als sie — von Kindheit an besonders verbunden. In ihren Memoiren schildert sie sehr ausführlich diese Kindheit am preußischen Königshof, die freilich alles andere als sorglos und glücklich war.

Die beherrschende Autorität ihrer Jugend ist der Vater, Friedrich Wilhelm I., der Soldatenkönig. Ihn schildert sie zwar als hin und wieder gutmütig und liebevoll, doch in der Hauptsache als patriarchalischen Familiendespoten, dem ihre Mutter, Sophie Dorothea, eine hochgeborene Prinzessin aus dem hannoveranisch-englischen Königshaus, nur nach außen hin Unterwürfigkeit zeigt, gegen den sie heimlich jedoch eifrig intrigiert, besonders gegen die Heiratspläne des Königs im Zusammenhang mit seiner ältesten Tochter Wilhelmine, die von Zeitgenossen als „die schöne" apostrophiert wurde. Kein Wunder, wenn der Mutter nur ein Königshaus als akzeptabel erscheint. Sie wünscht sich die Tochter als zukünftige Königin auf Englands Thron und versucht unermüdlich, Wilhelmines Großvater, den englischen König, dazu zu bewegen, daß er seinen Enkel, den zukünftigen Prinzen von Wales, ihrer Wilhelmine zum Bräutigam gibt. Doch der Alte zögert, nennt bestimmte Bedingungen, so die, daß dann auch der preußische Kronprinz Friedrich eine englische Königstochter heiraten müsse. Die Botschaften gehen hin und her, die Verhandlungen dauern jahrelang.

Die österreichfreundlichen Parteigänger am preußischen Hof warnen vor so einer Verbindung, ebenso die Ratgeber des Königs und bieten Königin Sophie Dorothea immer wieder offenen oder heimlichen Widerpart. Sie versuchen, die hübsche junge Königstochter mit August dem Starken zu verkuppeln, arrangieren Besuche und Gegenbesuche, und Wilhelmine erkennt angstvoll, daß sich die sächsischen Heiratspläne immer mehr konkretisieren: sie soll August den Starken, den von der Syphilis gezeichneten alten Lebemann, dem man mehr als hundert uneheliche Kinder nachsagt, tatsächlich heiraten. Diesem schrecklichen Schicksal entrinnt sie nur dadurch, daß sich Augusts Sohn gegen diese Verbindung sperrt und ihr als Kronprinz sein Einverständnis versagt.

Wilhelmines Jugend ist von den Intrigen der Mutter und den ewigen Streitigkeiten der Eltern um ihre Person so überschattet, daß sie, als sich die Heiratspläne mit dem englischen Königshaus offensichtlich zerschlagen, erleichtert einer Heirat mit dem Bayreuther Erbprinzen zustimmt. Immerhin ist Friedrich von Bayreuth der Sohn eines regierenden Fürsten und würde selbst eines Tages ein souveräner Regent sein.

Königin Sophie Dorothea versucht alles, diese Heirat zu verhindern, und hofft, daß ihr Bruder, der inzwischen auf dem englischen Thron sitzt, in die Heirat seines Sohnes mit ihrer schönen Tochter einwilligt, doch setzt sich König Friedrich Wilhelm durch. Und Wilhelmine ist das recht. Mehr noch — als sich ihr im letzten Moment doch noch die Einheirat in das englische Königshaus bietet, bleibt sie fest und hält zu ihrem Verlobten. Sie heiratet ihn am 20. November 1731. Ihr Mann ist zwei Jahre jünger als sie, sieht gut aus und ist in seine „schöne Wilhelmine" sehr verliebt. Ihre Mutter macht zwar gute Miene zum bösen Spiel, doch beschwört sie die Tochter, nur eine „Josephsehe" zu führen, damit diese leicht wieder annulliert werden könnte.

Offensichtlich hält sich Wilhelmine nicht an die Weisung der Mutter, denn schon wenige Wochen nach der Hochzeit merkt sie, daß sie schwanger ist.

Zeit ihres Lebens hat Wilhelmine — das weisen ihre Memoiren aus — nur zwei Menschen „leidenschaftlich", wie sie es selbst ausdrückt, geliebt: ihren Bruder Friedrich und ihren Mann Friedrich. Als Glanzlicht ihrer schweren Jugend empfindet Wilhelmine die Geschwisterliebe zu Friedrich, zugleich aber den immer bedrohlicher werdenden Konflikt des Bruders mit dem Vater als tiefsten Schatten. Friedrichs Fluchtversuch aus der heillosen, despotischen Abhängigkeit vom Vater bringt auch die Schwester in schlimme Ungelegenheiten. Sie wird bezichtigt, ihrem Bruder bei der Ausführung seiner Pläne geholfen zu haben.

In ihren Memoiren streitet Wilhelmine diese aktive Fluchthilfe ab — doch wie immer, sie wäre als Vertraute des Bruders, der seine Festungshaft in Küstrin absitzt, sicher auch in das Räderwerk der Justiz geraten, wenn sich nicht durch ihre Heirat eine Lösung des Konfliktes angebahnt hätte. Sie nützte übrigens ihre Bereitschaft, den Heiratsplänen ihres Vaters zuzustimmen, geschickt aus und verlangte die Rehabilitierung ihres Bruders.

Der König hielt Wort — Friedrich erschien zu ihrer Hochzeit als freier Mann. Das Verhältnis zwischen Vater und Sohn besserte sich überraschend, und Friedrich willigte sogar in die Ehe mit der ungeliebten Prinzessin Christine von Braunschweig-Wolfenbüttel ein, die er zwei Jahre nach der Hochzeit Wilhelmines heiratete.

Wilhelmine hat inzwischen ihre einzige Tochter Friederike Sophie geboren (am 30. August 1732, 10 Monate nach ihrer Hochzeit). Bis auf eine zwischenzeitliche Entfremdung der Geschwister durch Mißverständnisse und Intrigen — Friedrich ist empfindlich gekränkt und verletzt wegen Wilhelmines Sympathien für Maria Theresia, seine Feindin — bleiben sich die Geschwister bis zum Tod in seltener Zuneigung verbunden.

Im Grunde genommen waren beide Einzelgänger, herausragend aus ihren Zeitgenossen, von ihnen bewundert, auch verabscheut — je nach der politischen Einstellung.

Wilhelmine war ihrem Bruder in jeder Beziehung ebenbürtig, wie er es auch selbst klar ausdrückte: Sie hätten zwar zwei Körper, doch nur eine Seele. Beide liebten die schönen Künste, begeisterten sich für die Musik, für hochgeistige Gespräche und Diskussionen auf dem Gebiet der Philosophie, wollten die Welt erneuern.

Wilhelmine war jedoch klug genug, dem Bruder stets den Vorrang zu lassen, was ihr nicht schwer fiel, wußte sie doch, welchen Einfluß sie auf ihn hatte. Sie sah in ihm nicht nur den geliebten Bruder, anerkannte ihn auch voll und ganz als ihren Herrn, das Familienoberhaupt, dem man Gehorsam zu schulden hatte. Aus dem jüngeren Spielgefährten von einst war der von ihr bewunderte Monarch geworden. Und Friedrich tat ihre Bewunderung und Ergebenheit wohl. Dies um so mehr, als er wußte oder auch nur ahnte, daß ihm von seinen anderen Geschwistern — vor allem von den Brüdern — keinesfalls nur Sympathie entgegengebracht wurde.

Dem Erbprinzen und späteren Markgrafen aber galt ihre treue und unverbrüchliche Gattenliebe. Sie lebte mit ihm in einer vorbildlichen Ehe — vielleicht auch deshalb, weil sie ihren fürstlichen Zeitgenossen eine solche Ehe vorleben wollte, ohne Mätressenwirtschaft und die damit verbundenen Intrigen. (Später sollte auch ihre Ehe solchen Belastungen ausgesetzt werden.)

Wilhelmine schreibt, daß sie nie nach einer Krone gestrebt und mit ihrem Gatten den Richtigen gewählt hätte. Wenn auch ihre Ehejahre später durch mancherlei unerfreuliche Ereignisse überschattet waren — das Glück dieser Verbindung blieb bestehen.

Nach dem Tod des alten Markgrafen Georg Friedrich Karl schenkt ihr der Ehemann und nunmehrige Regent als Zeichen seiner Liebe und zugleich als Dank für ihre Geduld, die sie seinem kränkelnden, übellaunigen Vater entgegenbrachte, das Schlößchen Eremitage. Nun hat Wilhelmine auch die Mittel, Kunst und Kultur in Bayreuth zu beeinflussen. 1737 läßt sie die hervorragendsten Musiker, meist Italiener, zu sich kommen, die unter anderem ihre selbstkomponierte Oper „Argenore" aufführen, eine Art Geburtstagsgeschenk für ihren Mann. Dieses heitere Ereignis wird durch den Tod ihres Vaters Friedrich Wilhelm I., mit dem sie die letzte Zeit hindurch ein ungetrübtes herzliches Verhältnis hatte, überschattet. Er starb am 31. Mai 1740. In dieses Jahr fällt auch der Besuch des Bruders Friedrich II., des neuen Königs von Preußen.

Der Tod Kaiser Karls VI. und die in diesem Zusammenhang aufkommenden Erbschwierigkeiten veranlassen Friedrich II., am 16. Dezember in Schlesien einzumarschieren, ein Entschluß, der Jahre hindurch schwerwiegende Folgen auch für das Verhältnis der Geschwister zueinander haben sollte.

Wilhelmines Sorgen und Ängste gelten dem Bruder, der sie beruhigt und davon überzeugt ist, daß der Winterfeldzug nach Schlesien in sechs Wochen beendet sein werde. Er hatte recht, doch mit Sorgen verfolgte man die weiteren kriegerischen Maßnahmen Preußens und Österreichs.

Noch eine andere große persönliche Sorge nagte an Wilhelmine. Sie mußte erkennen, daß sich ihr Mann einer jungen Hofdame, Wilhelmine Dorothea von Marwitz, zuwandte. Für Wilhelmine stürzte der Himmel ein, als sie erfuhr, daß ihr Mann sie betrog. Und das mit ihrer besten Freundin, die Wilhelmine als Halbwüchsige in ihre Dienste genommen und erzogen hatte. So lange es nur möglich war, ignorierte sie die Liebesbeziehung des Markgrafen und hoffte, daß er zu ihr zurückkehrte.

In dieser Zeit großen persönlichen Kummers — ihre schwankende Gesundheit machte ihr zusätzlich zu schaffen — fand sie in dem Leibarzt von Superville einen uneigennützigen Freund, der es als ihr Arzt verstand, ihre Gedanken und Interessen für andere Dinge zu wekken, für Architektur, die bildenden Künste, für Wissenschaft und Forschung. Genugtuung und Trost findet sie in der Anerkennung König Friedrichs II., die in seinen zahlreichen Briefen zum Ausdruck kommt. Friedrich hält nicht viel von seinem Schwager, der bei hochgeistigen Diskussionen freilich nicht mithalten kann. Bisher störte es die Schwester wenig, wenn Friedrich ihren Mann als ein wenig beschränkt einstufte. Ob dem Markgrafen die Mißachtung des hohen Bruders seiner Frau auch so gleichgültig war, bleibt freilich dahingestellt. Wilhelmine versuchte mit fraulicher Klugheit das Selbstbewußtsein ihres Mannes dem Bruder gegenüber zu stärken. So wurde auch die von ihr gegründete Erlanger Universität auf seinen Namen geweiht. Doch nicht er — Wilhelmine war die treibende, phantasievolle Kraft, die in Bayreuths Kunst- und Kulturleben so fruchtbringend wirkte. Und Superville, der ihre reichen Fähigkeiten erkannte, unterstützte sie und half ihr, wo es eines männlichen Organisationstalentes bedurfte.

1745 begann Wilhelmine mit der Gartenanlage von Sansparail, einer in ihrer Zeit ganz neuartigen, vielbewunderten Parkarchitektur, die heute noch ein Juwel unter Frankens Gärten darstellt. Wilhelmine bestellte Gartengestalter und Baukünstler, unter ihnen Johann Friedrich Grael, es kamen Maler und Bildhauer aus aller Welt. Das alte Schloß wurde nach allen Seiten hin erweitert, bekam ein chinesisches Kabinett und weitere Räume, von denen jeder nach Wilhelmines Phantasie gestaltet wurde. Sie war von ihrem Kummer abgelenkt, auch das war wichtig, fand ihr Leibarzt Superville.

1745 begegnete Wilhelmine der Gemahlin des neuen deutschen Kaisers Franz von Lothringen, Maria Theresia, die zu seiner Krönung nach Frankfurt unterwegs war. Maria Theresia, Königin von Ungarn und Böhmen, interessierte Wilhelmine, und so sah sie keine Veranlassung, auch wenn ihr Bruder Friedrich mit Maria Theresia im Streit lag, der zukünftigen Kaiserin die ihr zukommende Aufwartung zu verweigern. Ihr wurde Liebreiz, Schönheit und Anmut bescheinigt, und auch Wilhelmine war nach einer Begegnung mit Maria Theresia während einer Mittagsrast auf Bayreuther Gebiet von ihr sehr eingenommen.

Dies aber brachte ihr den Unwillen des Bruders ein. Empört schrieb er ihr: *„Der Markgraf hat eine ausgesprochene Vorliebe für alles Österreichische gezeigt, und schließlich sind Sie selbst hingegangen, um meiner Todfeindin, der Königin von Ungarn, tausendfache Unterwürfigkeit zu zeigen — zu einer Zeit, da sie auf meinen Untergang sann..."*

Wilhelmine antwortete begütigend, doch die Verstimmung zwischen den Geschwistern blieb bestehen und überschattete ihr Verhältnis fast zwei Jahre lang. Zu der einen Verstimmung wegen des Besuchs bei Maria Theresia kam eine zweite. Mit größter Erleichterung erfuhr Wilhelmine von Heiratsplänen ihrer Rivalin, des Fräuleins von Marwitz, die einen österreichischen Vetter, Graf Burghaus, ehelichen wollte. Doch da gab es ein Hindernis. Wilhelmine hatte ihrem Vater versprochen, daß ihre preußischen Hofdamen sich nicht ins Ausland verheiraten würden — das preußische Vermögen sollte im Land bleiben. Daß auch Friedrich an dieser Regelung so starr festhalten würde, ahnte sie nicht. Sie war ja über die Lösung ihrer persönlichen Kümmernisse so glücklich. Friedrich aber war auf sie wütend, weil er einen weiteren Affront gegen seine Person witterte. Und Wilhelmine hatte diese Hochzeit sogar gefördert, immer in der Hoffnung, daß die nunmehrige Gräfin Burghaus Bayreuth verlassen würde.

Doch die Hoffnung trog — die Burghaus blieb, auch ihr Mann ließ sich Zeit, von hier fortzugehen. Offen zeigte sich nunmehr die Rivalin als die Mätresse des Markgrafen von Bayreuth.

Zwischen den Eheleuten gab es keine Szenen, es fiel kein böses Wort. Wilhelmine litt schweigend, und nur Superville erkannte wie sehr. Nach wie vor versuchte er, sie abzulenken. Das neue markgräfliche Opernhaus entsteht unter Wilhelmines Leitung und Patronat. Der Markgraf ist bemüht, ihr gefällig zu sein, unterstützt ihre kostspieligen Unternehmungen, wobei wohl sein schlechtes Gewissen die Triebfeder seines Handelns ist.

Im August 1747 folgt Wilhelmine einer Einladung des Bruders nach Berlin. Und es geschieht, was sie so erhoffte: Es kommt zur Aussöhnung, wobei das Thema Gräfin Burghaus allerdings ausgespart bleibt. Friedrich ist ihr deshalb immer noch gram.

Als Wilhelmine Bayreuth verließ, war ihre Rivalin angeblich sterbenskrank — nun, nach Wilhelmines Rückkehr, tritt sie ihr arrogant und frech wie eh und je entgegen. Es kommt endlich zu dem längst fälligen offenen Streit zwischen den Frauen und Wilhelmine besteht darauf, daß die Burghaus das Schloß verläßt. Sie übersiedelt in eine Wohnung im Gesandtenpalais. Der Markgraf schickt sich schnell in die neue Situation, und als Wilhelmine dem Bruder die ganze mißliche Situation schließlich eingesteht, zögert er nicht, das Vermögen der Burghaus freizugeben mit der Auflage, daß sie Bayreuth sofort verläßt. Mit dem Weggang der Burghaus ziehen wieder Eintracht und Frieden in Bayreuth ein.

Inzwischen ist das Opernhaus fertig geworden, das zur Hochzeit von Wilhelmines Tochter Friederike mit Karl Eugen von Württemberg eingeweiht wird. Die sechzehnjährige Kurprinzessin macht der Mutter später freilich zusätzliche Sorgen — ihre Ehe mit dem Herzog von Württemberg läßt sich nicht gut an. Wilhelmine versucht alles, die Ehe zu retten, doch ohne Erfolg.

Der weitere Ausbau der Eremitage bringt Wilhelmine Mühe und Arbeit, aber auch viel Freude. Das kommende Jahr 1750 aber beschert ihr eine besondere Freude, von der sie ein Leben lang zehren wird: Es ist ein langer Aufenthalt als geliebter und verehrter Gast des Bruders am preußischen Königshof. An dieses Jahr erinnert uns Heutige ein weltberühmtes Bild „Das Flötenkonzert von Sanssouci", das Adolph Menzel im 19. Jahrhundert schuf. Es zeigt Wilhelmine im Kreis der damaligen Hofgesellschaft. Obgleich es kein zeitgenössisches Bild ist, gibt es doch durch seine Ausstrahlungskraft geradezu frappierend den Geist jener Zeit wieder und begeistert die Betrachter...

Wilhelmine fühlt sich dem Bruder wieder ganz und gar nahe und verbunden. Auch er ist gelöst und heiter — die Waffengänge gegen Schlesien sind — zunächst — für ihn erfolgreich beendet, er kann ans Neugestalten und Aufbauen denken, ist voller Pläne, an denen Wilhelmine lebhaft Anteil nimmt.

Sie schreibt Friedrich nach ihrer Rückkehr von Bayreuth:

„Im Geiste kehre ich immer wieder nach Potsdam zurück. Ich trete in Ihr Kabinett und sehe, wie Sie für das Wohl Ihres Landes arbeiten... Und am Abend dringt mir noch der Wohllaut Ihrer Flöte ins Herz..."

Mit Voltaire, den sie in Potsdam wiedergetroffen hat, hält sie weiterhin Freundschaft, ebenso mit anderen Gelehrten und Künstlern. Ihre Gesundheit ist immer noch sehr zart, doch schont sie sich nicht, wenn es um die Verwirklichung ihrer künstlerischen Pläne geht.

Im Januar 1753 brannte das alte Bayreuther Stadtschloß ab. Man war in einer mißlichen Lage — die Staatskassen waren wieder einmal leer. Wie sollte ein Neubau finanziert werden? Und wieder war es Friedrich, der seiner Schwester mit Rat und Tat zur Seite stand, so daß schon bald mit dem Neubau des neuen Schlosses begonnen werden konnte.

Das bedeutete zwar neue Sorgen und Mühen für Wilhelmine, doch sie scheut davor nicht zurück — im Gegenteil, sie ist so fasziniert von dem Bauvorhaben, daß sie sich in einem halbfertigen Flügel des Schlosses einquartiert, um dem Geschehen möglichst nahe zu sein. Der Nordflügel des Schlosses wurde von ihr selbst eigenhändig geplant.

Die Besuche Friedrichs in Bayreuth sind für Wilhelmine stets ein besonderes Ereignis und Fest. Meist wurde eine Oper, diesmal, im Juni 1753, „Lhumo" aufgeführt. Friedrich verabschiedet sich von diesem Besuch bei Wilhelmine mit einem Billett:

„Ich verlasse den Aufenthalt des Friedens und der Freundschaft und vertausche ihn mit jenem des Trubels und der Sorgen. Seien Sie besorgt, teure Schwester, um Ihre Gesundheit, von der das Glück meines Lebens abhängt. Sie, die Sie so gut das Wesen der Freundschaft verstehen und wissen, wie weit die Gewalt der Gefühle geht, können mein Herz wie das eigene beurteilen. Ich beschwöre Sie, mit aller Sorgfalt auf Ihre zarte Gesundheit und Ihren schwachen Körper zu achten, mit dem eine so schöne Seele verbunden ist.

Meine Person verläßt Sie, aber Sie behalten das Herz dessen, der Ihnen bis an das Ende seiner Tage gehört."

Dieses innige Bekenntnis brüderlicher Liebe rührt sogar uns Heutige, wie tief muß es erst Wilhelmine berührt und gefreut haben.

Offensichtlich war jede Unstimmigkeit bereinigt und herzlichste Harmonie zwischen den Geschwistern.

Irgendwie teilt sich dieser Gemütszustand auch der Gestaltung und Ausschmückung (Wilhelmines ureigenstes Gebiet) des neuen Schlosses mit. Sie „erfindet" das

berühmte „Bayreuther Blütenrokoko". Blüten und Ranken, Blätter- und zierliches Gitterwerk lockern das übliche Rocaille der Innenarchitektur des Schlosses auf neuartige Weise auf. Es ist heute noch dort zu bewundern.
Der preußische Kammerherr Graf Lehndorf notiert in diesem Jahr 1753 in sein Tagebuch:

„Diese Fürstin, von den einen angebetet, von den anderen verabscheut, hat sicherlich Eigenschaften, wegen deren sie verdient, geliebt zu werden; sie ist freigebig, eine Gönnerin der Gelehrten und behandelt ihre Diener gut, aber sie spielt gern die Witzige, dünkt sich erhaben über die übrige Menschheit und beweist nur gegen ihre Familie Achtung; so ist sie immer bereit, dem König Altäre zu errichten..."

Graf Lehndorfs Beurteilung ist deshalb bemerkenswert, weil er ein von Wilhelmine völlig Unabhängiger ist und keiner ihrer Anhänger und Bewunderer.

1754 unternimmt Wilhelmine die lange geplante und ersehnte Reise nach Italien, von der sie zwar körperlich geschwächt, doch erfüllt von begeisternden Eindrücken wieder heimkehrt. Sie hat viele interessante Menschen kennengelernt, darunter den berühmten Wissenschaftler La Condamine, den sie schätzte und der ihr Reisebegleiter wurde, um ihr seine italienische Heimat zu erschließen. Eine weitere für sie später wichtige Bekanntschaft, Louis Alexandre Graf von Mirabeau, war von der Markgräfin und ihrer Klugheit so angetan, daß auch er sich der Reisegesellschaft anschloß und später in Bayreuth höfischer Kammerherr wurde.

Von einem anderen Kammerherrn, Carl Heinrich von Gleichen, stammt neben anderen Notizen eine nette Charakterzeichnung Wilhelmines aus dieser Zeit um 1755, drei Jahre vor ihrem Tod:

„Auf zierlichem, zartem Körper trug die Markgräfin einen kleinen, fein modellierten Kopf. Ihre großen hellblauen Augen beobachteten den Sprecher und leuchteten begeistert auf, wenn er etwas Interessantes erzählte. Um den Mund waren tiefe Linien

seelischen und körperlichen Leidens eingegraben, und in seltenen Momenten frohen Entzückens wich auch der Zug unüberwindlichen, herben Spottes..."

1756 kam es zu neuen Kriegshandlungen, diesmal zwischen Frankreich und Preußen. Das Markgrafentum blieb wiederum neutral, doch sollte Friedrich in seiner Schwester eine wertvolle Informantin gewinnen. Sie ließ alle ihre Beziehungen spielen — eine wichtige Rolle erhielt hierbei der neue Kammerherr von Mirabeau — um für den Bruder im Ausland zu spionieren.

Im Herbst 1757 meldete ihr der König — er hatte sich gegen die übermächtige Allianz von Frankreich, Österreich und Rußland zu wehren — seine Siege bei Roßbach und im Dezember bei Leuthen. Zu diesem Zeitpunkt war Wilhelmines Gesundheitszustand so bedrohlich, daß ihr Bruder Heinrich, der sie besucht hatte, dem König schrieb:

„Juli 1758
Meine Schwester in Bayreuth ist dem Ende nahe gewesen. Sie kann nicht mehr schreiben. Ich fürchte, daß sie sich von dieser Krankheit nicht wieder erheben wird..."

Es traf zu: Wilhelmine konnte nicht mehr selbst schreiben. So diktierte sie einen Brief an den Bruder:

„Sie fragen nach meinem Zustand. Wie ein armer Lazarus liege ich seit sechs Monaten im Bett. Seit acht Tagen trägt man mich auf einem Tragsessel und fährt mich im Rollstuhl, um meine Lage etwas zu ändern. Ich leide an einem heftigen trockenen Husten, der nicht weichen will. Meine Beine, Hände und Gesicht sind unförmig geschwollen...

Ich habe mich in mein Schicksal ergeben — ich werde zufrieden leben und sterben, wenn Sie nur glücklich sind."

Friedrich antwortet:

„Teuerste Schwester, Ihre Krankheit bringt mich zur Verzweiflung, sie fehlte nur noch, um mich gänzlich niederzudrükken... Ich falle Ihnen zu Füßen und flehe Sie an, ich beschwöre Sie, alles zu tun, um sich von dieser Krankheit loszumachen.

Essen Sie, gebrauchen Sie die Medizin und befolgen Sie blindlings, was Ihr Arzt Ihnen verordnet. Bedenken Sie, daß Ihr Tod mich zu dem unglücklichsten Geschöpf machen würde, welches auf der Erdoberfläche kriecht, bedenken Sie, daß der Schmerz mich niederdrücken und dann der schrecklichste Tod für mich angenehmer wäre, da er mich von diesem elenden Leben erlösen würde... Ihr treuester Bruder und Diener Friedrich."

Auch dieses erschütternde Dokument brüderlicher Liebe vermochte das Unausweichliche nicht mehr zu ändern. Wilhelmine starb am 14. Oktober 1758 in den Armen ihres Mannes.

Als der Bote mit der Todesnachricht bei Friedrich ankam, rief dieser ihm entgegen:

„Meine Schwester in Bayreuth!" Des Königs Schmerz war grenzenlos. Es schloß sich stundenlang im Dunkeln ein, war für niemanden zu sprechen, obgleich die militärische Niederlage von Hofkirch dies notwendig gemacht hätte. *„Am liebsten möchte ich mit ihr diese Welt verlassen"*, sagte er zu seinem Freund de Catt. Der Tod Wilhelmines veränderte sein Wesen — die Zeit heiterer Feste, wie er sie auch in Bayreuth gefeiert hatte, war vorbei. Er wirkte um Jahre gealtert. Nur sein Spott war geblieben. So schrieb er an einen Verwandten:

„Ihr werdet mich kaum wiedererkennen! Meine Zähne fallen mir aus, mein Gesicht hat Falten wie ein Hemdbesatz und mein Rücken ist krumm wie ein Fiedelbogen. Ich sehe so trist aus wie ein Trappistenmönch..."

Das Schicksal hatte für Wilhelmine Licht und Schatten bereit. Zu den Lichtseiten gehörte die Geschwisterliebe zu Friedrich, den man, als sie starb, schon „den Großen" nannte. Der ehrende Beinamen tauchte zuerst im Ausland auf — in England und Frankreich — nach Friedrichs Siegen bei Roßbach, Leuthen 1757. Für ihn bezeichnend ist ein Vorfall bei einem Ausritt in Potsdam. Als er merkte, daß neugierige Leser ein Spottgedicht über ihn nicht richtig zu lesen vermochten, weil es an der Mauer zu hoch hing, sagte er zu seinem Begleiter lakonisch: „Niedriger hängen!"

Markgräfin Wilhelmine hat, als ahnte sie, daß ihr nur eine relativ kurze Lebensspanne beschieden war, überaus viel auf verschiedenen Gebieten geleistet. Sie gab ihrem Bayreuth ein neues, ein besonderes Gesicht.

„Wer heute nach Bayreuth kommt, der findet alles baugeschichtlich Sehenswertes, was die Stadt zu bieten hat, aus Wilhelmines Zeitalter stammend", schreibt Charlotte Pangels, eine ihrer Biographinnen. Wilhelmine schuf das neue Schloß der Eremitage, das Opernhaus, das alte Schloß der Eremitage hatte sie verändert und verschönt, sie war eine geniale Gartengestalterin. Es kamen Maler und Bildhauer aus aller Welt, um ihre Ideen und Pläne zu realisieren. Es entstanden die großartigen Gartenanlagen am Roten Main und Sansparail. Die Eremitage liegt einsam in der Landschaft bei Bayreuth. Der Park ist heute ein beliebtes Ausflugsziel, eine Idylle, die Wilhelmines Träume realisierte. Über Skulpturen rinnt das Wasser, läuft über steinerne Balustraden. In Ruinen und Grotten dunkelt es geheimnisvoll, kristallen schimmert die Glasflußfassade der gewölbten Kuppel des neuen Schlosses der Eremitage. Wer durch diesen Park geht, spürt mehr vom Wesen der Markgräfin, als ihm lange historische Epistel vermitteln könnten.

Nach Wilhelmines Tod drang man in Markgraf Friedrich, sich wegen der Erbfolge wieder zu verheiraten. Sophie Caroline von Braunschweig, ein Patenkind Wilhelmines, wurde seine zweite Frau. Doch die Hoffnung auf einen Erben erfüllte sich nicht — Friedrich von Bayreuth starb schon fünf Jahre nach Wilhelmines Tod. Beider Tochter, Herzogin Friederike, verließ ihren Mann 1759 endgültig und zog sich in das Schloß Neustadt an der Aisch zurück.

Nach Markgraf Friedrichs Tod fiel Bayreuth an Ansbach, an den Markgrafen Alexander, den Neffen Wilhelmines. Nach seiner Abdankung kamen Ansbach und Bayreuth wieder zur preußischen Krone.

Licht und Schatten im Leben Wilhelmines wechselten. *„Sie war eine wahrhaft große Dame"*, schreibt Charlotte Pagels mit Recht, *„mit einem bewundernswerten geistigen Horizont und einer großen baugeschichtlichen kulturellen Hinterlassenschaft. Bayreuth — das ist heute nicht nur Wagner, das ist für alles, was das Auge anspricht, vor allem immer noch Wilhelmine — Wilhelmine von Bayreuth."*

Bildquellennachweis

Schloß Charlottenburg, Stich von F. A. Calau. Landesbildstelle Berlin (Vor- und Nachsatz).

Prinzessin Wilhelmine als 16jähriges Mädchen. Ölbild von A. Pesne (Seite 20).

Friedrich II., König von Preußen, in jungen Jahren, Gemälde von Adolph von Menzel 1853. Landesbildstelle Berlin (Seite 38).

Markgraf Friedrich von Bayreuth. Ölgemälde von Matthias Heinrich Schnüber. Staatliche Landesbildstelle Nordbayern, Bayreuth (Seite 97).

Prinzessin Wilhelmine im Hochzeitsgewand. Staatliche Landesbildstelle Nordbayern, Bayreuth (Seite 121).

Gobelin-Saal, Neues Schloß Bayreuth. Staatliche Landesbildstelle Nordbayern, Bayreuth (Seite 155).

Wilhelmine von der Marwitz. Ölgemälde von A. Pesne. Staatliche Landesbildstelle Nordbayern, Bayreuth (Seite 187).

Herzogin Friederike von Württemberg. Ölgemälde. Staatliche Landesbildstelle Nordbayern, Bayreuth (Seite 227).